ENTERPRISE FINANCIAL ACCOUNTING

智慧财经"岗·课·赛·证"融通系列教材

# 企业财务会计

邱三平 ◎ 主编

上海财经大学出版社
SHANGHAI UNIVERSITY OF FINANCE & ECONOMICS PRESS
上海学术·经济学出版中心

**图书在版编目(CIP)数据**

企业财务会计/邱三平主编. 一上海:上海财经大学出版社,2024.11
智慧财经"岗·课·赛·证"融通系列教材
ISBN 978-7-5642-4403-3/F.4403

Ⅰ.①企… Ⅱ.①邱… Ⅲ.①企业管理-财务会计-高等职业教育-教材 Ⅳ.①F275.2

中国国家版本馆CIP数据核字(2024)第099025号

□ 策划编辑 陆迎东 陈 佶
□ 责任编辑 石兴凤
□ 封面设计 贺加贝

**企业财务会计**

邱三平 主 编
张志萍 钟 铃 副主编

上海财经大学出版社出版发行
(上海市中山北一路369号 邮编200083)
网 址:http://www.sufep.com
电子邮箱:webmaster@sufep.com
全国新华书店经销
上海颛辉印刷厂有限公司印刷装订
2024年11月第1版 2025年2月第2次印刷

787mm×1092mm 1/16 19.75印张 432千字
定价:79.00元

# 目　录

# 前　言

当前，我国会计准则不断更新，税法调整频繁，对企业财务会计教学的规范性、准确性和及时性提出了更高要求。新修订的《中华人民共和国职业教育法》(2022 年 4 月)强调职业教育“坚持立德树人、德技并修，坚持产教融合、校企合作”。在这样的背景下，我们结合职业教育中财务会计课程知识点繁多、理实一体教学难度大等痛点，编写了这本新形态教材。本教材是为高职会计专业财务会计课程准备的、以学生为中心的“教材＋学材”，力求让学生易用爱用，帮助老师营造有温度的课堂。

**一、教材坚持“德才兼备”的育人宗旨**

本教材注重培养学生的精神品质和职业素养，致力于使学生不仅知识技能随着项目、任务的推进逐步提升，同时通过知识的学习、技能的锻炼，将精神品质和职业素养的提升融入其中。每个任务的“战力储备”进程，均设有“核心战力需求”的提示，引导学生意识到完成任务应具备的“知识、技能、素养”。同时，每个任务的后续进程通过知识点和技能点与“核心战力需求”中的需求点相对应，并提示教师如何以该部分的相关知识点与技能点为载体融入对学生素养的蕴育。

**二、教材支持大数据与会计专业“岗・课・赛・证”融通的育人模式**

编写团队基于职业院校技能大赛会计实务(GZ049)赛项与业财税融合大数据应用赛项(GZ043)中“业财税资融合业务处理”和“财务报表编制”两个模块对选手财务会计能力的需求，以及助理会计师考试中初级会计实务科目财务会计部分的内容，结合企业会计岗位的知识能力需求，设置了教材的内容体系。教材内容密切对接大赛训练和证书考试，使得“岗・课・赛・证”融通在教学层面更具可操作性。

**三、教材支持以学生为中心的教学策略的实施**

本教材构建了游戏化整体语境和活动进程，以项目＋任务的模式进行编写，共 8 个项目 55 个任务。每个任务共设置“任务来了”“战力储备”“且试我剑”“敢于亮剑”“华山论剑”5 个进程。进程间逻辑过渡自然，能力层次分明。其中，“战力储备”为师生以电子形式提供“文本”“案例”“思维导图”“会计准则”等学习资源，并将考证要点内容进行梳理，直接在纸质教材上呈现出来；“且试我剑”在纸质教材上为学生提供工作单，让学生任务完成的可操作性更强；“敢于亮剑”将近年的初级会计师考试试题按任务进行归集，让学生检验学习过后的考证能力；“华山论剑”让学生根据学习目标对学习效果进行评价，给自己打分，以便查漏补缺。

**四、教材使用建议**

（一）面向学生作为“学材”的使用建议

本教材的“学材”属性是主要的，其次才是“教材”。学生可以独立使用本教材进行财务会计课程的自学。本教材每个任务都是以战士面对挑战（任务来了），勇敢接受后审视并完善自身（战力储备），突破自我完成任务（且试我剑），再次主动出击锻炼自己（敢于亮剑），最后能够对自己的能力进行正确的评价（华山论剑）这样一个闭环的成长逻辑进行安排。学生使用本教材，要以一个真正战士的积极态度不畏挑战，积极训练，高效地完成每一个环节的要求。

（二）面向教师作为“教材”的使用建议

教师使用本教材，既可以翻转课堂，指导学生课下作为“学材”使用，在课堂上解惑答疑，又可以利用教材附赠的资源进行课堂讲授，引导学生完成每个任务进程。

本教材由济源职业技术学院的邱三平、张志萍、钟铃、孔维攀、王盼盼、张芬芬以及河南恒通化工集团有限公司财务总监贾中华组成编写团队，其中，邱三平担任主编，张志萍、钟铃担任副主编，孔维攀、王盼盼、张芬芬、贾中华参编，杨发军（河南新阳光会计师事务所）、贾中华担任主审。本教材的项目与任务设定是编审团队在校企合作的框架下精心策划完成的，体现了理论与实践的完美结合。主体内容的编写则由邱三平、张志萍、钟铃、孔维攀、王盼盼、张芬芬、贾中华负责，并由邱三平负责统稿。杨发军、贾中华两位企业专家负责审定，为教材的质量把关。教材的媒体资源由负责任务编写的相关编者主导完成。企业案例部分由杨发军、贾中华提供，并由相关编者进行体例修改。在此，向所有为本教材付出辛勤努力的老师和企业人员表示最诚挚的感谢！你们的贡献与付出，使得本教材得以更加完善与丰富，为学生学习与成长提供了宝贵的资源。

由于时间仓促，加上编者水平有限，书中难免存在错漏之处，敬请广大读者批评指正。

**编　者**

2024 年 9 月 28 日

# 活页式教材使用说明

同学，你好！从现在开始，本教材是与你而非与你的课程教师进行对话。如前言所述，作为“学材”，本书将帮助你开启全新的学习之旅。

虽然“文心一言”“ChatGPT”等AI模型近些年已密切地渗透到人们生活工作的方方面面，但实际上，以大数据为基础的人工智能一直持续不断地推动着财务会计的发展。它提高了财务工作效率、降低了工作强度、提高了决策质量，并推动了财务管理的数字化转型。相对应地，财务人员也需要不断学习和适应新的技能要求，以应对AI带来的挑战和机遇。

本书基于大数据时代财务会计学习内容和学习方法的需要，为你精心准备了55个学习任务。每个任务建议这样完成：

任务开始前，进行战斗精神准备与评估，希望同学能达到态度准备A级、自律准备A级、专注准备A级和快乐准备A级（快乐准备，就是享受战胜困难、完成任务过程的心态准备）。

1. “任务来了”阶段

首先了解任务，对任务进行尝试解决，并在此页面进行一定的标注，区别能否完成的情况，以分析任务难度和能力缺口。此阶段要尽可能以现有的知识技能储备进行推断、估计，以提高逻辑推理和创造性思考的能力。

2. “战力储备”阶段

“核心战力需求”是对每个任务拟实现知识、技能、素质目标的可评测式的细化；“探寻藏经阁”准备了与任务相关的头条秘籍、经典案例、思维导图等，以此帮助理解掌握“核心战力需求”中要求的知识和技能；“剑来！——萌新战士养成计划”实现知识、技能目标的初级试练和基本评测，具备完整性、系统性和简洁性。

在“剑来！——萌新战士养成计划”部分，“通关策略”有三个选项：选项1，先利用“探寻藏经阁”中的资源（尤其是“头条秘籍”），熟悉相关的知识和技能，然后根据理解记忆进行填写；选项2，直接参考“头条秘籍”进行填写，然后再依据填写的内容结合“探寻藏经阁”中的资源进行理解熟悉；选项3，其他方式。“通关掌握程度自设”指的是同学对这部分内容掌握程度的自我要求，如果是100%，就表示只有这部分内容已经全部理解熟悉，才进入下一环节“且试我剑”。

以上两个阶段，同学要在课程的预习阶段完成。

3. “且试我剑”阶段

在完成“战力储备”的基础上，对“任务来了”中给出的工作任务进行正式攻克，应用、检测和巩固所学内容。结合“任务来了”阶段的试完成，对本任务中的知识技能实现能力缺口的弥补和分段阶梯式提高。

“且试我剑”也是一个团队凝聚力提高和每个成员团队意识培养的阶段。在此阶段，班中的每个学习小组应以“一个都不能少”的意识和“协作互助”的精神，选择和设计相应的任务实施策略，来带动团队共同进步。

4. “敢于亮剑”阶段

通过历届助理会计师考试相关的试题，来实现对任务战力目标达成情况的第三方检测。

5. “华山论剑”阶段

最后在“华山论剑”阶段，对照“核心战力需求”中的各项目标，自我评测达成度，清醒地认知自我，以便查漏补缺，更好地自我完善和自我激励。

挑战即将开始，期待你化身为一名英勇无畏的战士，以振奋昂扬的斗志、团队协作的精神和坚韧不拔的毅力，迎接每一个全新的任务。每个任务其实并不能对你构成挑战，真正挑战你的是你自己。当你用内心深处对于自我成长的渴望去迎战自己对短暂舒适的欲望，用坚定的自律去实现一次次的突破时，你终会蜕变为你喜欢、骄傲的自己。

# 温故知新导引表

本表根据艾宾浩斯遗忘曲线设置复习时点，最大限度减少无效学习时间，提高学习效率。学生主动或在教师引导下使用本表，可对学生在目标导向意识、计划能力、自律能力等方面进行有效的锻炼。

具体用法：(1)在每个任务的学习当天，记录当天日期，并按间隔天数(2 天、5 天、15 天、50 天、120 天)设置复习日期；(2)后期每日检查需要复习的任务，并在复习节点日期完成复习(建议用手机日程表设置该时间点以提醒复习)，完成复习后，在“□”内做上记号；(3)复习效果要求：能够轻松独立完成该任务。

| 任务列表 | 当天 | 第 2 天 | 第 5 天 | 第 15 天 | 第 50 天 | 第 120 天 |
|---|---|---|---|---|---|---|
| 任务 1-1　核算库存现金 | 月　日□ | 月　日□ | 月　日□ | 月　日□ | 月　日□ | 月　日□ |
| 任务 1-2　核算银行存款 | 月　日□ | 月　日□ | 月　日□ | 月　日□ | 月　日□ | 月　日□ |
| 任务 1-3　核算其他货币资金 | 月　日□ | 月　日□ | 月　日□ | 月　日□ | 月　日□ | 月　日□ |
| 任务 1-4　核算应收票据 | 月　日□ | 月　日□ | 月　日□ | 月　日□ | 月　日□ | 月　日□ |
| 任务 1-5　核算应收账款 | 月　日□ | 月　日□ | 月　日□ | 月　日□ | 月　日□ | 月　日□ |
| 任务 1-6　核算预付账款 | 月　日□ | 月　日□ | 月　日□ | 月　日□ | 月　日□ | 月　日□ |
| 任务 1-7　核算其他应收款项 | 月　日□ | 月　日□ | 月　日□ | 月　日□ | 月　日□ | 月　日□ |
| 任务 1-8　核算应收款项减值 | 月　日□ | 月　日□ | 月　日□ | 月　日□ | 月　日□ | 月　日□ |
| 任务 1-9　核算交易性金融资产 | 月　日□ | 月　日□ | 月　日□ | 月　日□ | 月　日□ | 月　日□ |

续表

| 任务列表 | 当天 | 第 2 天 | 第 5 天 | 第 15 天 | 第 50 天 | 第 120 天 |
|---|---|---|---|---|---|---|
| 任务 2-1　认知存货及其成本的确定 | 月　日□ | 月　日□ | 月　日□ | 月　日□ | 月　日□ | 月　日□ |
| 任务 2-2　在实际成本法下记录与计算存货成本 | 月　日□ | 月　日□ | 月　日□ | 月　日□ | 月　日□ | 月　日□ |
| 任务 2-3　实际成本法下核算原材料 | 月　日□ | 月　日□ | 月　日□ | 月　日□ | 月　日□ | 月　日□ |
| 任务 2-4　计划成本法下核算原材料 | 月　日□ | 月　日□ | 月　日□ | 月　日□ | 月　日□ | 月　日□ |
| 任务 2-5　核算周转材料 | 月　日□ | 月　日□ | 月　日□ | 月　日□ | 月　日□ | 月　日□ |
| 任务 2-6　核算委托加工物资 | 月　日□ | 月　日□ | 月　日□ | 月　日□ | 月　日□ | 月　日□ |
| 任务 2-7　核算库存商品 | 月　日□ | 月　日□ | 月　日□ | 月　日□ | 月　日□ | 月　日□ |
| 任务 2-8　核算存货清查 | 月　日□ | 月　日□ | 月　日□ | 月　日□ | 月　日□ | 月　日□ |
| 任务 2-9　核算存货减值 | 月　日□ | 月　日□ | 月　日□ | 月　日□ | 月　日□ | 月　日□ |
| 任务 3-1　核算固定资产的取得 | 月　日□ | 月　日□ | 月　日□ | 月　日□ | 月　日□ | 月　日□ |
| 任务 3-2　核算固定资产的折旧 | 月　日□ | 月　日□ | 月　日□ | 月　日□ | 月　日□ | 月　日□ |
| 任务 3-3　核算固定资产的后续支出 | 月　日□ | 月　日□ | 月　日□ | 月　日□ | 月　日□ | 月　日□ |
| 任务 3-4　核算固定资产的处置 | 月　日□ | 月　日□ | 月　日□ | 月　日□ | 月　日□ | 月　日□ |
| 任务 3-5　核算固定资产的清查与减值 | 月　日□ | 月　日□ | 月　日□ | 月　日□ | 月　日□ | 月　日□ |
| 任务 3-6　核算无形资产的取得 | 月　日□ | 月　日□ | 月　日□ | 月　日□ | 月　日□ | 月　日□ |
| 任务 3-7　核算无形资产的摊销 | 月　日□ | 月　日□ | 月　日□ | 月　日□ | 月　日□ | 月　日□ |
| 任务 3-8　核算无形资产的出售、报废与减值 | 月　日□ | 月　日□ | 月　日□ | 月　日□ | 月　日□ | 月　日□ |

续表

| 任务列表 | 当天 | 第 2 天 | 第 5 天 | 第 15 天 | 第 50 天 | 第 120 天 |
|---|---|---|---|---|---|---|
| 任务 3-9　核算长期待摊费用 | 月　日□ | 月　日□ | 月　日□ | 月　日□ | 月　日□ | 月　日□ |
| 任务 3-10　核算投资性房地产 | 月　日□ | 月　日□ | 月　日□ | 月　日□ | 月　日□ | 月　日□ |
| 任务 3-11　核算债权投资 | 月　日□ | 月　日□ | 月　日□ | 月　日□ | 月　日□ | 月　日□ |
| 任务 3-12　核算长期股权投资 | 月　日□ | 月　日□ | 月　日□ | 月　日□ | 月　日□ | 月　日□ |
| 任务 4-1　核算短期借款 | 月　日□ | 月　日□ | 月　日□ | 月　日□ | 月　日□ | 月　日□ |
| 任务 4-2　核算应付票据 | 月　日□ | 月　日□ | 月　日□ | 月　日□ | 月　日□ | 月　日□ |
| 任务 4-3　核算应付账款 | 月　日□ | 月　日□ | 月　日□ | 月　日□ | 月　日□ | 月　日□ |
| 任务 4-4　核算预收账款 | 月　日□ | 月　日□ | 月　日□ | 月　日□ | 月　日□ | 月　日□ |
| 任务 4-5　核算其他应付款项 | 月　日□ | 月　日□ | 月　日□ | 月　日□ | 月　日□ | 月　日□ |
| 任务 5-1　核算货币性职工薪酬 | 月　日□ | 月　日□ | 月　日□ | 月　日□ | 月　日□ | 月　日□ |
| 任务 5-2　核算非货币性职工薪酬 | 月　日□ | 月　日□ | 月　日□ | 月　日□ | 月　日□ | 月　日□ |
| 任务 5-3　核算一般纳税人增值税相关业务 | 月　日□ | 月　日□ | 月　日□ | 月　日□ | 月　日□ | 月　日□ |
| 任务 5-4　核算增值税其他相关业务 | 月　日□ | 月　日□ | 月　日□ | 月　日□ | 月　日□ | 月　日□ |
| 任务 5-5　核算应交消费税 | 月　日□ | 月　日□ | 月　日□ | 月　日□ | 月　日□ | 月　日□ |
| 任务 5-6　核算其他应交税费 | 月　日□ | 月　日□ | 月　日□ | 月　日□ | 月　日□ | 月　日□ |
| 任务 5-7　核算长期借款、应付债券和长期应付款 | 月　日□ | 月　日□ | 月　日□ | 月　日□ | 月　日□ | 月　日□ |
| 任务 6-1　核算实收资本（或股本） | 月　日□ | 月　日□ | 月　日□ | 月　日□ | 月　日□ | 月　日□ |

续表

| 任务列表 | 当天 | 第 2 天 | 第 5 天 | 第 15 天 | 第 50 天 | 第 120 天 |
|---|---|---|---|---|---|---|
| 任务 6-2　核算资本公积和其他综合收益 | 月　日□ | 月　日□ | 月　日□ | 月　日□ | 月　日□ | 月　日□ |
| 任务 6-3　核算留存收益 | 月　日□ | 月　日□ | 月　日□ | 月　日□ | 月　日□ | 月　日□ |
| 任务 7-1　核算在某一时点完成的商品销售收入 | 月　日□ | 月　日□ | 月　日□ | 月　日□ | 月　日□ | 月　日□ |
| 任务 7-2　核算可变对价相关业务 | 月　日□ | 月　日□ | 月　日□ | 月　日□ | 月　日□ | 月　日□ |
| 任务 7-3　核算在某一时段内履行履约义务确认收入 | 月　日□ | 月　日□ | 月　日□ | 月　日□ | 月　日□ | 月　日□ |
| 任务 7-4　核算费用相关业务 | 月　日□ | 月　日□ | 月　日□ | 月　日□ | 月　日□ | 月　日□ |
| 任务 7-5　核算利润形成和营业外收支 | 月　日□ | 月　日□ | 月　日□ | 月　日□ | 月　日□ | 月　日□ |
| 任务 7-6　核算净利润和分配结转利润 | 月　日□ | 月　日□ | 月　日□ | 月　日□ | 月　日□ | 月　日□ |
| 任务 8-1　编制资产负债表 | 月　日□ | 月　日□ | 月　日□ | 月　日□ | 月　日□ | 月　日□ |
| 任务 8-2　编制利润表 | 月　日□ | 月　日□ | 月　日□ | 月　日□ | 月　日□ | 月　日□ |
| 任务 8-3　编制现金流量表 | 月　日□ | 月　日□ | 月　日□ | 月　日□ | 月　日□ | 月　日□ |
| 任务 8-4　编制所有者权益变动表 | 月　日□ | 月　日□ | 月　日□ | 月　日□ | 月　日□ | 月　日□ |

# 基础战力检测与提升

财务会计课程是会计专业的主干专业课程和核心课程，是会计专业知识结构中的主体部分。财务会计课程所提供的从事会计职业必备的知识和技能，既是会计能力体系的核心部分，也是企业财务会计工作中最重要、最基本的内容，还是学习后续专业课程的基础和保证。

开始学习财务会计课程之前，需要了解财务会计的特征，具备基本的会计基础知识和技能。课程开始之前，先来检测你的基础战力如何吧！

**一、基础战力检测**

根据会计的职能范围，现代企业会计划分为__________和__________。财务会计主要服务企业__________的会计信息使用者，而管理会计主要服务企业__________。

（一）财务会计的特征

(1)财务会计主要面向企业外部提供会计信息；(2)财务会计的主体是整个企业；(3)财务会计的主要工作是核算和监督过去的交易或事项；(4)财务会计遵守公认的会计原则和会计法规制度。

（二）会计基本假设

会计基本假设是对会计核算所处时间、空间环境等所做的合理假定，包括__________、__________、__________和__________。

（三）会计基础

会计基础，是指会计确认、计量和报告的基础，具体包括__________和__________。权责发生制，是指以取得收取款项的权利或支付款项的义务为标志来确定本期收入和费用的会计核算基础。收付实现制，是指以现金的实际收付为标志来确定本期收入和支出的会计核算基础。

在我国，政府会计由预算会计和财务会计构成。预算会计采用____________，国务院另有规定的，依照其规定；财务会计采用__________。

（四）会计信息质量要求

会计信息质量要求是对企业财务报告所提供会计信息质量的基本要求，是使财务报告所提供会计信息对投资者等信息使用者决策有用应具备的基本特征，主要包括____________________________________________________等。

（五）会计要素及其确认与计量

会计要素是根据交易或者事项的经济特征所确定的会计对象及其基本分类。会计要素按照其性质分为资产、负债、所有者权益、收入、费用和利润，其中，资产、负债和所有者权益要素侧重于反映企业的__________，收入、费用和利润要素侧重于反映企业的__________。

会计确认是指对会计主体发生的经济事项，按照一定的标准进行客观认定，并将其列入资产、负债、所有者权益、收入、费用、利润等会计要素，在账簿上正式加以记录并列入会计报表的会计行为。会计确认包括__________：第一阶段是确定所发生的经济事项是否应该或能够进行会计处理，第二阶段是确定该事项引起的资金运动影响的会计要素及其进一步细分的项目。

会计计量是为了将符合确认条件的会计要素登记入账并列报于财务报表而确定其金额的会计行为。会计计量属性是会计要素的数量特征或外在表现形式，反映了会计要素金额的确定基础，主要包括______________________________等。

（六）财务会计等式

财务会计等式，又称会计恒等式，是表明会计要素之间基本关系的等式。

(1) 财务状况等式：________________________。

财务状况等式反映了企业在某一特定时点资产、负债和所有者权益三者之间的平衡关系，因此，该等式被称为财务状况等式、基本会计等式或静态会计等式。它是__________的理论基础，也是________________的依据。

(2) 经营成果等式：________________________。

这一等式反映了企业利润的实现过程，称为经营成果等式或动态会计等式。收入、费用和利润之间的上述关系，是________________的依据。

（七）会计科目和账户

会计科目（简称科目），是对会计要素具体内容进行分类核算的项目，是进行会计核算和提供会计信息的基本单元。账户是根据会计科目设置的，具有一定格式和结构，用于分类核算会计要素增减变动情况及其结果的载体。

会计科目和账户可以按其反映的经济内容（即所属会计要素）分为资产类、负债类、共同类、所有者权益类、成本类和损益类科目（账户）；又可以按所提供信息的详细程度及其统驭关系分为总分类科目（账户）和明细分类科目（账户）。

会计账户的四个主要金额要素包括期初余额、期末余额、本期增加发生额和本期减少发生额。四个金额要素之间的关系如下列公式所示：

________________________________________

（八）借贷记账法

借贷记账法，是以“借”和“贷”作为记账符号的一种复式记账法。复式记账法，是指对于每一笔经济业务，都必须用相等的金额在两个或两个以上相互联系的账户中进行登记，全面、系统地反映会计要素增减变化情况的一种记账方法。

1. 借贷记账法下的账户性质

借贷记账法下的账户性质

| 账户类型 | 借方登记 | 贷方登记 | 余额方向 |
| --- | --- | --- | --- |
| 资产类 | | | |
| 负债类 | | | |
| 所有者权益类 | | | |
| 成本类 | | | |
| 损益类——费用损失类 | | | |
| 损益类——收入利得类 | | | |

2. 借贷记账法的记账规则

借贷记账法的记账规则为"____________________",即任何经济业务的发生总会涉及两个或两个以上的相关账户,一方(或几方)记入借方,另一方(或几方)必须记入贷方,记入借方的金额等于记入贷方的金额。如果涉及多个账户,记入借方账户金额的合计数__________记入贷方账户金额的合计数。

3. 借贷记账法下的账户对应关系与会计分录

账户对应关系,是指采用借贷记账法对每笔交易或事项进行记录时相关账户之间形成的应借、应贷的相互关系。存在对应关系的账户称为对应账户。

会计分录(简称分录),是对每项经济业务列示出应借、应贷的账户名称(科目)及其金额的一种记录。会计分录由____________、____________及其__________三个要素构成。

4. 借贷记账法下的试算平衡

试算平衡,是指根据借贷记账法的记账规则和资产与权益(负债和所有者权益)的恒等关系,通过对所有账户的发生额和余额的汇总计算与比较,来检查账户记录是否正确的一种方法。

(1) 发生额试算平衡

发生额试算平衡,是指全部账户本期借方发生额合计与全部账户本期贷方发生额合计保持平衡,即

________________________________________

发生额试算平衡的直接依据是借贷记账法的记账规则,即"____________________________"。

(2) 余额试算平衡

余额试算平衡,是指全部账户借方期末(初)余额合计与全部账户贷方期末(初)余额合

计保持平衡，即

______________________________________________

余额试算平衡的直接依据是财务状况等式，即________________________。

## 二、基础战力状态分析

基础战力状态测评表

| 序号 | 成长维度 | 序号 | 成长因子 | 测评内容 | 优 | 良 | 中 | 差 |
|---|---|---|---|---|---|---|---|---|
| | | | | | 5 | 4 | 3 | 2 |
| Ⅰ 自评（认真根据“基础战力检测”完成情况，逐项评价） | | | | | | | | |
| 1 | 知识技能维度 | 1 | 知识层面 | 理解会计的概念，了解财务会计的特征 | | | | |
| | | | | 理解会计目标、会计基本假设、会计核算基础、会计信息质量要求 | | | | |
| | | 2 | 技能层面 | 熟悉会计账务处理程序、会计凭证和会计账簿 | | | | |
| | | | | 掌握会计要素及其确认与计量的基本方法 | | | | |
| | | | | 掌握会计账户的性质以及借贷记账法的基本运用 | | | | |
| 2 | 职业素质专项 | | | 培养基本的会计职业素养和职业道德 | | | | |
| Ⅱ 互评（团队其他成员根据自评人实际表现，综合评议以上自评符合度） | | | | | | | | |
| 完全符合□ | 基本符合□ | | 不符合□ | | 组长签名：__________ | | | |

测评提示：组内成员根据测评内容两两互相提问或以其他方式测定并评分。

## 三、基础战力提升计划

如果“基础战力检测”没有达到“优”，就获取下面的资源尽快提高吧。

| 看头条秘籍 | 观国家级在线课程 | 赏思维导图 | 析会计准则 |
|---|---|---|---|

# 项目 1
# 核算流动资产 1

资产按其流动性可分为流动资产和非流动资产。流动资产是指预计在一个正常营业周期中变现、出售或耗用,或者主要为交易目的而持有,或者预计在资产负债表日起 1 年内(含 1 年)变现的资产,以及自资产负债表日起 1 年内交换其他资产或清偿负债的能力不受限制的现金或现金等价物。本项目主要训练掌握流动资产中货币资金、应收预付款以及交易性金融资产等内容的核算技能。

## 项目全图

- 1. 核算流动资产 1
  - 1.1 核算货币资金
    - 1.1.1 核算库存现金
    - 1.1.2 核算银行存款
    - 1.1.3 核算其他货币资金
  - 1.2 核算应收款项
    - 1.2.1 核算应收票据
    - 1.2.2 核算应收账款
    - 1.2.3 核算预付账款
    - 1.2.4 核算其他应收款项
  - 1.3 核算应收款项减值
  - 1.4 核算交易性金融资产

## 善阅静思　悟道修心

### 潘序伦：不忘初心，铸就会计人生

潘序伦(1893—1985 年)，中国现代会计学的奠基人，他的一生跨越了多个重要历史阶段，始终坚守初心，认真学习，为会计事业的发展做出了卓越贡献。

一、早年求学

潘序伦先生出生于 1893 年，早年便对会计学产生了浓厚的兴趣。尽管当时的学习条件艰苦，但他并没有放弃。他利用一切可以利用的资源，努力学习会计学知识，为日后的职业生涯打下了坚实的基础。

二、留学哈佛，深造学习

1921 年，潘序伦先生有幸进入哈佛大学商业管理学院学习会计学科。在哈佛的 3 年学习期间，他如饥似渴地吸收新知识，积极参与学术讨论，不断提升自己的学术水平。这段留学经历为他日后在中国推广西方新式会计和创办会计教育机构奠定了坚实的基础。

三、回国奉献，推动会计事业

1924 年，潘序伦先生学成归来，毅然选择回国投身会计教育事业和实务工作。他先后在上海创办了立信会计补习学校和立信会计师事务所，致力于培养高等会计人才和提供专业的会计服务。在他的带领下，立信成为当时中国会计界的一面旗帜。

潘序伦先生不仅关注会计教育，还积极参与会计制度的改革和完善。他多次发表文章和演讲，呼吁建立适合中国国情的会计制度，为中国会计事业的现代化做出了重要贡献。

四、终身学习，不断进取

潘序伦先生的一生都在不断学习、不断进步。他关注会计学的最新动态，不断更新自己的知识结构，与时俱进。即使到了晚年，他依然保持着对学习的热情，不断追求新的知识和技术。

**启示：**

潘序伦先生的人生轨迹充满了传奇色彩。他的一生都在坚守初心，认真学习，为会计事业的发展做出了卓越贡献。他的事迹告诉我们，作为一名会计学生，应该始终保持对会计学的热爱和执着，不忘初心，认真学习。我们要像潘序伦先生一样，不断提升自己的专业素养和能力水平，为将来的职业生涯打下坚实的基础。同时，我们也要树立终身学习的理念，不断更新自己的知识结构，以适应时代的发展需求。

通过了解潘序伦先生的人生轨迹以及学习潘序伦先生的事迹，我们可以深刻体会到“不忘初心，认真学习”对于一名学生的重要性。让我们以潘序伦先生为榜样，努力学习，追求卓越，为会计事业的发展贡献自己的力量！

## 畅谈倾听　论道明理

阅读思考案例以后，和同学们讨论交流以下问题：

1. 潘序伦先生是如何体现对会计学的初心和热爱的？他的经历对你有哪些启示？

2. 作为一名会计学生，你如何理解“不忘初心”的含义？你的“初心”是什么？你将如何“不忘初心”？

最后，将“不忘初心”的精神内化于心、外化于行，写在下面。

________________________________________

________________________________________

________________________________________

________________________________________

________________________________________

________________________________________

________________________________________

________________________________________

# 任务 1-1　核算库存现金

## 一切准备——由心开始

| 态度准备 | | | | | 自律准备 | | | | | 专注准备 | | | | | 快乐准备 | | | | |
|---|---|---|---|---|---|---|---|---|---|---|---|---|---|---|---|---|---|---|---|
| E | D | C | B | A | E | D | C | B | A | E | D | C | B | A | E | D | C | B | A |

## 任务来了

首先了解任务，以现有能力尝试完成，并在此页面上进行标注，据以分析任务难度和能力缺口，为战力储备阶段指明方向。

任务要求：轩辕公司为增值税一般纳税人，请编写该公司以下业务相关会计分录，如有计算，要写出计算过程。

1. 用现金购文具用品，取得普通发票 1 张，金额 200 元。

2. 厂部丁明因公外出，填制借款单，预借差旅费 440 元，以现金支付。

3. 丁明报销差旅费 400 元，余款 40 元交回现金。

4. 开出现金支票 20 000 元，提取现金备发工资。

5. 用现金发放工资 20 000 元。

6. 将现金 6 600 元存入银行。

7. 以现金支付给销售部定额备用金 2 000 元。

8. 销售部购买办公用品，累计支出 1 500 元，持有关单据到财务部门报销，不考虑相关税费。

9. 结清收回销售部备用金，报销 800 元，余款收回现金。

10. 公司在现金清查中发现现金短缺 200 元,填制现金盘点报告单。其中 100 元查明原因后,经批准,该现金短缺应由有关出纳李明赔偿;另有 100 元无法查明原因,经批准,转为管理费用。

11. 公司在现金清查中发现现金长款 400 元,填制现金盘点报告单。其中,300 元查明原因应支付给员工关同,另有 100 元无法查明原因,经批准转为营业外收入。

## 战力储备——无非是尽全力做好准备

### 一、核心战力需求

**(一) 初阶 · 知识需求**

1. 熟悉货币资金的构成;
2. 熟悉库存现金管理制度,明确库存现金的使用范围;

**(二) 中阶 · 技能需求**

3. 掌握库存现金日常业务处理及清查结果的处理;

**(三) 高阶 · 素质专项养成**

4. 养成正确的金钱观念,培养财务安全意识。

### 二、探寻藏经阁

| [二维码] | [二维码] | [二维码] | [二维码] |
|---|---|---|---|
| 看头条秘籍 | 研经典案例 | 赏思维导图 | 析会计准则 |

### 三、剑来!——萌新战士养成计划

| 通关策略: | 先探阁熟悉后填写□ 填写后再理解掌握□ 其他方式:________ |
|---|---|
| 通关掌握程度自设______% 通关拟用时______分钟 | |

庄重签名:________ 翘起嘴角 计划开始

货币资金包括__________、__________和__________。

库存现金是指存放于企业财会部门、由__________经管的货币。

库存现金是企业__________的资产。

**(一) 现金管理制度**

根据国务院发布的《现金管理暂行条例》确定现金的使用范围、现金的限额以及其他规定。

1. 现金的使用范围

**贴心提示1:**

现金的使用范围主要包括__________的支出和__________两个方面。

2. 现金的限额

(1) 现金的限额由开户银行根据单位的实际需要核定,一般按照单位__________日常零星开支所需确定。

(2) 边远地区和交通不便地区的开户单位的库存现金限额,可按__________,但不得超过__________的日常零星开支的需要确定。

**(二) 现金的账务处理**

1. 账户设置

设置"库存现金"账户。企业内部各部门周转使用的备用金,可以单独设置"__________"科目进行核算。

2. 分类核算

为了全面、连续地反映和监督库存现金的收支和结存情况,企业应当设置库存现金总账和库存现金日记账,分别进行库存现金的总分类核算和明细分类核算。

3. 库存现金日记账的登记

由出纳人员按照业务发生顺序逐日逐笔登记。__________将库存现金日记账的余额与实际库存现金核对;__________,库存现金日记账的余额应当与库存现金总账的余额核对。

**(三) 现金的清查**

1. 现金清查方法:__________

2. 现金清查结果:编制"__________"

3. 现金清查结果的核算

| | | |
|---|---|---|
| (1)<br>库存现金盘亏 | ① 发现库存现金盘亏时 | 借:__________<br>贷:__________ |
| | ② 库存现金盘亏批准处理后 | 借:__________ 【责任人或保险公司】<br>__________ 【无法查明原因部分】<br>贷:__________ |
| (2)<br>库存现金盘盈 | ① 发现库存现金盘盈时 | 借:__________<br>贷:__________ |
| | ② 库存现金盘盈批准处理后 | 借:__________<br>贷:__________ 【应支付给相关对象】<br>__________ 【无法查明原因部分】 |

**通关分析：**

通关掌握程度________% 通关用时________分钟 最大专注时长________分钟 微笑比率________%

## 且试我剑——进化先锋锻造营

<table>
<tr><td colspan="2">我的团队：________________</td><td>团队成员</td><td>____人</td><td>实到人数</td><td>____人</td></tr>
<tr><td>团队通关策略：</td><td colspan="5">本关领队：__________。“萌新战士”领先成员：______________________________<br>结对共进：__________&__________ __________&__________ __________&__________</td></tr>
<tr><td colspan="6">商定团队通关掌握程度自设________% 商定团队通关拟用时________分钟</td></tr>
</table>

庄重签名：__________ 翘起嘴角 锻造开始

1.

2.

3.

4.

5.

6.

7.

8.

9.

10.

审批前：

审批后：

11.

审批前：

审批后：

**团队通关分析：**

<table>
<tr><td colspan="2">团队人均掌握程度________%　团队人均用时________分钟</td></tr>
<tr><td>通关策略<br>有效性评价：</td><td></td></tr>
</table>

领队签名：__________

## 敢于亮剑——巅峰掌控者乐园

巅峰时刻，你应已尽在掌握。
冲关历年初级会计师试题吧，昂扬你的自信！

## 华山论剑——笑谈天下，煮酒论英雄

**核心战力状态测评表**

<table>
<tr><th rowspan="2">序号</th><th rowspan="2">成长维度</th><th rowspan="2">序号</th><th rowspan="2">成长因子</th><th rowspan="2">测 评 内 容</th><th>优</th><th>良</th><th>中</th><th>差</th></tr>
<tr><th>5</th><th>4</th><th>3</th><th>2</th></tr>
<tr><td colspan="9">Ⅰ 自评（认真根据任务完成过程及课堂表现，逐项评价）</td></tr>
<tr><td rowspan="3">1</td><td rowspan="3">知识技能维度</td><td rowspan="2">1</td><td rowspan="2">知识层面</td><td>熟悉货币资金的构成</td><td></td><td></td><td></td><td></td></tr>
<tr><td>熟悉库存现金管理制度，明确库存现金的使用范围</td><td></td><td></td><td></td><td></td></tr>
<tr><td>2</td><td>技能层面</td><td>掌握库存现金日常业务处理及清查结果的处理</td><td></td><td></td><td></td><td></td></tr>
<tr><td>2</td><td colspan="3">职业素质专项</td><td>养成正确的金钱观念，培养财务安全意识</td><td></td><td></td><td></td><td></td></tr>
<tr><td colspan="9">Ⅱ 互评（团队其他成员根据自评人实际表现，综合评议以上自评符合度）</td></tr>
<tr><td colspan="2">完全符合□</td><td colspan="2">基本符合□</td><td>不符合□</td><td colspan="4">组长签名：__________</td></tr>
</table>

测评提示：组内成员根据测评内容两两互相提问或以其他方式测定并评分。

# 任务1-2　核算银行存款

## 一切准备——由心开始

<table>
<tr><td colspan="5">态度准备</td><td colspan="5">自律准备</td><td colspan="5">专注准备</td><td colspan="5">快乐准备</td></tr>
<tr><td>E</td><td>D</td><td>C</td><td>B</td><td>A</td><td>E</td><td>D</td><td>C</td><td>B</td><td>A</td><td>E</td><td>D</td><td>C</td><td>B</td><td>A</td><td>E</td><td>D</td><td>C</td><td>B</td><td>A</td></tr>
</table>

## 任务来了

首先了解任务，以现有能力尝试完成，并在此页面上进行标注，据以分析任务难度和能力缺口，为战力储备阶段指明方向。

任务要求：轩辕公司为增值税一般纳税人，请编写该公司以下业务相关会计分录，如有计算，要写出计算过程。

（一）编写会计分录

（1）签发转账支票一张，支付前欠神农公司的购货款 8 000 元。

（2）收到银行转来的委托收款结算收款通知，收到蚩尤公司支付的前欠货款 5 000 元。

（二）编制银行存款余额调节表

公司银行存款日记账月末余额为 740 600 元，银行转来的对账单月末余额为 861 100 元。经逐笔核对，存在以下未达账项，请据以编制银行存款余额调节表。

（1）6 月 30 日，购入甲材料，开出转账支票 135 100 元，银行暂未记账。

（2）6 月 30 日，收到货款 120 000 元存入银行，银行在当天未收妥款项未入账。

（3）6 月 30 日，银行代收一笔货款 115 000 元，已入账，公司未接到通知，暂未入账。

（4）6 月 30 日，银行代付水电费 9 600 元，已入账，公司未接到付款通知，暂未入账。

## 战力储备——无非是尽全力做好准备

### 一、核心战力需求

**（一）初阶 · 知识需求**

1. 了解银行存款的概念；
2. 熟悉银行存款核对的方法，理解未达账项；

**（二）中阶 · 技能需求**

3. 掌握银行存款相关经济业务的账务处理；
4. 掌握银行存款余额调节表的编制；

**（三）高阶 · 素质专项养成**

5. 培养耐心细致、一丝不苟的职业素养。

### 二、探寻藏经阁

| | | | |
|---|---|---|---|
| 看头条秘籍 | 研经典案例 | 赏思维导图 | 析会计准则 |

## 三、剑来！——萌新战士养成计划

| 通关策略： | 先探阁熟悉后填写□ 填写后再理解掌握□ 其他方式：________ |
|---|---|
| 通关掌握程度自设______% 通关拟用时______分钟 | |

庄重签名：______ 翘起嘴角 计划开始

银行存款是企业存放在________的货币资金。企业应当根据业务需要，按照规定在其所在地银行开设账户。

**（一）银行存款的账务处理**

1. 账户设置

设置“银行存款”账户。

2. 分类核算

企业可按________等设置银行存款日记账，根据收付款凭证，按照业务的发生顺序逐笔登记，每日终了，应结出余额。

3. 业务核算

| | |
|---|---|
| (1) 向银行存入现金时 | 借：______<br>贷：______ |
| (2) 从银行提现时 | 借：______<br>贷：______ |

**（二）银行存款的核对**

银行存款日记账应定期与银行对账单核对，______核对一次。

企业银行存款账面余额与银行对账单余额之间如有______，应编制“____________”对此予以调节。

**通关分析：**

通关掌握程度______% 通关用时______分钟 最大专注时长______分钟

微笑比率______%

## 且试我剑——进化先锋锻造营

| 我的团队：________ | 团队成员 | ___人 | 实到人数 | ___人 |
|---|---|---|---|---|
| 团队通关策略： | 本关领队：______。“萌新战士”领先成员：________<br>结对共进：______&______ ______&______ ______&______ | | | |
| 商定团队通关掌握程度自设______% 商定团队通关拟用时______分钟 | | | | |

庄重签名：______ 翘起嘴角 锻造开始

### (一) 编写会计分录

1.

2.

### (二) 编制银行存款余额调节表

**银行存款余额调节表**

202×年 6 月 30 日　　　　单位：元

| 项　目 | 余额 | 项　目 | 余额 |
|---|---|---|---|
| 企业银行存款日记账余额 | | 银行对账单余额 | |
| 加：银行已收款入账，企业尚未收款入账 | | 加：企业已收款入账，银行尚未收款入账 | |
| 减：银行已付款入账，企业尚未付款入账 | | 减：企业已付款入账，银行尚未付款入账 | |
| 调节后余额 | | 调节后余额 | |

**团队通关分析：**

| 团队人均掌握程度________% 团队人均用时________分钟 | |
|---|---|
| 通关策略有效性评价： | |

队长签名：________

## 敢于亮剑——巅峰掌控者乐园

巅峰时刻，你应已尽在掌握。
冲关历年初级会计师试题吧，昂扬你的自信！

## 华山论剑——笑谈天下，煮酒论英雄

**核心战力状态测评表**

| 序号 | 成长维度 | 序号 | 成长因子 | 测评内容 | 优 5 | 良 4 | 中 3 | 差 2 |
|---|---|---|---|---|---|---|---|---|
| Ⅰ 自评（认真根据任务完成过程及课堂表现，逐项评价） | | | | | | | | |
| 1 | 知识技能维度 | 1 | 知识层面 | 了解银行存款的概念 | | | | |
| | | | | 熟悉银行存款核对的方法，理解未达账项 | | | | |

续表

<table>
<tr><th rowspan="2">序号</th><th rowspan="2">成长维度</th><th rowspan="2">序号</th><th rowspan="2">成长因子</th><th rowspan="2">测评内容</th><th>优</th><th>良</th><th>中</th><th>差</th></tr>
<tr><th>5</th><th>4</th><th>3</th><th>2</th></tr>
<tr><td rowspan="2">1</td><td rowspan="2">知识技能维度</td><td rowspan="2">2</td><td rowspan="2">技能层面</td><td>掌握银行存款相关经济业务的账务处理</td><td></td><td></td><td></td><td></td></tr>
<tr><td>掌握银行存款余额调节表的编制</td><td></td><td></td><td></td><td></td></tr>
<tr><td>2</td><td colspan="3">职业素质专项</td><td>培养耐心细致、一丝不苟的职业素养</td><td></td><td></td><td></td><td></td></tr>
<tr><td colspan="9">Ⅱ 互评(团队其他成员根据自评人实际表现,综合评议以上自评符合度)</td></tr>
<tr><td colspan="2">完全符合□</td><td colspan="2">基本符合□</td><td>不符合□</td><td colspan="4">组长签名:__________</td></tr>
</table>

# 任务 1-3　核算其他货币资金

## 一切准备——由心开始

| 态度准备 | | | | | 自律准备 | | | | | 专注准备 | | | | | 快乐准备 | | | | |
|---|---|---|---|---|---|---|---|---|---|---|---|---|---|---|---|---|---|---|---|
| E | D | C | B | A | E | D | C | B | A | E | D | C | B | A | E | D | C | B | A |

## 任务来了

首先了解任务,以现有能力尝试完成,并在此页面上进行标注,据以分析任务难度和能力缺口,为战力储备阶段指明方向。

任务要求:轩辕公司为增值税一般纳税人,请编写该公司以下业务相关会计分录,如有计算,要写出计算过程。

1. 向银行提交银行汇票申请书,并签发转账支票,将 50 000 元款项交存银行,银行受理并盖章退回申请书存根联,企业取得了银行汇票。

2. 持银行汇票到异地采购原材料,取得增值税专用发票,标明价款为 40 000 元,增值税为 5 200 元,材料尚未到达。企业原材料采用实际成本计价核算。

3. 银行汇票多余款 4 800 元退回企业开户银行,银行转来多余款收账通知。

4. 委托当地开户银行将 70 000 元汇往采购地银行开立采购专户,取得银行汇款凭证回单。

5. 收到采购员交来供货单位的增值税专用发票等账单,金额为 50 000 元,增值税为 6 500 元,采购的原材料尚未到达。

6. 采购完成,收到银行的收账通知,剩余外埠存款已转回当地开户行。

##  战力储备——无非是尽全力做好准备

### 一、核心战力需求

**(一) 初阶·知识需求**

1. 熟悉其他货币资金的概念及其类型;

**(二) 中阶·技能需求**

2. 掌握其他货币资金取得、交易以及收回余款等经济业务的账务处理;

**(三) 高阶·素质专项养成**

3. 培养与往来单位的沟通协调能力,提高资金安全意识。

### 二、探寻藏经阁

| | | | |
|---|---|---|---|
| 看头条秘籍 | 研经典案例 | 赏思维导图 | 析会计准则 |

### 三、剑来!——萌新战士养成计划

| 通关策略: | 先探阁熟悉后填写□ 填写后再理解掌握□ 其他方式:________ |
|---|---|
| 通关掌握程度自设______% 通关拟用时______分钟 | |

庄重签名:________ 翘起嘴角 计划开始

**(一) 其他货币资金概述**

1. 概念

其他货币资金的________________与库存现金、银行存款不同。

2. 账户设置

设置“其他货币资金”账户。按照其他货币资金的__________设置明细科目进行核算。其他货币资金的种类包括________________、________________、__________、________________、________________和________________等。

3. 其他货币资金的对比

| 种类 | 取得目的 | 能否支取现金 | 使用限制 | 期限 |
|---|---|---|---|---|
| 银行汇票存款 | 为取得银行汇票 | 填明“现金”字样的银行汇票可以用于支取现金 | 单位和个人各种款项的结算 | 银行汇票的提示付款期限为自出票日起1个月 |

续表

| 种类 | 取得目的 | 能否支取现金 | 使用限制 | 期限 |
|---|---|---|---|---|
| 银行本票存款 | 为取得银行本票 | 注明“现金”字样的银行本票可以用于支取现金 | 单位和个人在同一票据交换区域需要支付的各种款项 | 银行本票的提示付款期限为自出票日起 2 个月 |
| 信用卡存款 | 为取得信用卡 | 不得支取现金 | 凡在中国境内金融机构开立基本存款账户的单位可申领单位卡 | |
| 信用证保证金存款 | 为开具信用证 | 信用证只限于转账结算，不得支取现金 | 应当具有真实的贸易背景，适用于银行为国内企事业单位之间货物和服务贸易提供的信用证服务 | |
| 存出投资款 | 为购买股票、债券、基金 | 不得支取现金 | | |
| 外埠存款 | 为了到外地进行临时或零星采购 | 除了采购人员可从中提取少量现金外，一律采用转账结算 | | |

**（二）其他货币资金的核算**

| | |
|---|---|
| (1) 取得其他货币资金时 | 借：__________<br>贷：__________ |
| (2) 使用其他货币资金时 | 借：____________________<br>应交税费——应交增值税（进项税额）<br>贷：__________ |
| (3) 退回其他货币资金时 | 借：________<br>贷：__________ |

**（三）银行本票存款相关规定**

银行本票分为__________和__________两种。定额本票面额为______________________________。

**（四）信用卡存款相关规定**

持卡人可持信用卡在特约单位购物、消费，但单位卡不得用于____万元以上的商品交易、劳务供应款项的结算。

**通关分析：**

通关掌握程度________%　通关用时________分钟　最大专注时长________分钟

微笑比率________%

## 且试我剑——进化先锋锻造营

| 我的团队：________ | | 团队成员 | ___人 | 实到人数 | ___人 |
|---|---|---|---|---|---|
| 团队通关策略： | 本关领队：________。"萌新战士"领先成员：________________<br>结对共进：________&________ ________&________ ________&________ | | | | |
| 商定团队通关掌握程度自设______% 商定团队通关拟用时______分钟 | | | | | |

庄重签名：________ 翘起嘴角 锻造开始

1.

2.

3.

4.

5.

6.

团队通关分析：

| | 团队人均掌握程度______% 团队人均用时______分钟 |
|---|---|
| 通关策略有效性评价： | |

队长签名：________

## 敢于亮剑——巅峰掌控者乐园

巅峰时刻，你应已尽在掌握。
冲关历年初级会计师试题吧，昂扬你的自信！

## 华山论剑——笑谈天下，煮酒论英雄

核心战力状态测评表

<table>
<tr><th rowspan="2">序号</th><th rowspan="2">成长维度</th><th rowspan="2">序号</th><th rowspan="2">成长因子</th><th rowspan="2">测评内容</th><th>优</th><th>良</th><th>中</th><th>差</th></tr>
<tr><th>5</th><th>4</th><th>3</th><th>2</th></tr>
<tr><td colspan="9">Ⅰ 自评（认真根据任务完成过程及课堂表现，逐项评价）</td></tr>
<tr><td rowspan="2">1</td><td rowspan="2">知识技能维度</td><td>1</td><td>知识层面</td><td>熟悉其他货币资金的概念及其类型</td><td></td><td></td><td></td><td></td></tr>
<tr><td>2</td><td>技能层面</td><td>掌握其他货币资金取得、交易以及收回余款等经济业务的账务处理</td><td></td><td></td><td></td><td></td></tr>
<tr><td>2</td><td colspan="3">职业素质专项</td><td>培养与往来单位的沟通协调能力，提高资金安全意识</td><td></td><td></td><td></td><td></td></tr>
<tr><td colspan="9">Ⅱ 互评（团队其他成员根据自评人实际表现，综合评议以上自评符合度）</td></tr>
<tr><td colspan="2">完全符合□</td><td colspan="2">基本符合□</td><td>不符合□</td><td colspan="4">组长签名：________</td></tr>
</table>

# 任务1-4 核算应收票据

## 一切准备——由心开始

<table>
<tr><th colspan="5">态度准备</th><th colspan="5">自律准备</th><th colspan="5">专注准备</th><th colspan="5">快乐准备</th></tr>
<tr><td>E</td><td>D</td><td>C</td><td>B</td><td>A</td><td>E</td><td>D</td><td>C</td><td>B</td><td>A</td><td>E</td><td>D</td><td>C</td><td>B</td><td>A</td><td>E</td><td>D</td><td>C</td><td>B</td><td>A</td></tr>
</table>

## 任务来了

首先了解任务，以现有能力尝试完成，并在此页面上进行标注，据以分析任务难度和能力缺口，为战力储备阶段指明方向。

任务要求：轩辕公司为增值税一般纳税人，请根据以下业务做出相应的账务处理，如有计算，要写出计算过程。

1. 2月1日，向蚩尤公司销售商品一批，货款为100 000元，增值税税额为13 000元，取得该公司同日签发并承兑3个月期限的商业承兑汇票（不带息），金额为113 000元。

2. 2月10日，收到神农公司同日签发并承兑3个月期限的银行承兑汇票，票面金额为50 000元，用以抵偿前欠货款。

3. 前述收到蚩尤公司的商业承兑汇票3个月后到期，票据款全部收到。

4. 假定收到蚩尤公司的商业承兑汇票3个月后到期，票据款未收到。

5. 假定将收到蚩尤公司的商业承兑汇票背书转让，取得原材料价款 90 000 元，增值税为 11 700 元，在当月通过认证，多余款项收到转账支票一张，交存开户银行。

6. 3 月 10 日，将收到神农公司金额为 50 000 元的银行承兑汇票贴现，贴现息为 600 元，收到贴现款 49 400 元，存入银行。

## 战力储备——无非是尽全力做好准备

### 一、核心战力需求

**（一）初阶·知识需求**

1. 熟悉应收票据的概念与分类；
2. 理解应收票据的入账价值；

**（二）中阶·技能需求**

3. 掌握应收票据相关主要业务的核算；

**（三）高阶·素质专项养成**

4. 培养资金管理的安全防范意识。

### 二、探寻藏经阁

| | | | |
|---|---|---|---|
| 看头条秘籍 | 研经典案例 | 赏思维导图 | 析会计准则 |

### 三、剑来！——萌新战士养成计划

| 通关策略： | 先探阁熟悉后填写□　填写后再理解掌握□　其他方式：________ |
|---|---|
| 通关掌握程度自设______%　通关拟用时______分钟 | |

庄重签名：________　翘起嘴角　计划开始

**（一）应收票据概述**

1. 应收票据的概念

应收票据是指企业因________等而收到的商业汇票。

2. 商业汇票的期限

商业汇票的付款期限，最长不得超过____个月。

商业汇票的提示付款期限，自________日起____日。

3. 商业汇票的分类

根据承兑人不同，商业汇票分为__________和__________。

**（二）应收票据的账务处理**

1. 账户设置

设置“应收票据”账户，借方登记收到应收票据的________，贷方登记到期收回票款或到期前向银行贴现的应收票据的__________。期末余额在借方，反映企业持有的商业汇票的__________。

2. 应设置“________________”

应逐笔登记商业汇票的种类、号数等相关资料。

3. 会计分录

| | |
|---|---|
| (1) 客户以商业汇票抵付前欠货款 | 借：__________<br>贷：__________ |
| (2) 企业销售商品、提供劳务等而收到商业汇票 | 借：__________<br>贷：______________<br>应交税费——应交增值税（销项税额） |
| (3) 商业汇票到期收到款项 | 借：__________<br>贷：__________ |
| (4) 商业汇票到期未收到款项 | 借：__________<br>贷：__________ |
| (5) 背书转让应收票据 | 借：__________等<br>应交税费——应交增值税（进项税额）<br>贷：__________<br>（注：如有差额，借或贷“__________”） |
| (6) 应收票据贴现 | 借：__________<br>贷：__________<br>（注：如有差额，借或贷“__________”） |

**通关分析：**

通关掌握程度________%　通关用时________分钟　最大专注时长________分钟

微笑比率________%

## 且试我剑——进化先锋锻造营

<table>
<tr><td colspan="2">我的团队：________</td><td>团队成员</td><td>____人</td><td>实到人数</td><td>____人</td></tr>
<tr><td>团队通关策略：</td><td colspan="5">本关领队：________。“萌新战士”领先成员：________________<br>结对共进：________&________ ________&________ ________&________</td></tr>
<tr><td colspan="6">商定团队通关掌握程度自设______%　商定团队通关拟用时______分钟</td></tr>
</table>

庄重签名：________　翘起嘴角　锻造开始

1.

2.

3.

4.

5.

6.

**团队通关分析：**

<table>
<tr><td colspan="2">团队人均掌握程度______%　团队人均用时______分钟</td></tr>
<tr><td>通关策略有效性评价：</td><td></td></tr>
</table>

队长签名：________

## 敢于亮剑——巅峰掌控者乐园

巅峰时刻，你应已尽在掌握。
冲关历年初级会计师试题吧，昂扬你的自信！

## 华山论剑——笑谈天下，煮酒论英雄

**核心战力状态测评表**

| 序号 | 成长维度 | 序号 | 成长因子 | 测评内容 | 优<br>5 | 良<br>4 | 中<br>3 | 差<br>2 |
|---|---|---|---|---|---|---|---|---|
| Ⅰ 自评（认真根据任务完成过程及课堂表现，逐项评价） | | | | | | | | |
| 1 | 知识技能维度 | 1 | 知识层面 | 熟悉应收票据的概念与分类 | | | | |
| | | | | 理解应收票据的入账价值 | | | | |
| | | 2 | 技能层面 | 掌握应收票据相关主要业务的核算 | | | | |
| 2 | 职业素质专项 | | | 培养资金管理的安全防范意识 | | | | |
| Ⅱ 互评（团队其他成员根据自评人实际表现，综合评议以上自评符合度） | | | | | | | | |
| 完全符合□ | | 基本符合□ | | 不符合□ | 组长签名：________ | | | |

# 任务 1-5　核算应收账款

## 一切准备——由心开始

| 态度准备 | | | | | 自律准备 | | | | | 专注准备 | | | | | 快乐准备 | | | | |
|---|---|---|---|---|---|---|---|---|---|---|---|---|---|---|---|---|---|---|---|
| E | D | C | B | A | E | D | C | B | A | E | D | C | B | A | E | D | C | B | A |

## 任务来了

首先了解任务，以现有能力尝试完成，并在此页面上进行标注，据以分析任务难度和能力缺口，为战力储备阶段指明方向。

任务要求：轩辕公司为增值税一般纳税人，请根据以下业务做出相应的账务处理，如有计算，要写出计算过程。

1. 5 月 12 日，向乙企业销售商品一批，货款为 200 000 元，增值税税额为 26 000 元，以银行存款垫付运输费 4 000 元，已办妥托收手续。

2. 5 月 20 日，收到 5 月 12 日乙企业的欠款。

3. 6 月 10 日，向丁公司销售商品一批，货款为 200 000 元，增值税税率为 13%。由于成批销售，给乙公司 10%的商业折扣。

4. 7 月 5 日，收到 6 月 10 日向丁公司的欠款。

## 战力储备——无非是尽全力做好准备

### 一、核心战力需求

**(一) 初阶·知识需求**

1. 理解应收账款,熟悉应收账款入账金额的构成;

**(二) 中阶·技能需求**

2. 掌握应收账款相关经济业务的账务处理;

**(三) 高阶·素质专项养成**

3. 培养敏锐的风险意识和分析能力。

### 二、探寻藏经阁

| | | | |
|---|---|---|---|
| 看头条秘籍 | 研经典案例 | 赏思维导图 | 析会计准则 |

### 三、剑来!——萌新战士养成计划

| 通关策略: | 先探阁熟悉后填写□ 填写后再理解掌握□ 其他方式:________ |
|---|---|
| 通关掌握程度自设______% 通关拟用时______分钟 | |

庄重签名:________ 翘起嘴角 计划开始

**(一) 应收账款概述**

应收账款是指企业因________________等经营活动,应向购货单位或接受服务单位收取的款项,主要包括企业销售商品或提供服务等应向有关债务人收取的__________及代购货单位________________等。

**(二) 账户设置**

设置"应收账款"账户,借方登记应收账款增加;贷方登记应收账款收回及确认的坏账损失;期末余额一般在__________,反映尚未__________的应收账款,如在__________,一般为企业__________。

**(三) 会计分录**

| | |
|---|---|
| (1) 确认应收账款时 | 借:________<br>贷:____________等<br>应交税费——应交增值税(销项税额) |

续表

| （2）收到客户前欠货款时 | 借：________<br>贷：________ |
|---|---|

**通关分析：**

通关掌握程度________% 通关用时________分钟 最大专注时长________分钟 微笑比率________%

## 且试我剑——进化先锋锻造营

| 我的团队：____________ | | 团队成员 | ___人 | 实到人数 | ___人 |
|---|---|---|---|---|---|
| 团队通关策略： | 本关领队：________。"萌新战士"领先成员：________________<br>结对共进：________&________ ________&________ ________&________ | | | | |
| 商定团队通关掌握程度自设______% 商定团队通关拟用时______分钟 | | | | | |

庄重签名：________ 翘起嘴角 锻造开始

1.

2.

3.

4.

**团队通关分析：**

| 团队人均掌握程度______% 团队人均用时______分钟 | |
|---|---|
| 通关策略有效性评价： | |

队长签名：________

## 敢于亮剑——巅峰掌控者乐园

巅峰时刻，你应已尽在掌握。
冲关历年初级会计师试题吧，昂扬你的自信！

## 华山论剑——笑谈天下，煮酒论英雄

核心战力状态测评表

<table>
<tr><th rowspan="2">序号</th><th rowspan="2">成长维度</th><th rowspan="2">序号</th><th rowspan="2">成长因子</th><th rowspan="2">测 评 内 容</th><th>优</th><th>良</th><th>中</th><th>差</th></tr>
<tr><th>5</th><th>4</th><th>3</th><th>2</th></tr>
<tr><td colspan="9">Ⅰ 自评（认真根据任务完成过程及课堂表现，逐项评价）</td></tr>
<tr><td rowspan="2">1</td><td rowspan="2">知识技能维度</td><td>1</td><td>知识层面</td><td>理解应收账款，熟悉应收账款入账金额的构成</td><td></td><td></td><td></td><td></td></tr>
<tr><td>2</td><td>技能层面</td><td>掌握应收账款相关经济业务的账务处理</td><td></td><td></td><td></td><td></td></tr>
<tr><td>2</td><td colspan="3">职业素质专项</td><td>培养敏锐的风险意识和分析能力</td><td></td><td></td><td></td><td></td></tr>
<tr><td colspan="9">Ⅱ 互评（团队其他成员根据自评人实际表现，综合评议以上自评符合度）</td></tr>
<tr><td colspan="3">完全符合□</td><td colspan="2">基本符合□</td><td colspan="2">不符合□</td><td colspan="2">组长签名：__________</td></tr>
</table>

# 任务 1-6　核算预付账款

## 一切准备——由心开始

<table>
<tr><th colspan="5">态度准备</th><th colspan="5">自律准备</th><th colspan="5">专注准备</th><th colspan="5">快乐准备</th></tr>
<tr><td>E</td><td>D</td><td>C</td><td>B</td><td>A</td><td>E</td><td>D</td><td>C</td><td>B</td><td>A</td><td>E</td><td>D</td><td>C</td><td>B</td><td>A</td><td>E</td><td>D</td><td>C</td><td>B</td><td>A</td></tr>
</table>

## 任务来了

首先了解任务，以现有能力尝试完成，并在此页面上进行标注，据以分析任务难度和能力缺口，为战力储备阶段指明方向。

任务要求：轩辕公司为增值税一般纳税人，请根据以下业务做出相应的账务处理，如有计算，要写出计算过程。

1. 6月5日，向华中公司采购材料1 000吨，单价为50元，货款总计50 000元。按照合同规定，向该公司先预付货款30 000元，待验收货物后补付其余款项。

2. 6月23日，取得增值税发票，标明价款为50 000元、增值税税额为6 500元，增值税专用发票抵扣联通过认证，材料验收入库。

3. 6月30日，向华中公司补付差额款。

4. 假定公司原预付款为60 000元，退回余款3 500元存入银行。

## 战力储备——无非是尽全力做好准备

### 一、核心战力需求

**(一) 初阶·知识需求**

1. 理解预付账款的应用；

**(二) 中阶·技能需求**

2. 掌握预付账款支付、交易、收回余款、补付不足等业务的账务处理；

**(三) 高阶·素质专项养成**

3. 培养系统思维以及处事能够善始善终的意识。

### 二、探寻藏经阁

| | | | |
|---|---|---|---|
| | | | |
| 看头条秘籍 | 研经典案例 | 赏思维导图 | 析会计准则 |

### 三、剑来！——萌新战士养成计划

| 通关策略： | 先探阁熟悉后填写□ 填写后再理解掌握□ 其他方式：________________ |
|---|---|
| 通关掌握程度自设________% 通关拟用时________分钟 | |

庄重签名：__________ 翘起嘴角 计划开始

**(一) 预付账款概述**

预付账款是指企业按照合同规定预付的款项，如预付的材料、商品采购款、在建工程价款等。

**(二) 账户设置**

企业应设置“预付账款”账户进行核算。该账户为资产类账户，借方登记预付款项的增加，贷方登记减少，余额一般在__________，表示已预付但尚未交易结算的款项。如果余额在贷方，则表示企业__________的余额。

如果企业的预付账款不多，则可以在“__________”账户核算。

**(三) 会计分录**

| (1) 根据购货合同的规定向供应单位预付款项时 | 借：__________<br>贷：__________ |
|---|---|

续表

| | |
|---|---|
| (2) 收到所购物资冲减预付账款时 | 借：__________等<br>应交税费——应交增值税(进项税额)<br>贷：__________ |
| (3) 补付预付账款时 | 借：__________<br>贷：__________ |
| (4) 收回多余的预付款项时 | 借：__________<br>贷：__________ |

**通关分析：**

通关掌握程度________% 通关用时________分钟 最大专注时长________分钟 微笑比率________%

## 且试我剑——进化先锋锻造营

| 我的团队：______________ | | 团队成员 | ___人 | 实到人数 | ___人 |
|---|---|---|---|---|---|
| 团队通关策略： | 本关领队：_________。“萌新战士”领先成员：_____________________<br>结对共进：_________&_________ _________&_________ _________&_________ | | | | |
| 商定团队通关掌握程度自设_______% 商定团队通关拟用时_______分钟 | | | | | |

庄重签名：_________ 翘起嘴角 锻造开始

1.

2.

3.

4.

**团队通关分析：**

| 团队人均掌握程度________% 团队人均用时________分钟 | |
|---|---|
| 通关策略有效性评价： | |

队长签名：________

## 敢于亮剑——巅峰掌控者乐园

巅峰时刻，你应已尽在掌握。
冲关历年初级会计师试题吧，昂扬你的自信！

## 华山论剑——笑谈天下，煮酒论英雄

**核心战力状态测评表**

| 序号 | 成长维度 | 序号 | 成长因子 | 测 评 内 容 | 优 5 | 良 4 | 中 3 | 差 2 |
|---|---|---|---|---|---|---|---|---|
| Ⅰ 自评（认真根据任务完成过程及课堂表现，逐项评价） | | | | | | | | |
| 1 | 知识技能维度 | 1 | 知识层面 | 理解预付账款的应用 | | | | |
| | | 2 | 技能层面 | 掌握预付账款支付、交易、收回余款、补付不足等业务的账务处理 | | | | |
| 2 | 职业素质专项 | | | 培养系统思维以及处事能够善始善终的意识 | | | | |
| Ⅱ 互评（团队其他成员根据自评人实际表现，综合评议以上自评符合度） | | | | | | | | |
| 完全符合□ | | 基本符合□ | | 不符合□ | 组长签名：________ | | | |

# 任务 1-7 核算其他应收款项

## 一切准备——由心开始

| 态度准备 | | | | | 自律准备 | | | | | 专注准备 | | | | | 快乐准备 | | | | |
|---|---|---|---|---|---|---|---|---|---|---|---|---|---|---|---|---|---|---|---|
| E | D | C | B | A | E | D | C | B | A | E | D | C | B | A | E | D | C | B | A |

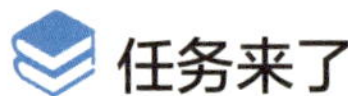

## 任务来了

首先了解任务，以现有能力尝试完成，并在此页面上进行标注，据以分析任务难度和能力缺口，为战力储备阶段指明方向。

任务要求：轩辕公司为增值税一般纳税人，请根据以下业务做出相应的账务处理，如有计算，要写出计算过程。

1. 公司持有丙上市公司股票作为以公允价值计量且其变动计入当期损益的金融资产进行管理和核算。7 月 5 日，丙上市公司宣告发放上年现金股利，公司按其持有该上市公司股份计算确定的应分得的现金股利为 200 000 元。假定不考虑相关税费。

2. 7 月 9 日，收到丙上市公司发放的现金股利 200 000 元，款项已存入银行。

3. 公司持有丁公司债券投资。7 月 11 日，公司收到丁公司通知，拟向其支付上半年利息 1 000 000 元，款项尚未支付。

4. 7 月 13 日，收到该上半年利息存入银行。

5. 7 月 15 日，企业租入包装物一批，以银行存款支付包装物押金 3 000 元。

6. 7 月 17 日，收回押金，存入银行。

7. 7 月 20 日，以银行存款为职工李明明垫付应由其个人负担的水电费 1 200 元。

8. 8 月 20 日，从职工李明明工资中扣回垫付的款项 1 200 元。

## 战力储备——无非是尽全力做好准备

### 一、核心战力需求

**（一）初阶·知识需求**

1. 熟悉应收利息、应收股利、其他应收款核算的内容；

**（二）中阶·技能需求**

2. 掌握应收利息、应收股利、其他应收款确认与收回的账务处理；

**（三）高阶·素质专项养成**

3. 培养事务管理的重要性原则，能够有条不紊地进行多线任务处理。

### 二、探寻藏经阁

| | | | |
|---|---|---|---|
| 看头条秘籍 | 研经典案例 | 赏思维导图 | 析会计准则 |

## 三、剑来！——萌新战士养成计划

| 通关策略： | 先探阁熟悉后填写□ 填写后再理解掌握□ 其他方式：____________ |
| --- | --- |
| 通关掌握程度自设______% 通关拟用时______分钟 | |

庄重签名：________ 翘起嘴角 计划开始

### （一）应收股利

1. 概述

应收股利是指企业应收取的现金股利或应收取其他单位分配的利润。

2. 账户设置

设置"应收股利"账户，按照________设置明细科目进行核算。

3. 会计分录

| | |
| --- | --- |
| （1）在持有以公允价值计量且其变动计入当期损益的金融资产（交易性金融资产）期间，被投资单位宣告发放现金股利时 | 借：________<br>贷：________ |
| （2）在持有长期股权投资期间，被投资单位宣告发放现金股利或利润 | 借：________<br>贷：________ 【成本法】<br>________________ 【权益法】 |
| （3）收到发放的现金股利或利润 | 借：________ 或 ____________<br>贷：________ |

### （二）应收利息

1. 概述

应收利息是指企业根据合同或协议规定应向债务人收取的利息。

2. 账户设置

设置"应收利息"账户，按照______________设置明细科目进行核算。

3. 会计分录

| | |
| --- | --- |
| （1）确认到期利息时 | 借：________<br>贷：________ |
| （2）收到利息时 | 借：________<br>贷：________ |

### （三）其他应收款

设置“其他应收款”账户，核算其他各种应收及暂付款项。按照________设置明细科目进行核算。

**贴心提示 2：**

其他应收款核算的主要内容包括：(1)应收的各种____、____；(2)应收的出租包装物____；(3)应向____收取的各种________；(4)________，如租入包装物支付的____；(5)其他各种应收、暂付款项。

**通关分析：**

通关掌握程度______% 通关用时______分钟 最大专注时长______分钟
微笑比率______%

## 且试我剑——进化先锋锻造营

| 我的团队：________ | | 团队成员 | ___人 | 实到人数 | ___人 |
|---|---|---|---|---|---|
| 团队通关策略： | 本关领队：______。“萌新战士”领先成员：________________<br>结对共进：______&______ ______&______ ______&______ | | | | |
| 商定团队通关掌握程度自设______% 商定团队通关拟用时______分钟 | | | | | |

庄重签名：______ 翘起嘴角 锻造开始

1.

5.

2.

6.

3.

7.

4.

8.

团队通关分析：

| 团队人均掌握程度________% 团队人均用时________分钟 | |
|---|---|
| 通关策略有效性评价： | |

队长签名：__________

## 敢于亮剑——巅峰掌控者乐园

巅峰时刻，你应已尽在掌握。
冲关历年初级会计师试题吧，昂扬你的自信！

## 华山论剑——笑谈天下，煮酒论英雄

核心战力状态测评表

<table>
<tr><th rowspan="2">序号</th><th rowspan="2">成长维度</th><th rowspan="2">序号</th><th rowspan="2">成长因子</th><th rowspan="2">测评内容</th><th>优</th><th>良</th><th>中</th><th>差</th></tr>
<tr><th>5</th><th>4</th><th>3</th><th>2</th></tr>
<tr><td colspan="9">Ⅰ 自评（认真根据任务完成过程及课堂表现，逐项评价）</td></tr>
<tr><td rowspan="2">1</td><td rowspan="2">知识技能维度</td><td>1</td><td>知识层面</td><td>熟悉应收利息、应收股利、其他应收款核算的内容</td><td></td><td></td><td></td><td></td></tr>
<tr><td>2</td><td>技能层面</td><td>掌握应收利息、应收股利、其他应收款确认与收回的账务处理</td><td></td><td></td><td></td><td></td></tr>
<tr><td>2</td><td colspan="3">职业素质专项</td><td>培养事务管理的重要性原则，能够有条不紊地进行多线任务处理</td><td></td><td></td><td></td><td></td></tr>
<tr><td colspan="9">Ⅱ 互评（团队其他成员根据自评人实际表现，综合评议以上自评符合度）</td></tr>
<tr><td colspan="2">完全符合□</td><td colspan="2">基本符合□</td><td>不符合□</td><td colspan="4">组长签名：__________</td></tr>
</table>

# 任务1-8 核算应收款项减值

## 一切准备——由心开始

<table>
<tr><th colspan="5">态度准备</th><th colspan="5">自律准备</th><th colspan="5">专注准备</th><th colspan="5">快乐准备</th></tr>
<tr><td>E</td><td>D</td><td>C</td><td>B</td><td>A</td><td>E</td><td>D</td><td>C</td><td>B</td><td>A</td><td>E</td><td>D</td><td>C</td><td>B</td><td>A</td><td>E</td><td>D</td><td>C</td><td>B</td><td>A</td></tr>
</table>

## 任务来了

首先了解任务，以现有能力尝试完成，并在此页面上进行标注，据以分析任务难度和能力缺口，为战力储备阶段指明方向。

任务要求：轩辕公司为增值税一般纳税人，请根据以下业务做出相应的账务处理，如有计算，要写出计算过程。

1. 3月份，应收账款期初借方余额为100 000元，坏账准备期初贷方余额为10 000元；3月5日，发生无法收回坏账一笔5 000元；3月19日，原先作为坏账转销的一笔应收账款20 000元又收回并存入银行，当月赊销商品25 000元。此外，无其他坏账准备相关业务。3月末，应收账款期末借方余额为120 000元，对应的坏账准备应为12 000元。要求：编写3月5日、3月19日、3月末对应业务的会计分录。

2. 6月份，应收账款期初余额为100万元，坏账准备期初贷方余额为10 000元。该企业按应收账款余额的1%计提坏账准备。当月赊销商品200万元(不考虑相关税费)，收回客户前欠货款50万元。因某客户破产20万元无法收回。7月份，该企业已确认为坏账的5万元又收回，赊销商品300万元，收回前欠款80万元。要求编写相关业务会计分录。

## 战力储备——无非是尽全力做好准备

### 一、核心战力需求

**(一) 初阶 · 知识需求**

1. 理解应收款项减值的意义；
2. 理解应收账款账面余额、账面价值的区别；

**(二) 中阶 · 技能需求**

3. 掌握期末坏账准备应计提金额的计算及相关账务处理；

**(三) 高阶 · 素质专项养成**

4. 培养面对困难沉着应战、不屈不挠的精神。

### 二、探寻藏经阁

| | | | |
|---|---|---|---|
| 看头条秘籍 | 研经典案例 | 赏思维导图 | 析会计准则 |

## 三、剑来！——萌新战士养成计划

| 通关策略： | 先探阁熟悉后填写□　填写后再理解掌握□　其他方式：________ |
|---|---|
| 通关掌握程度自设______%　通关拟用时______分钟 | |

庄重签名：________　翘起嘴角　计划开始

### （一）应收款项减值概述

企业的各项应收款项可能会因购货人拒付、破产、死亡等原因而无法收回。这类________就是坏账。对坏账的处理方法有直接转销法和备抵法两种。

《企业会计准则》规定，企业应当在资产负债表日对应收款项的________进行评估。应收款项发生减值的，应当将________的金额确认为________，计提坏账准备。

### （二）直接转销法

用于执行《________》的企业。

| 实际发生坏账时 | 借：________<br>贷：________ |
|---|---|

### （三）备抵法

用于执行《________》的企业。

1. 概述

备抵法是采用一定的方法按期估计________，计入当期损益，同时建立坏账准备，待坏账________时，冲销已计提的________和相应的________。

采用这种方法，在财务报表上列示应收款项的________，使财务报表使用者能了解企业应收款项预期可收回的金额或真实的财务情况。

2. 账户设置

（1）设置“坏账准备”账户。应收预付款项的备抵账户，贷方登记当期________、收回已转销的应收账款而________；借方登记实际________和________；期末余额在贷方，反映企业________的坏账准备。

（2）设置“信用减值损失”账户。损益费用类账户，借方登记应收款项发生减值损失，贷方登记应收款项价值回升冲减的减值损失以及转入本年利润的部分。

3. 当期应计提坏账准备的计算

当期应计提的坏账准备＝当期按应收款项计算______的坏账准备金额－“坏账准备”账户的______余额＋“坏账准备”账户的______余额

4. 会计分录

| （1）计提坏账准备 | 借：________<br>贷：________ |
|---|---|

续表

| | | | |
|---|---|---|---|
| (2) 冲减多提的坏账准备 | 借：__________<br>贷：______________ | | |
| (3) 转销已确认的坏账 | 借：__________<br>贷：__________ | | |
| (4) 收回已确认的坏账并转销应收账款 | 借：__________<br>贷：__________ | 同时： | 借：__________<br>贷：__________ |

**通关分析：**

通关掌握程度________% 通关用时________分钟 最大专注时长________分钟 微笑比率________%

## 且试我剑——进化先锋锻造营

| 我的团队：______________ | | 团队成员 | ___人 | 实到人数 | ___人 |
|---|---|---|---|---|---|
| 团队通关策略： | 本关领队：_________。“萌新战士”领先成员：____________________________<br>结对共进：_________ & _________ _________ & _________ _________ & _________ | | | | |
| 商定团队通关掌握程度自设_______% 商定团队通关拟用时_______分钟 | | | | | |

庄重签名：_________ 翘起嘴角 锻造开始

1. (1) 3 月 5 日

(2) 3 月 19 日

(3) 3 月末：

应有坏账准备贷方余额=__________

现有 = ______ − ______ + _______ = ______

应计提（或冲销）金额 = ______ − ______ = ________(元)

借：

贷：

2. (1) 6 月赊销时

(2) 6 月收回欠款时

（3）6 月发生坏账时

（4）6 月末计提坏账准备时

应收账款余额＝

应有坏账准备余额＝

现有坏账准备余额＝

应计提坏账准备金额＝

会计分录：

（5）7 月坏账又收回时

（6）7 月赊销时

（7）7 月收回欠款时

（8）7 月末计提坏账准备时

应收账款余额＝

应有坏账准备余额＝

现有坏账准备余额＝

应计提坏账准备金额＝

会计分录：

**团队通关分析：**

| 团队人均掌握程度________％　团队人均用时________分钟 | |
|---|---|
| 通关策略有效性评价： | |

队长签名：__________

## 敢于亮剑——巅峰掌控者乐园

巅峰时刻，你应已尽在掌握。

冲关历年初级会计师试题吧，昂扬你的自信！

## 华山论剑——笑谈天下，煮酒论英雄

核心战力状态测评表

<table>
<tr><th rowspan="2">序号</th><th rowspan="2">成长维度</th><th rowspan="2">序号</th><th rowspan="2">成长因子</th><th rowspan="2">测评内容</th><th>优</th><th>良</th><th>中</th><th>差</th></tr>
<tr><th>5</th><th>4</th><th>3</th><th>2</th></tr>
<tr><td colspan="9">Ⅰ 自评(认真根据任务完成过程及课堂表现，逐项评价)</td></tr>
<tr><td rowspan="3">1</td><td rowspan="3">知识技能维度</td><td rowspan="2">1</td><td rowspan="2">知识层面</td><td>理解应收款项减值的意义</td><td></td><td></td><td></td><td></td></tr>
<tr><td>理解应收账款账面余额、账面价值的区别</td><td></td><td></td><td></td><td></td></tr>
<tr><td>2</td><td>技能层面</td><td>掌握期末坏账准备应计提金额的计算及相关账务处理</td><td></td><td></td><td></td><td></td></tr>
<tr><td>2</td><td colspan="3">职业素质专项</td><td>培养面对困难沉着应战、不屈不挠的精神</td><td></td><td></td><td></td><td></td></tr>
<tr><td colspan="9">Ⅱ 互评(团队其他成员根据自评人实际表现，综合评议以上自评符合度)</td></tr>
<tr><td colspan="2">完全符合□</td><td colspan="2">基本符合□</td><td>不符合□</td><td colspan="4">组长签名：__________</td></tr>
</table>

# 任务 1-9 核算交易性金融资产

## 一切准备——由心开始

<table>
<tr><th colspan="5">态度准备</th><th colspan="5">自律准备</th><th colspan="5">专注准备</th><th colspan="5">快乐准备</th></tr>
<tr><td>E</td><td>D</td><td>C</td><td>B</td><td>A</td><td>E</td><td>D</td><td>C</td><td>B</td><td>A</td><td>E</td><td>D</td><td>C</td><td>B</td><td>A</td><td>E</td><td>D</td><td>C</td><td>B</td><td>A</td></tr>
</table>

## 任务来了

首先了解任务，以现有能力尝试完成，并在此页面上进行标注，据以分析任务难度和能力缺口，为战力储备阶段指明方向。

任务要求：轩辕公司为增值税一般纳税人，请根据以下业务做出相应的账务处理，如有计算，要写出计算过程。

1. 2023 年 5 月 10 日，轩辕公司以 6 200 000 元(含已宣告但尚未领取的现金股利 200 000 元)购入乙公司股票 200 万股作为交易性金融资产，另支付手续费 60 000 元。

2. 2023 年 5 月 30 日，轩辕公司收到现金股利 200 000 元。

3. 2023 年 6 月 30 日，该股票每股市价为 3.2 元。

4. 2023 年 8 月 10 日，乙公司宣告分派现金股利，每股为 0.20 元。

5. 2023 年 8 月 20 日，轩辕公司收到分派的现金股利。

6. 2023 年 12 月 31 日，该股票每股市价为 3.6 元。

7. 2024 年 1 月 3 日，轩辕公司以 6 300 000 元出售该交易性金融资产，交易费用为 61 000 元。

8. 计算出售该项交易性金融资产对利润的影响。

9. 计算该项交易性金融资产从取得到出售对利润的影响。

## 战力储备——无非是尽全力做好准备

### 一、核心战力需求

**（一）初阶 · 知识需求**

1. 熟悉交易性金融资产核算的内容；

**（二）中阶 · 技能需求**

2. 掌握交易性金融资产成本、公允价值变动的计量方法；
3. 掌握交易性金融资产相关投资收益核算的内容；
4. 掌握交易性金融资产取得、宣告分红、收到股利、公允价值变动的账务处理；
5. 掌握交易性金融资产出售时对利润影响的计算；
6. 掌握交易性金融资产从取得到转让对利润影响的计算；
7. 掌握交易性金融资产出售的账务处理；

**（三）高阶 · 素质专项养成**

8. 培养学生价值投资的理念与摒弃投机的意识。

### 二、探寻藏经阁

| [二维码] | [二维码] | [二维码] | [二维码] |
|---|---|---|---|
| 看头条秘籍 | 研经典案例 | 赏思维导图 | 析会计准则 |

### 三、剑来！——萌新战士养成计划

| 通关策略： | 先探阁熟悉后填写□　填写后再理解掌握□　其他方式：________________ |
|---|---|
| 通关掌握程度自设________% 　通关拟用时________分钟 | |

庄重签名：__________　翘起嘴角　计划开始

**（一）金融资产的概念**

在企业全部资产中，库存现金、银行存款、应收账款、应收票据、贷款、其他应收款、应收利息、债券投资、股票投资、基金投资及衍生金融资产等统称为金融资产。

**(二) 金融资产分类标准**

根据企业管理金融资产的业务模式和金融资产的合同现金流量特征,《企业会计准则第22号——金融工具确认和计量》(2018)将金融资产划分为:(1)以摊余成本计量的金融资产;(2)以公允价值计量且其变动计入其他综合收益的金融资产;(3)以公允价值计量且其变动计入当期损益的金融资产。

**(三) 交易性金融资产的内容**

1. 概念

以__________计量且其变动计入__________的金融资产称为"__________"。它是企业为了近期内出售而持有的金融资产。

2. 分析

(1) 从企业管理金融资产的业务模式看

① 业务目标是"交易"而非收取合同现金流量;

② 业务目标不是既为"收取合同现金流量",又为"出售该金融资产",即仅为"交易"。

(2) 从合同现金流量特征看

尽管交易性金融资产仍将收取合同现金流量,但只是偶尔为之,并非为了实现业务模式目标(收取合同现金流量)而不可或缺。

**(四) 交易性金融资产的账务处理**

1. 设置会计账户

(1) "交易性金融资产"账户

核算企业分类为以公允价值计量且其变动计入当期损益的金融资产。借方登记交易性金融资产的取得成本、资产负债表日其公允价值高于账面余额的差额,以及出售交易性金融资产时结转公允价值低于账面余额的变动金额;贷方登记资产负债表日其公允价值低于账面余额的差额,以及企业出售交易性金融资产时结转的成本和公允价值高于账面余额的变动金额;按照交易性金融资产的__________,分别设置"______""______________"明细账户。

(2) "公允价值变动损益"账户

核算企业交易性金融资产等的公允价值变动而形成的应计入当期损益的__________;借方登记资产负债表日企业持有的交易性金融资产等的__________低于账面余额的差额;贷方登记资产负债表日企业持有的交易性金融资产等的公允价值高于__________的差额。

(3) "投资损益"账户

核算企业持有交易性金融资产等的期间内取得的投资收益以及出售交易性金融资产等实现的投资收益或投资损失。借方登记企业取得交易性金融资产时支付的交易费用、出售交易性金融资产等发生的投资损失;贷方登记企业持有交易性金融资产等的期间内取得的投资收益以及出售交易性金融资产等实现的投资收益,应当按照__________设置明细科目进行核算。

2. 取得交易性金融资产

(1) 相关概念

金融资产的公允价值,应当以______________为基础确定。交易费用是指可直接归属于购买、发行或处置金融工具的______费用。增量费用是指企业没有发生购买、发行或处置相关金融工具的情形就不会发生的费用，包括支付给代理机构、咨询公司、券商、证券交易所、政府有关部门等的手续费、佣金、相关税费以及其他必要支出，不包括债券溢价、折价、融资费用、内部管理成本和持有成本等与交易不直接相关的费用。

（2）会计分录

| | |
|---|---|
| ① 确认交易性金融资产成本时 | 借：______________【取得时的公允价值】<br>__________【取得时已宣告但尚未发放的现金股利】<br>__________【取得时已到期但尚未领取的债券利息】<br>贷：______________ |
| ② 确认交易性金融资产取得时的交易费用时 | 借：__________【手续费、佣金、相关税费等增量费用】<br>应交税费——应交增值税（进项税额）<br>贷：______________ |

3. 持有交易性金融资产

（1）企业持有交易性金融资产期间被投资单位宣告发放现金股利或已到付息期但尚未领取的债券利息

| | |
|---|---|
| ① 持有交易性金融资产期间被投资单位宣告发放现金股利或已到付息期但尚未领取的债券利息时 | 借：__________/__________<br>贷：__________ |
| ② 收到相关现金股利或利息时 | 借：__________/银行存款<br>贷：__________/__________ |

（2）资产负债表日，交易性金融资产应当按照公允价值计量时

| | |
|---|---|
| ① 资产负债表日，交易性金融资产公允价值高于账面余额时 | 借：__________________________<br>贷：__________________ |
| ② 资产负债表日，交易性金融资产公允价值低于账面余额时 | 借：__________________<br>贷：__________________________ |

4. 出售交易性金融资产时

| |
|---|
| 借：______________/银行存款<br>______________________________【“公允价值变动”为贷方余额时】<br>__________【出售时公允价值低于账面余额的差额】<br>贷：__________________【购入时的公允价值】<br>__________________________【“公允价值变动”为借方余额时】<br>__________【出售时公允价值高于账面余额的差额】 |

5. 转让金融商品应交增值税

金融商品转让按照＿＿＿＿＿＿＿＿＿＿(不需要扣除已宣告未发放现金股利和已到付息期未领取的利息)后的余额作为销售额计算增值税，即转让金融商品按盈亏相抵后的余额为销售额。相关会计分录见应交税费部分。

**通关分析:**

通关掌握程度＿＿＿＿＿% 通关用时＿＿＿＿＿分钟 最大专注时长＿＿＿＿＿分钟 微笑比率＿＿＿＿＿%

## 且试我剑——进化先锋锻造营

<table>
<tr><td colspan="2">我的团队：＿＿＿＿＿＿＿＿</td><td>团队成员</td><td>＿＿人</td><td>实到人数</td><td>＿＿人</td></tr>
<tr><td>团队通关策略：</td><td colspan="5">本关领队：＿＿＿＿＿。“萌新战士”领先成员：＿＿＿＿＿＿＿＿＿＿＿＿＿<br>结对共进：＿＿＿＿＿&＿＿＿＿＿ ＿＿＿＿＿&＿＿＿＿＿ ＿＿＿＿＿&＿＿＿＿＿</td></tr>
<tr><td colspan="6">商定团队通关掌握程度自设＿＿＿＿＿% 商定团队通关拟用时＿＿＿＿＿分钟</td></tr>
</table>

庄重签名：＿＿＿＿＿ 翘起嘴角 锻造开始

1.

2.

3.

4.

5.

6.

7. 交易性金融资产——成本＝＿＿＿＿＿(元)

交易性金融资产——公允价值变动＝＿＿＿＿＿(元)

交易性金融资产＝＿＿＿＿＿(元)

8. 出售该项交易性金融资产的投资收益＝＿＿＿＿＿－＿＿＿＿＿－＿＿＿＿＿＝＿＿＿＿＿(元)

对利润的影响为＿＿＿＿＿元。

9. 计算该项交易性金融资产和从取得到出售对利润的影响

取得时的买价＝＿＿＿＿＿(元)

出售时的售价＝＿＿＿＿＿(元)

得到分红＝＿＿＿＿＿(元)

发生交易费用＝＿＿＿＿＿＋＿＿＿＿＿＝＿＿＿＿＿(元)

对利润的影响＝＿＿＿＿＿＋＿＿＿＿＿－＿＿＿＿＿－＿＿＿＿＿＝＿＿＿＿＿(元)

**团队通关分析：**

<table>
<tr><td colspan="2">团队人均掌握程度________% 团队人均用时________分钟</td></tr>
<tr><td>通关策略<br>有效性评价：</td><td></td></tr>
</table>

队长签名：__________

## 敢于亮剑——巅峰掌控者乐园

巅峰时刻，你应已尽在掌握。
冲关历年初级会计师试题吧，昂扬你的自信！

## 华山论剑——笑谈天下，煮酒论英雄

**核心战力状态测评表**

<table>
<tr><th rowspan="2">序号</th><th rowspan="2">成长维度</th><th rowspan="2">序号</th><th rowspan="2">成长因子</th><th rowspan="2">测　评　内　容</th><th>优</th><th>良</th><th>中</th><th>差</th></tr>
<tr><th>5</th><th>4</th><th>3</th><th>2</th></tr>
<tr><td colspan="9">Ⅰ 自评(认真根据任务完成过程及课堂表现，逐项评价)</td></tr>
<tr><td rowspan="6">1</td><td rowspan="6">知识技能维度</td><td>1</td><td>知识层面</td><td>熟悉交易性金融资产核算的内容</td><td></td><td></td><td></td><td></td></tr>
<tr><td rowspan="5">2</td><td rowspan="5">技能层面</td><td>掌握交易性金融资产成本、公允价值变动的计量方法</td><td></td><td></td><td></td><td></td></tr>
<tr><td>掌握交易性金融资产相关投资收益核算的内容</td><td></td><td></td><td></td><td></td></tr>
<tr><td>掌握交易性金融资产取得、宣告分红、收到股利、公允价值变动的账务处理</td><td></td><td></td><td></td><td></td></tr>
<tr><td>掌握交易性金融资产出售时对利润影响的计算及账务处理</td><td></td><td></td><td></td><td></td></tr>
<tr><td>掌握交易性金融资产从取得到转让对利润影响的计算</td><td></td><td></td><td></td><td></td></tr>
<tr><td>2</td><td colspan="3">职业素质专项</td><td>培养学生价值投资的理念与摒弃投机的意识</td><td></td><td></td><td></td><td></td></tr>
<tr><td colspan="9">Ⅱ 互评(团队其他成员根据自评人实际表现，综合评议以上自评符合度)</td></tr>
<tr><td colspan="2">完全符合□</td><td colspan="2">基本符合□</td><td>不符合□</td><td colspan="4">组长签名：__________</td></tr>
</table>

## 深省自勉　助力荣耀之路

**多维成长增值测评表——成就你的“六边形战士”**

| 序号 | 成长维度 | 序号 | 成长因子 | 测评内容 | M01 | M02 | M03 | M04 | M05 | M06 | M07 | M08 | M09 |
|---|---|---|---|---|---|---|---|---|---|---|---|---|---|
| | | | | | 10 | 10 | 10 | 10 | 10 | 10 | 10 | 10 | 10 |
| 1 | 态度品质维度 | 1 | 诚实守信 | 不抄袭、不作弊，学习不弄虚作假 | | | | | | | | | |
| | | 2 | 尊重他人 | 认真听课，倾听和尊重同学观点 | | | | | | | | | |
| | | 3 | 勇担责任 | 对自己学习负责，成为团队正能量 | | | | | | | | | |
| | | 4 | 公正公平 | 在课堂互评等活动中不偏袒、不歧视 | | | | | | | | | |
| | | 5 | 遵守规则 | 遵守课堂纪律，无旷课、迟到、早退 | | | | | | | | | |
| 2 | 创造创新维度 | 1 | 创新思维 | 提出新颖的观点或解决问题的方法 | | | | | | | | | |
| | | 2 | 独立思考 | 运用所学，静心思考，提出解决方案 | | | | | | | | | |
| | | 3 | 探索精神 | 愿意主动预习，对新任务有求知欲 | | | | | | | | | |
| | | 4 | 批判思维 | 对教师或同学的方案不盲从，合理质疑 | | | | | | | | | |
| 3 | 情感认知维度 | 1 | 自我认知 | 能够对课堂表现自我反思并加以改进 | | | | | | | | | |
| | | 2 | 情绪管理 | 能够享受学习过程，快乐学习 | | | | | | | | | |
| | | 3 | 自爱自信 | 接受自己，敢于表达，敢于尝试 | | | | | | | | | |
| | | 4 | 换位思考 | 能感受他人，倾心同学的观点和感受 | | | | | | | | | |

续表

| 序号 | 成长维度 | 序号 | 成长因子 | 测评内容 | M01 | M02 | M03 | M04 | M05 | M06 | M07 | M08 | M09 |
|---|---|---|---|---|---|---|---|---|---|---|---|---|---|
| | | | | | 10 | 10 | 10 | 10 | 10 | 10 | 10 | 10 | 10 |
| 4 | 社交合作维度 | 1 | 互动交流 | 积极参与讨论，主动发起讨论 | | | | | | | | | |
| | | 2 | 团队合作 | 合作完成任务，有领导力与团队精神 | | | | | | | | | |
| | | 3 | 解决冲突 | 理性解决分歧，尊重他人，寻求共识 | | | | | | | | | |
| | | 4 | 社交礼仪 | 尊重教师和同学，注重课堂仪表 | | | | | | | | | |
| 5 | 知识技能维度 | 1 | 知识层面 | 该任务“核心战力需求”中“知识需求”的达成情况 | | | | | | | | | |
| | | 2 | 技能层面 | 该任务“核心战力需求”中“技能需求”的达成情况 | | | | | | | | | |
| 6 | 职业素质养成专项 | | | 该任务“核心战力需求”中“素质专项需求”的达成情况 | | | | | | | | | |

测评说明：(1)测评类型：学生自评；(2)测评时间：每个任务完成后；(3)测评方式：教师引导学生逐项判断，逐项打分；(4)分值确定：M01-M09 表示项目 1 的 9 个任务，每个任务的每个成长因子都按实际表现给予分值(1≤分值≤10)。希望同学对每个任务按同样的标准进行评分，以此感受和激励个人不断成长。

# 项目 2
# 核算流动资产 2

本项目主要学习流动资产的另外一个重要组成部分——“存货”。

存货是指企业在日常活动中持有以备出售的产品或商品、处在生产过程中的在产品、在生产过程或提供劳务过程中储备的材料或物料等，包括各类材料、在产品、半成品、产成品、商品以及包装物、低值易耗品、委托代销商品等。

本项目主要训练掌握原材料、周转材料、委托加工物资、库存商品、消耗性生物资产等存货的核算技能。

## 项目全图

2. 核算流动资产 2

- 2.1 认知存货及其成本的确定
- 2.2 存货的收发计量
  - 2.2.1 在先进先出法下记录与计算存货
  - 2.2.2 在月末一次加权平均法下记录与计算存货
  - 2.2.3 在移动加权平均法下记录与计算存货
  - 2.2.4 在个别计价法下记录与计算存货
- 2.3 实际成本法下核算原材料
- 2.4 计划成本法下核算原材料
- 2.5 核算周转材料
- 2.6 核算委托加工物资
- 2.7 核算库存商品
- 2.8 核算存货清查
- 2.9 核算存货减值

## 善阅静思 悟道修心

### 獐子岛“扇贝跑路”造假案例：诚实守信，不做假账的警示

獐子岛，作为国内知名的海洋牧场企业，曾因其独特的经营模式和良好的业绩受到市场的广泛关注。然而，自2011年起，獐子岛多次因“扇贝跑路”事件陷入舆论漩涡，最终因财务造假被证监会查处。

2011年，獐子岛首次公告称，由于北黄海的异常冷水团，导致2011年播下的扇贝大量死亡或失踪。这次事件使得公司的财务报表受到质疑，但并未引起监管部门的深入调查。

2014年，獐子岛再次发布公告，称因自然灾害导致扇贝大量死亡，进而巨亏11.89亿元。此时，由于信息披露制度尚不完善，市场对此并未产生过多怀疑。

2017年，獐子岛再次以“扇贝跑了”为由，公告巨亏7.23亿元。此时，市场已经开始对獐子岛的“扇贝跑路”事件产生疑虑，但缺乏确凿证据。

2018年，獐子岛继续上演“扇贝跑了”的戏码，但此时市场已经对其产生了严重的不信任感。同年，证监会开始对獐子岛立案调查，怀疑其存在财务造假行为。

证监会利用北斗卫星技术，对獐子岛的捕捞记录进行了详细比对。结果发现，獐子岛的捕捞记录与实际情况严重不符，存在明显的造假行为。此外，证监会还发现獐子岛存在编造虚假材料申领国家补贴、串标、非国家工作人员受贿行贿等多项违法违规行为。

证监会决定对獐子岛公司给予警告，并处以60万元的顶格罚款。同时，对涉嫌财务造假的主要责任人员，包括公司原董事长吴厚刚等人，进行了相应的处罚。吴厚刚因违法行为情节严重，被证监会采取终身证券市场禁入措施，并因违规披露重要信息罪、诈骗罪、串通投标罪、对非国家工作人员行贿罪被法院判处有期徒刑15年，并处罚金92万元。其他涉案人员也分别被处以有期徒刑和罚金等不同程度的处罚。

此外，证监会还将獐子岛公司及相关人员涉嫌证券犯罪案件依法移送公安机关追究刑事责任，以进一步打击财务造假等违法行为，维护市场秩序和投资者权益。

**启示：**

獐子岛的“扇贝跑路”事件是一个深刻的教训。作为会计学生和从业者，我们应该从中汲取经验，时刻保持警惕，坚守诚实守信的原则。只有这样，我们才能赢得社会的信任和尊重，为企业的健康发展贡献力量。

## 畅谈倾听 论道明理

阅读思考案例以后，和同学们讨论交流以下问题：

1. 獐子岛公司为何会选择进行财务造假？这种行为背后可能有哪些动机和驱动力？

2. 獐子岛公司的财务造假行为对投资者、债权人和其他利益相关者造成了哪些影响？这种行为如何损害市场的公平性和透明度？

3. 在獐子岛案例中，证监会是如何发现公司的财务造假行为的？技术进步在监管中扮

演了怎样的角色？

4. 作为学生，我们应如何在学习中坚持遵守规则，诚实守信？作为会计从业者，我们应该如何坚守诚信底线？

最后，请将你准备在学习过程中坚持遵守规则、诚实守信的做法写在下面。

________________________________________

________________________________________

________________________________________

________________________________________

________________________________________

________________________________________

________________________________________

________________________________________

# 任务2-1　认知存货及其成本的确定

## 一切准备——由心开始

| 态度准备 | | | | | 自律准备 | | | | | 专注准备 | | | | | 快乐准备 | | | | |
|---|---|---|---|---|---|---|---|---|---|---|---|---|---|---|---|---|---|---|---|
| E | D | C | B | A | E | D | C | B | A | E | D | C | B | A | E | D | C | B | A |

## 任务来了

首先了解任务，以现有能力尝试完成，并在此页面上进行标注，据以分析任务难度和能力缺口，为战力储备阶段指明方向。

任务要求：轩辕公司为增值税一般纳税人，请进行相关处理。

1. 该公司有下列物资，你能分辨哪些应作为存货核算吗？

(1)用于产品生产的材料；(2)劳动保护用品；(3)产品生产用的辅助材料；(4)生产完工准备出售的产品；(5)暂存仓库准备进一步加工的半成品；(6)接受其他企业委托代工制造的代制品；(7)商品出售用的包装袋；(8)生产车间正在生产的产品；(9)准备建造厂房购入的物料；(10)支付手续费委托其他单位代销的商品。

2. 该公司10月份发生下列存货购入业务，请确定相关存货的初始入账成本。

10月12日，购入甲材料100千克，增值税专用发票上注明的买价为2 000元，增值税为260元。该批材料在运输途中发生5%的合理损耗，实际验收入库95千克，在入库前发生挑选整理费用400元。该批入库甲材料的单位成本为(　　)元。

10月16日，购入乙材料一批，增值税专用发票上标明的价款为500万元，增值税为65万元，另支付材料保险费6万元、包装物押金4万元。该批材料的采购成本为(　　)万元。

10月22日，外购丙原材料一批，取得增值税普通发票注明的价款为20万元，增值税税额为2.6万元，在购入过程中支付运费1万元，则该企业原材料的入账金额为（　　）万元。

10月26日，在购买商品时增值税专用发票上列明的价款为100万元，在运输途中的合理损耗为2万元，入库前的挑选整理费用为0.5万元，采购入库后的仓储费为2.5万元，假定仓储费用并非为达到下一个生产阶段所必需，则该批存货的成本应为（　　）万元。

## 战力储备——无非是尽全力做好准备

### 一、核心战力需求

**（一）初阶 · 知识需求**

1. 熟悉存货的核算内容；
2. 熟悉不能计入存货成本的费用；

**（二）中阶 · 技能需求**

3. 掌握存货的初始计量，熟悉不同类型存货取得成本的确定；

**（三）高阶 · 素质专项养成**

4. 培养对国民经济发展中原材料重要性的认识。

### 二、探寻藏经阁

| | | | |
|---|---|---|---|
| 看头条秘籍 | 研经典案例 | 赏思维导图 | 析会计准则 |

### 三、剑来！——萌新战士养成计划

| 通关策略： | 先探阁熟悉后填写□　填写后再理解掌握□　其他方式：__________ |
|---|---|
| 通关掌握程度自设______%　通关拟用时______分钟 | |

庄重签名：________　翘起嘴角 计划开始

**（一）存货的内容**

存货是指企业在日常活动中持有以备出售的________或________、处在生产过程中的________、在生产过程或提供劳务过程中储备的________等。

**（二）存货成本的确定**

1. 存货的初始计量

存货应当按照__________进行初始计量。

（1）存货的采购成本

存货的采购成本，包括____________________________________以及其他可归属于存货采购成本的费用。

（2）存货的加工成本

存货的加工成本包括__________、__________、__________。

（3）存货的其他成本

存货的其他成本是指除采购成本、加工成本以外的，使存货达到目前场所和状态所发生的其他支出。企业设计产品发生的设计费用通常应计入__________。为特定客户设计产品所发生的、可直接确定的设计费用应计入__________。

2. 存货的来源不同，其成本的构成内容也不同

（1）购入存货的成本

**贴心提示 2：**

购入存货的成本包括：①__________；②__________；③__________（包括运输费、装卸费、保险费、包装费、仓储费等）；④运输途中的__________；⑤入库__________的______________（包括挑选整理中发生的______________和挑选整理过程中所发生的__________）。

对于商品流通企业，进货费用较小，可以直接计入__________；较大的进货费用，可以先归集，期末根据所购商品的存销情况进行处理。

（2）自制存货的成本

自制存货的成本包括：①__________；②__________；③__________。

（3）委托外单位加工完成存货的成本

委托外单位加工完成存货的成本包括：①__________；②__________；③__________；④__________。

3. 不计入存货成本的费用

（1）__________的直接材料、直接人工和制造费用，应在发生时计入当期损益。

（2）______________。仓储费用指企业在存货采购入库后发生的储存费用，应在发生时计入当期损益。

（3）不能归属于使存货达到目前场所和状态的其他支出。

**（三）发出存货的计价方法**

1. 确定发出存货成本的计算方法的依据

（1）实物流转方式；（2）企业管理要求；（3）存货的性质。

2. 计价方法不得随意变更

计价方法一经确定，__________变更。若需变更，则应在______________中予以说明。

3. 发出存货的计价方法

(1)__________；(2)______________；(3)__________________；(4)______________。

**通关分析：**

通关掌握程度________% 通关用时________分钟 最大专注时长________分钟 微笑比率________%

## 且试我剑——进化先锋锻造营

| 我的团队：______________ | | 团队成员 | ____人 | 实到人数 | ____人 |
|---|---|---|---|---|---|
| 团队通关策略： | 本关领队：_________。“萌新战士”领先成员：__________________________<br>结对共进：_________&_________ _________&_________ _________&_________ | | | | |
| 商定团队通关掌握程度自设_______% 商定团队通关拟用时_______分钟 | | | | | |

庄重签名：_________ 翘起嘴角 锻造开始

1. 应作为存货核算的有：_______________________。

2. 该批入库甲材料的单位成本为(__________)元。

10月16日，该批材料的采购成本为(__________)万元。

10月22日，该企业原材料的入账金额为(__________)万元。

10月26日，该批存货的成本应为(__________)万元。

**团队通关分析：**

| 团队人均掌握程度_______% 团队人均用时_______分钟 | |
|---|---|
| 通关策略有效性评价： | |

队长签名：_________

## 敢于亮剑——巅峰掌控者乐园

巅峰时刻，你应已尽在掌握。

冲关历年初级会计师试题吧，昂扬你的自信！

## 华山论剑——笑谈天下，煮酒论英雄

**核心战力状态测评表**

<table>
<tr><th rowspan="2">序号</th><th rowspan="2">成长维度</th><th rowspan="2">序号</th><th rowspan="2">成长因子</th><th rowspan="2">测评内容</th><th>优</th><th>良</th><th>中</th><th>差</th></tr>
<tr><th>5</th><th>4</th><th>3</th><th>2</th></tr>
<tr><td colspan="9">Ⅰ 自评（认真根据任务完成过程及课堂表现，逐项评价）</td></tr>
<tr><td rowspan="4">1</td><td rowspan="4">知识技能维度</td><td rowspan="2">1</td><td rowspan="2">知识层面</td><td>熟悉存货的核算内容</td><td></td><td></td><td></td><td></td></tr>
<tr><td>熟悉不能计入存货成本的费用</td><td></td><td></td><td></td><td></td></tr>
<tr><td rowspan="2">2</td><td rowspan="2">技能层面</td><td>掌握存货的初始计量，熟悉不同类型存货取得成本的确定</td><td></td><td></td><td></td><td></td></tr>
<tr><td>掌握银行存款余额调节表的编制</td><td></td><td></td><td></td><td></td></tr>
<tr><td>2</td><td colspan="3">职业素质专项</td><td>培养对国民经济发展中原材料重要性的认识</td><td></td><td></td><td></td><td></td></tr>
<tr><td colspan="9">Ⅱ 互评（团队其他成员根据自评人实际表现，综合评议以上自评符合度）</td></tr>
<tr><td colspan="2">完全符合□</td><td colspan="2">基本符合□</td><td>不符合□</td><td colspan="4">组长签名：__________</td></tr>
</table>

# 任务 2-2　在实际成本法下记录与计算存货成本

## 一切准备——由心开始

<table>
<tr><th colspan="5">态度准备</th><th colspan="5">自律准备</th><th colspan="5">专注准备</th><th colspan="5">快乐准备</th></tr>
<tr><td>E</td><td>D</td><td>C</td><td>B</td><td>A</td><td>E</td><td>D</td><td>C</td><td>B</td><td>A</td><td>E</td><td>D</td><td>C</td><td>B</td><td>A</td><td>E</td><td>D</td><td>C</td><td>B</td><td>A</td></tr>
</table>

## 任务来了

首先了解任务，以现有能力尝试完成，并在此页面上进行标注，据以分析任务难度和能力缺口，为战力储备阶段指明方向。

1. 轩辕公司为增值税一般纳税人，5 月份 A 材料收发情况如下：

**A 材料收发业务记录**　　数量单位：千克　金额单位：元

<table>
<tr><th colspan="2">日期</th><th rowspan="2">摘要</th><th colspan="3">收入</th><th colspan="3">发出</th><th colspan="3">结存</th></tr>
<tr><th>月</th><th>日</th><th>数量</th><th>单价</th><th>金额</th><th>数量</th><th>单价</th><th>金额</th><th>数量</th><th>单价</th><th>金额</th></tr>
<tr><td rowspan="4">5</td><td>1</td><td>期初余额</td><td></td><td></td><td></td><td></td><td></td><td></td><td>100</td><td>50</td><td>5 000</td></tr>
<tr><td>3</td><td>购入</td><td>50</td><td>52.5</td><td>2 625</td><td></td><td></td><td></td><td></td><td></td><td></td></tr>
<tr><td>5</td><td>发出</td><td></td><td></td><td></td><td>80</td><td></td><td></td><td></td><td></td><td></td></tr>
<tr><td>7</td><td>购入</td><td>70</td><td>49</td><td>3 430</td><td></td><td></td><td></td><td></td><td></td><td></td></tr>
</table>

续表

| 日期 | | 摘要 | 收入 | | | 发出 | | | 结存 | | |
|---|---|---|---|---|---|---|---|---|---|---|---|
| 月 | 日 | | 数量 | 单价 | 金额 | 数量 | 单价 | 金额 | 数量 | 单价 | 金额 |
| 5 | 12 | 发出 | | | | 130 | | | | | |
| | 20 | 购入 | 80 | 55 | 4 400 | | | | | | |
| | 25 | 发出 | | | | 30 | | | | | |

要求：

分别按先进先出法、加权平均法、移动加权平均法进行计算和登记(单价和金额保留两位小数，尾差由月末结存存货成本承担)。

(1) 根据上述资料，计算 A 材料 5 日、12 日、25 日发出的材料成本。

(2) 根据上述资料，登记 A 材料 5 月份的明细账。

2. 假定经辨认，5 月 5 日发出的 80 千克中，有 50 千克为期初结存的材料，30 千克为 5 月 3 日购入的材料；5 月 12 日发出的 130 千克中，有 50 千克为期初结存材料，20 千克为 5 月 3 日购入的材料，其余 60 千克为 5 月 7 日购入的材料；5 月 25 日发出的 30 千克，均为 5 月 20 日购入的材料。

要求：根据上述资料，按个别计价法计算 A 材料 5 月份发出的存货成本、月末结存存货成本。

## 战力储备——无非是尽全力做好准备

### 一、核心战力需求

**(一) 初阶 · 知识需求**

1. 理解先进先出法、加权平均法、移动加权平均法、个别计价法的含义；

**(二) 中阶 · 技能需求**

2. 掌握实际成本法下各方法发出存货成本和期末结存存货成本的计算；

3. 掌握实际成本法下各方法存货明细账的登记方法；

**(三) 高阶 · 素质专项养成**

4. 培养尊重他人、营造和谐人际关系的意识。

### 二、探寻藏经阁

| 看头条秘籍 | 研经典案例 | 赏思维导图 | 析会计准则 |
|---|---|---|---|

## 三、剑来！——萌新战士养成计划

| 通关策略： | 先探阁熟悉后填写□　填写后再理解掌握□　其他方式：________ |
|---|---|
| 通关掌握程度自设______%　通关拟用时______分钟 | |

庄重签名：________　☛ 翘起嘴角 计划开始

### （一）先进先出法

1. 先进先出法的概念

先进先出法是以____________为假定前提，并按这种假定的存货流转程序对发出存货和期末存货进行计价的方法。

采用这种方法，收到存货时，应在存货明细分类账中逐笔登记每一批存货的数量、单价和金额；发出存货时，按照先进先出的原则确定单价，逐笔登记存货的发出金额和结存数量。

2. 先进先出法的优、缺点

采用先进先出法的优点：(1)便于日常计算发出存货及结存存货的________；(2)企业不能随意挑选存货价格以调整________。

采用先进先出法的缺点：(1)在存货收发业务频繁、单价经常变动的情况下，企业计算的________；(2)由于期末存货成本较为接近现行的市场价值，当物价________时，用早期较低的成本与现行收入相配比，会高估企业当期利润；反之，则低估当期利润。

### （二）加权平均法

1. 加权平均法的概念

加权平均法也称________加权平均法，指以本月全部收入存货数量加月初存货数量作为权数，去除本月全部收入存货成本加上月初存货成本，计算出存货的加权平均单位成本，从而确定存货的发出成本和期末结存存货成本的一种方法。

2. 加权平均法下存货发出成本和结存成本的计算

计算公式为：

$$存货单位成本=\left[\underline{\qquad\qquad}+\sum\left(\underline{\qquad\qquad}\times\underline{\qquad\qquad}\right)\right]\div\left(\underline{\qquad\qquad}+\underline{\qquad\qquad}\right)$$

$$本月发出存货的成本=\underline{\qquad\qquad}\times\underline{\qquad\qquad}$$

$$本月月末结存存货成本=\underline{\qquad\qquad}\times\underline{\qquad\qquad}$$

或：

$$本月月末结存存货成本=\underline{\qquad\qquad}+\underline{\qquad\qquad}-\underline{\qquad\qquad}$$

3. 加权平均法的优、缺点

采用先进先出法的优点：(1)能________核算工作；(2)在市场价格上涨或下跌时所计算出来的单位成本平均化，对________的分摊较为折中。

采用先进先出法的缺点：该方法将全部计算工作集中在月末进行，平时不能从账上反映发出和结存材料的单价及金额，不利于加强对材料的管理。

**(三) 移动加权平均法**

1. 移动加权平均法的概念

移动加权平均法是指____________以后，立即根据库存存货的数量和总成本，计算出新的平均单位成本，并对发出存货进行计价的一种方法。

2. 移动加权平均法下存货发出成本和结存成本的计算

计算公式为：

存货单位成本＝(________＋________)÷(________＋________)

本次发出存货成本＝______________×______________

本月月末结存存货成本＝______________×______________

或：

本月月末结存存货成本＝________＋________－________

3. 移动加权平均法的优、缺点

采用移动加权平均法的优点：能够使企业管理当局及时了解存货的________，计算的____________以及发出和结存的存货成本比较客观。

采用移动加权平均法的缺点：由于每次收货后都要计算一次平均单位成本，因此计算工作量较大，对____________的企业不适用。

**(四) 个别计价法**

1. 个别计价法的概念

个别计价法，是以每次(批)收入材料的实际成本作为发出各该次(批)材料成本的方法。采用这种方法，要求企业按品种和批次设置详细的材料记录，并在材料上附加标签或编号，以便正确辨认确定发出材料的____________。

2. 个别计价法的优、缺点

采用个别计价法的优点：能准确计算发出材料和期末材料的成本。

采用个别计价法的缺点：(1)需分批认定和记录材料的批次及各批的单价、数量，______较大；(2)容易出现企业随意选用较高或较低价格的材料以____________的现象。

这种方法一般适用于容易识别、材料品种数量不多、单位成本较高的材料计价，如珠宝、名画等贵重物品。

**通关分析：**

通关掌握程度________% 通关用时________分钟 最大专注时长________分钟 微笑比率________%

## 且试我剑——进化先锋锻造营

| 我的团队：________________ | 团队成员 | ___人 | 实到人数 | ___人 |
|---|---|---|---|---|
| 团队通关策略： | 本关领队：__________。"萌新战士"领先成员：______________________________<br>结对共进：__________&__________ __________&__________ __________&__________ | | | |
| 商定团队通关掌握程度自设________% 商定团队通关拟用时________分钟 | | | | |

庄重签名：__________ 翘起嘴角 锻造开始

1. 先进先出法

(1) 计算 A 材料 5 日、12 日、25 日发出材料成本

A 材料 5 日发出成本＝__________＝__________(元)

A 材料 12 日发出成本＝__________ | __________＋__________＝__________(元)

A 材料 25 日发出成本＝__________＋__________＝__________(元)

(2) 登记 A 材料 5 月份明细账

**A 材料明细账**　　　　数量单位：千克　金额单位：元

| 日期 | | 摘要 | 收入 | | | 发出 | | | 结存 | | |
|---|---|---|---|---|---|---|---|---|---|---|---|
| 月 | 日 | | 数量 | 单价 | 金额 | 数量 | 单价 | 金额 | 数量 | 单价 | 金额 |
| 5 | 1 | 期初余额 | | | | | | | 100 | 50 | 5 000 |
| | | | | | | | | | | | |
| | | | | | | | | | | | |
| | | | | | | | | | | | |
| | | | | | | | | | | | |
| | | | | | | | | | | | |
| | | | | | | | | | | | |
| | | | | | | | | | | | |
| | | | | | | | | | | | |

续表

| 日期 | | 摘要 | 收入 | | | 发出 | | | 结存 | | |
|---|---|---|---|---|---|---|---|---|---|---|---|
| 月 | 日 | | 数量 | 单价 | 金额 | 数量 | 单价 | 金额 | 数量 | 单价 | 金额 |
| 5 | | | | | | | | | | | |
| | | | | | | | | | | | |
| | | | | | | | | | | | |
| | | | | | | | | | | | |
| | | | | | | | | | | | |
| | | | | | | | | | | | |
| | | | | | | | | | | | |

2. 加权平均法

(1) 计算A材料5月份的发出成本和月末结存成本

A材料的加权平均单价=(______+______)÷(____+____)=______(元/千克)

A材料本期发出成本=______×____=________(元)

A材料月末结存成本=______+______−______=______(元)

(2) 登记A材料5月份明细账

**A材料明细账** 数量单位：千克 金额单位：元

| 日期 | | 摘要 | 收入 | | | 发出 | | | 结存 | | |
|---|---|---|---|---|---|---|---|---|---|---|---|
| 月 | 日 | | 数量 | 单价 | 金额 | 数量 | 单价 | 金额 | 数量 | 单价 | 金额 |
| 5 | 1 | 期初余额 | | | | | | | 100 | 50 | 5 000 |
| | 3 | 购入 | 50 | 52.5 | 2 625 | | | | | | |
| | 5 | 发出 | | | | 80 | | | | | |
| | 7 | 购入 | 70 | 49 | 3 430 | | | | | | |
| | 12 | 发出 | | | | 130 | | | | | |
| | 20 | 购入 | 80 | 55 | 4 400 | | | | | | |
| | 25 | 发出 | | | | 30 | | | | | |
| | 31 | 合计 | | | | | | | | | |

发出单价为__________，而结存单价为__________，是因为计算__________所致。

3. 移动加权平均法

(1) 计算A材料5月份发出存货成本、月末结存存货成本

3日购入后A材料单价=

5 日发出材料成本＝

7 日购入后 A 材料单价＝

12 日发出材料成本＝

20 日购入后 A 材料单价＝

25 日发出材料成本＝

5 月份发出 A 材料成本合计＝

月末结存材料成本＝

(2) 登记 A 材料 5 月份明细账

**A 材料明细账**　　　　数量单位：千克　金额单位：元

| 日期 | | 摘要 | 收入 | | | 发出 | | | 结存 | | |
|---|---|---|---|---|---|---|---|---|---|---|---|
| 月 | 日 | | 数量 | 单价 | 金额 | 数量 | 单价 | 金额 | 数量 | 单价 | 金额 |
| 5 | 1 | 期初余额 | | | | | | | 100 | 50 | 5 000 |
| | 3 | 购入 | 50 | 52.5 | 2 625 | | | | | | |
| | 5 | 销售 | | | | 80 | | | | | |
| | 7 | 购入 | 70 | 49 | 3 430 | | | | | | |
| | 12 | 销售 | | | | 130 | | | | | |
| | 20 | 购入 | 80 | 55 | 4 400 | | | | | | |
| | 25 | 销售 | | | | 30 | | | | | |
| | 31 | 合计 | | | | | | | | | |

4. 个别计价法

A 材料 5 月份发出存货成本＝

月末结存存货成本＝

**团队通关分析：**

| 团队人均掌握程度________% 团队人均用时________分钟 | |
|---|---|
| 通关策略有效性评价： | |

队长签名：__________

## 敢于亮剑——巅峰掌控者乐园

巅峰时刻，你应已尽在掌握。
冲关历年初级会计师试题吧，昂扬你的自信！

## 华山论剑——笑谈天下，煮酒论英雄

**核心战力状态测评表**

| 序号 | 成长维度 | 序号 | 成长因子 | 测评内容 | 优 5 | 良 4 | 中 3 | 差 2 |
|---|---|---|---|---|---|---|---|---|
| Ⅰ 自评（认真根据任务完成过程及课堂表现，逐项评价） | | | | | | | | |
| 1 | 知识技能维度 | 1 | 知识层面 | 理解实际成本法下各方法的含义 | | | | |
| | | 2 | 技能层面 | 掌握实际成本法下各方法发出存货成本和期末结存存货成本的计算 | | | | |
| | | | | 掌握实际成本法下各方法存货明细账的登记方法 | | | | |
| 2 | 职业素质专项 | | | 培养尊重他人、营造和谐人际关系的意识 | | | | |
| Ⅱ 互评（团队其他成员根据自评人实际表现，综合评议以上自评符合度） | | | | | | | | |
| 完全符合□ | | 基本符合□ | | 不符合□ | 组长签名：______ | | | |

# 任务 2-3　实际成本法下核算原材料

## 一切准备——由心开始

| 态度准备 | | | | | 自律准备 | | | | | 专注准备 | | | | | 快乐准备 | | | | |
|---|---|---|---|---|---|---|---|---|---|---|---|---|---|---|---|---|---|---|---|
| E | D | C | B | A | E | D | C | B | A | E | D | C | B | A | E | D | C | B | A |

## 任务来了

首先了解任务，以现有能力尝试完成，并在此页面上进行标注，据以分析任务难度和能力缺口，为战力储备阶段指明方向。

任务要求：轩辕公司为增值税一般纳税人，原材料采用实际成本核算。请根据以下业务做出相应的账务处理，如有计算，要写出计算过程。

1. 6月3日，从蚩尤公司购入甲材料，取得增值税专用发票，标明价款10 000元，增值税1 300元，已通过认证，准予抵扣，材料入库，开出的商业承兑汇票金额为11 300元。

2. 6月5日，从神农公司购入乙材料，取得增值税专用发票，价款为20 000元，增值税为2 600元，收到对方垫付的运费增值税专用发票，不含税金额为600元，税额54元，发票已认证，材料尚未到达，款项以银行存款支付。

3. 6月11日，从神农公司购入的乙材料验收入库。

4. 6月25日，采用委托收款结算方式从蚩尤公司购入甲材料，材料入库，月末发票账单尚未收到，暂估价20 000元。

5. 7月1日，将前述暂估入库甲材料冲回。

6. 7月10日，从蚩尤公司购入的甲材料发票单证到达，价款为20 000元，增值税为2 600元，对方代垫保险费不含税金额1 000元，增值税60元，税额均通过认证，用银行存款支付。

7. 轩辕公司6月份的发料凭证汇总表如下。

**发料凭证汇总表**

6月30日　　　　单位：元

| 应借科目 | 领料部门 | 原材料及主要材料 | 辅助材料 | 燃料 | 合计 | 备注 |
|---|---|---|---|---|---|---|
| 生产成本——基本生产成本 | 一车间(A产品) | 300 000 | | | 300 000 | |
| | 一车间(B产品) | 200 000 | | | 200 000 | |
| 生产成本——辅助生产成本 | 修理车间 | | 30 000 | | 30 000 | |
| 制造费用 | 一车间 | | 3 000 | | 3 000 | |
| 管理费用 | 总务部门 | | 4 000 | | 4 000 | |
| 在建工程 | A改扩建工程 | 100 000 | | | 100 000 | |
| 其他业务成本 | 销售部门 | 20 000 | | | 20 000 | |
| 合计 | | 620 000 | 37 000 | | 657 000 | |

## 战力储备——无非是尽全力做好准备

### 一、核心战力需求

#### (一) 初阶·知识需求

1. 熟悉实际成本法下核算原材料的账户及其性质；

**（二）中阶·技能需求**

2. 掌握实际成本法下材料收入与发出的账务处理；

**（三）高阶·素质专项养成**

3. 培养温故知新的习惯与构造知识体系的意识。

## 二、探寻藏经阁

| 看头条秘籍 | 研经典案例 | 赏思维导图 | 析会计准则 |
|---|---|---|---|

## 三、剑来！——萌新战士养成计划

| 通关策略： | 先探阁熟悉后填写□　填写后再理解掌握□　其他方式：__________ |
|---|---|
| 通关掌握程度自设______%　通关拟用时______分钟 | |

庄重签名：________　翘起嘴角　计划开始

原材料是指企业在生产过程中经过加工改变其形态或性质并构成产品主要实体的各种原料、主要材料和外购半成品，以及不构成产品实体但有助于产品形成的辅助材料。

**（一）实际成本法下原材料核算应设置的会计账户**

“________”账户和“________”账户。

**（二）实际成本法下原材料的账务处理**

1. 购入材料

| | |
|---|---|
| （1）购入材料并验收入库 | 借：________<br>应交税费——应交增值税（________）<br>贷：银行存款/应付账款/应付票据/合同负债 |
| （2）购入材料未验收入库，相关凭证已到时 | 借：________<br>应交税费——__________（进项税额）<br>贷：银行存款/应付账款/应付票据/合同负债<br>待验收入库时：<br>借：________<br>贷：________ |
| （3）购入材料已验收入库，月末凭证未到 | 借：________<br>贷：__________<br>下月初红字冲回：用________金额做相同的会计分录。 |

2. 发出材料

| | |
|---|---|
| (1) 生产经营领用材料时 | 借：__________ 【直接用于产品生产】<br>__________ 【车间领用非直接用于产品生产】<br>__________ 【专设销售机构领用】<br>__________ 【行政管理部门领用】<br>贷：__________ |
| (2) 出售材料，结转成本时 | 借：__________<br>贷：__________ |
| (3) 发出委托外单位加工的材料 | 借：__________<br>贷：__________ |

**通关分析：**

通关掌握程度________%　通关用时________分钟　最大专注时长________分钟　微笑比率________%

## 且试我剑——进化先锋锻造营

| 我的团队：____________ | 团队成员 | ___人 | 实到人数 | ___人 |
|---|---|---|---|---|
| 团队通关策略： | 本关领队：__________。"萌新战士"领先成员：____________________<br>结对共进：__________&__________　__________&__________　__________&__________ | | | |
| 商定团队通关掌握程度自设________%　商定团队通关拟用时________分钟 | | | | |

庄重签名：__________　翘起嘴角　锻造开始

1.

2.

3.

4.

5.

6.

7.

团队通关分析：

| | 团队人均掌握程度________% 团队人均用时________分钟 |
|---|---|
| 通关策略有效性评价： | |

队长签名：________

## 敢于亮剑——巅峰掌控者乐园

巅峰时刻，你应已尽在掌握。
冲关历年初级会计师试题吧，昂扬你的自信！

## 华山论剑——笑谈天下，煮酒论英雄

核心战力状态测评表

| 序号 | 成长维度 | 序号 | 成长因子 | 测评内容 | 优 5 | 良 4 | 中 3 | 差 2 |
|---|---|---|---|---|---|---|---|---|
| Ⅰ 自评（认真根据任务完成过程及课堂表现，逐项评价） | | | | | | | | |
| 1 | 知识技能维度 | 1 | 知识层面 | 熟悉实际成本法下核算原材料的账户及其性质 | | | | |
| | | 2 | 技能层面 | 掌握实际成本法下材料收入与发出的账务处理 | | | | |
| 2 | 职业素质专项 | | | 培养温故知新的习惯与构造知识体系的意识 | | | | |
| Ⅱ 互评（团队其他成员根据自评人实际表现，综合评议以上自评符合度） | | | | | | | | |
| 完全符合□ | 基本符合□ | 不符合□ | 组长签名：________ | | | | | |

# 任务2-4　计划成本法下核算原材料

## 一切准备——由心开始

| 态度准备 | | | | | 自律准备 | | | | | 专注准备 | | | | | 快乐准备 | | | | |
|---|---|---|---|---|---|---|---|---|---|---|---|---|---|---|---|---|---|---|---|
| E | D | C | B | A | E | D | C | B | A | E | D | C | B | A | E | D | C | B | A |

## 任务来了

首先了解任务，以现有能力尝试完成，并在此页面上进行标注，据以分析任务难度和能力缺口，为战力储备阶段指明方向。

任务要求：蚩尤公司为增值税一般纳税人，原材料采用计划成本核算。请根据以下业务做出相应的账务处理，如有计算，要写出计算过程。

1. 3月5日，从某企业购入甲材料10吨，取得的增值税专用发票上注明单价1 000元，总价款为10 000元，增值税为1 300元，已通过认证，货款暂欠。材料已入库，其单位计划成本为1 050元。

2. 3月10日，从外地某企业购入甲材料20吨，取得的增值税专用发票上注明单价1 010元，总价款为20 200元，增值税为3 434元，对方垫付保险费500元，增值税30元，材料尚未到达。增值税发票已认证。企业开出商业承兑汇票。

3. 3月13日，上述甲材料入库，其计划单位成本为1 050元。

4. 3月25日，从某企业购入甲材料5吨，取得的增值税专用发票上注明单价1 020元，总价款为5 100元，增值税为867元，发票已认证，货款暂欠，以银行存款支付运杂费，取得的普通发票上注明价税合计金额为300元。材料尚未入库。

5. “材料成本差异——甲材料”账户月初贷方余额为1 000元，“原材料——甲材料”的月初借方余额为8 500元，本月发出甲材料的计划成本为4 200元，其中，生产产品耗用3 800元，车间一般耗用400元。

## 战力储备——无非是尽全力做好准备

### 一、核心战力需求

**(一) 初阶・知识需求**

1. 熟悉计划成本法下各账户及其性质；

**(二) 中阶・技能需求**

2. 掌握计划成本法下材料收入的核算；

3. 掌握计划成本法下材料成本差异率及发出材料应承担的材料成本差异的计算；

4. 掌握计划成本法下发出材料的核算；

### （三）高阶·素质专项养成

5. 培养遇到问题深入思考的毅力和抽丝剥茧的精神。

## 二、探寻藏经阁

| | | | |
|---|---|---|---|
| 看头条秘籍 | 研经典案例 | 赏思维导图 | 析会计准则 |

## 三、剑来！——萌新战士养成计划

| 通关策略： | 先探阁熟悉后填写□　填写后再理解掌握□　其他方式：________ |
|---|---|
| 通关掌握程度自设______%　通关拟用时______分钟 | |

庄重签名：________　翘起嘴角 计划开始

### （一）材料成本差异的计算

材料成本差异＝________－________

材料成本差异率＝（________＋________）/（________＋________）×100%

### （二）计划成本法下原材料核算应设置的会计账户

设置“________”账户、“________”和“________”账户。其中，“________”账户________归集购入材料的________，“________”账户核算库存材料的________，“________”账户借方登记收入材料的________和发出材料转出的________，贷方登记________的节约差异和________转出的超支差异。

### （三）计划成本法下原材料的账务处理会计分录

| | |
|---|---|
| （1）计划成本法下购入材料（都应通过“材料采购”归集实际成本） | 借：________<br>　应交税费——应交增值税（进项税额）<br>　贷：________等<br>入库时：<br>借：________<br>　________【超支差异】<br>　贷：________<br>　　________【节约差异】 |

续表

| | |
|---|---|
| (2) 如果月末材料已入库，但单据未到 | 借：__________<br>　贷：____________________<br>下月初红字冲回：用__________金额做相同的会计分录。 |
| (3) 计划成本法下发出材料 | 借：__________等<br>　__________【转出节约差异】<br>　贷：__________【计划成本】<br>　　__________【转出超支差异】 |

## 且试我剑——进化先锋锻造营

| 我的团队：________________ | | 团队成员 | ____人 | 实到人数 | ____人 |
|---|---|---|---|---|---|
| 团队通关策略： | 本关领队：__________。“萌新战士”领先成员：____________________________<br>结对共进：__________&__________　__________&__________　__________&__________ | | | | |
| 商定团队通关掌握程度自设________%　商定团队通关拟用时________分钟 | | | | | |

庄重签名：________　翘起嘴角　锻造开始

1.

同时：

2.

3.

4.

5. 本月材料成本差异率=

本月发出材料应承担的差异=

**团队通关分析：**

<table>
<tr><td colspan="2">团队人均掌握程度________% 团队人均用时________分钟</td></tr>
<tr><td>通关策略<br>有效性评价：</td><td></td></tr>
</table>

队长签名：________

## 敢于亮剑——巅峰掌控者乐园

巅峰时刻，你应已尽在掌握。
冲关历年初级会计师试题吧，昂扬你的自信！

## 华山论剑——笑谈天下，煮酒论英雄

**核心战力状态测评表**

<table>
<tr><td rowspan="2">序号</td><td rowspan="2">成长维度</td><td rowspan="2">序号</td><td rowspan="2">成长因子</td><td rowspan="2">测 评 内 容</td><td>优</td><td>良</td><td>中</td><td>差</td></tr>
<tr><td>5</td><td>4</td><td>3</td><td>2</td></tr>
<tr><td colspan="9">Ⅰ 自评（认真根据任务完成过程及课堂表现，逐项评价）</td></tr>
<tr><td rowspan="4">1</td><td rowspan="4">知识技能维度</td><td>1</td><td>知识层面</td><td>熟悉计划成本法下各账户及其性质</td><td></td><td></td><td></td><td></td></tr>
<tr><td rowspan="3">2</td><td rowspan="3">技能层面</td><td>掌握计划成本法下材料收入的核算</td><td></td><td></td><td></td><td></td></tr>
<tr><td>掌握计划成本法下材料成本差异率及发出材料应承担的材料成本差异的计算</td><td></td><td></td><td></td><td></td></tr>
<tr><td>掌握计划成本法下发出材料的核算</td><td></td><td></td><td></td><td></td></tr>
<tr><td>2</td><td colspan="3">职业素质专项</td><td>培养遇到问题深入思考的毅力和抽丝剥茧的精神</td><td></td><td></td><td></td><td></td></tr>
<tr><td colspan="9">Ⅱ 互评（团队其他成员根据自评人实际表现，综合评议以上自评符合度）</td></tr>
<tr><td colspan="2">完全符合□</td><td colspan="2">基本符合□</td><td>不符合□</td><td colspan="4">组长签名：________</td></tr>
</table>

# 任务2-5 核算周转材料

## 一切准备——由心开始

<table>
<tr><td colspan="5">态度准备</td><td colspan="5">自律准备</td><td colspan="5">专注准备</td><td colspan="5">快乐准备</td></tr>
<tr><td>E</td><td>D</td><td>C</td><td>B</td><td>A</td><td>E</td><td>D</td><td>C</td><td>B</td><td>A</td><td>E</td><td>D</td><td>C</td><td>B</td><td>A</td><td>E</td><td>D</td><td>C</td><td>B</td><td>A</td></tr>
</table>

## 任务来了

首先了解任务，以现有能力尝试完成，并在此页面上进行标注，据以分析任务难度和能力缺口，为战力储备阶段指明方向。

任务要求：蚩尤公司为增值税一般纳税人。请根据以下业务做出相应的账务处理，如有计算，要写出计算过程。

1. 从外部购入一批包装箱，取得增值税专用发票，买价为 4 000 元，增值税为 520 元，款项签发转账支票支付。

2. 在销售 M 产品时随同产品出售单独计价的包装物一批，其售价为 500 元，应收增值税为 65 元，已通过银行收讫，该批包装物实际成本为 420 元。

3. 销售 M 产品，领用包装纸箱一批，实际成本为 800 元，纸箱随同 M 产品一起出售但不单独计价。

4. 将 500 条麻袋出租给乙公司，每条实际成本为 3 元，收取押金 8 元/条，存入银行，每月租金为 0.50 元/条，租期为 10 个月。收取租金时（增值税税率为 13%），以押金抵付，其余现金退回，该批麻袋的成本一次摊销。

5. 基本生产车间领用专用工具一批，实际成本为 20 000 元，不符合固定资产定义，采用分次摊销法进行摊销。该专用工具的估计使用次数为两次。

## 战力储备——无非是尽全力做好准备

### 一、核心战力需求

**（一）初阶 · 知识需求**

1. 熟悉包装物、低值易耗品的分类；

**（二）中阶 · 技能需求**

2. 掌握生产领用、随产品出售、出租、出借包装物等业务的核算；

3. 掌握低值易耗品领用、摊销以及摊销完毕的核算；

**（三）高阶 · 素质专项养成**

4. 培养遇到问题能分析其重要性并决定处理方式的能力。

### 二、探寻藏经阁

| | | | |
|---|---|---|---|
| 看头条秘籍 | 研经典案例 | 赏思维导图 | 析会计准则 |

## 三、剑来！——萌新战士养成计划

| 通关策略： | 先探阁熟悉后填写□　填写后再理解掌握□　其他方式：________ |
|---|---|
| 通关掌握程度自设______%　通关拟用时______分钟 | |

庄重签名：________　翘起嘴角　计划开始

周转材料，是指企业能够________使用，不符合固定资产定义，逐渐转移其价值但仍保持________的材料物品，包括：________和__________。

**（一）包装物的内容**

1. 概念

包装物，是指为了包装商品而储备的各种包装容器，如桶、箱、瓶、坛、袋等。

2. 内容

（1）生产过程中用于包装产品作为产品________的包装物；（2）随同商品出售而________的包装物；（3）随同商品出售________计价的包装物；（4）________或________给购买单位使用的包装物。

**（二）包装物的账务处理**

设置"____________"账户。

| （1）生产领用包装物 | 借：________<br>贷：____________<br>计划成本法下，该会计分录还需要借或贷"__________"账户。下同。 | |
|---|---|---|
| （2）随同商品出售包装物，不单独计价 | 借：________<br>贷：____________ | |
| （3）随同商品出售包装物，单独计价 | 确认收入时：<br>借：________/应收账款等<br>贷：__________<br>应交税费——应交增值税（销项税额）<br>同时结转成本：<br>借：__________<br>贷：______________ | |
| （4）出租包装物 | ① 发出出租包装物时 | 借：____________<br>贷：______________ |
| | ② 收取押金时 | 借：银行存款等<br>贷：其他应付款——存入保证金 |

续表

| | | |
|---|---|---|
| (4) 出租包装物 | ③ 收到租金,确认收入时 | 借:__________<br>贷:____________<br>应交税费——应交增值税(销项税额)<br>同时,结转成本:<br>借:__________________<br>贷:______________________ |
| | ④ 出租包装物修理时 | 借:______________<br>贷:__________等 |
| (5) 出借包装物 | ① 发出出借包装物时 | 借:________________________<br>贷:________________________ |
| | ② 摊销出借包装物成本时 | 借:__________<br>贷:________________________ |
| | ③ 出借包装物修理时 | 借:__________<br>贷:__________等 |

**(三) 低值易耗品**

1. 低值易耗品的内容

(1) 概念

低值易耗品是指单位价值较低,使用年限较短,不能作为固定资产的各种用具、设备。

(2) 内容

① __________,指直接用于生产过程的各种工具,如刀具、夹具、模具及其他各种辅助工具。

② __________,指专门用于生产各种产品或仅在某道工序中使用的各种工具。

③ __________,指备品备件。

④ __________,指管理部门和管理人员用的各种家具和办公用品。

⑤ ______________,指发给工人用于劳动保护的安全帽、工作服和各种防护用品。

⑥ 其他。

2. 低值易耗品的账务处理

(1) 账户设置

设置"______________________________"账户。

若低值易耗品多次使用,分次摊销,则应分"在库""在用""摊销"进行核算。

(2) 核算概述

①按照__________分次计入成本费用;②金额较小的,可在领用时__________计入成本费用,但为加强实物管理,应当在备查簿中进行登记。

（3）会计分录

| | |
|---|---|
| ① 领用低值易耗品时 | 借：周转材料——低值易耗品——＿＿＿＿＿<br>　　贷：周转材料——低值易耗品——＿＿＿＿＿ |
| ② 摊销低值易耗品时 | 借：＿＿＿＿＿等<br>　　贷：周转材料——低值易耗品——＿＿＿＿＿ |
| ③ 摊销完毕时 | 借：周转材料——低值易耗品——＿＿＿＿＿<br>　　贷：周转材料——低值易耗品——＿＿＿＿＿ |

**通关分析：**

通关掌握程度＿＿＿＿＿% 通关用时＿＿＿＿＿分钟 最大专注时长＿＿＿＿＿分钟 微笑比率＿＿＿＿＿%

## 且试我剑——进化先锋锻造营

| 我的团队：＿＿＿＿＿＿＿ | 团队成员 | ＿＿人 | 实到人数 | ＿＿人 |
|---|---|---|---|---|
| 团队通关策略： | 本关领队：＿＿＿＿＿。"萌新战士"领先成员：＿＿＿＿＿＿＿＿＿＿＿＿<br>结对共进：＿＿＿＿＿&＿＿＿＿＿ ＿＿＿＿＿&＿＿＿＿＿ ＿＿＿＿＿&＿＿＿＿＿ | | | |
| 商定团队通关掌握程度自设＿＿＿＿% 商定团队通关拟用时＿＿＿＿分钟 | | | | |

庄重签名：＿＿＿＿＿ 翘起嘴角 锻造开始

1.

2.

（1）确认收入时

（2）结转成本时

3.

4.

（1）出租时

（2）收押金时

（3）收租金时

（4）摊销时

5.

（1）领用时

（2）摊销时

（3）摊销完毕时

**团队通关分析：**

| 团队人均掌握程度______%　团队人均用时______分钟 | |
|---|---|
| 通关策略有效性评价： | |

队长签名：__________

## 敢于亮剑——巅峰掌控者乐园

巅峰时刻，你应已尽在掌握。
冲关历年初级会计师试题吧，昂扬你的自信！

## 华山论剑——笑谈天下，煮酒论英雄

**核心战力状态测评表**

| 序号 | 成长维度 | 序号 | 成长因子 | 测评内容 | 优 5 | 良 4 | 中 3 | 差 2 |
|---|---|---|---|---|---|---|---|---|
| Ⅰ 自评（认真根据任务完成过程及课堂表现，逐项评价） | | | | | | | | |
| 1 | 知识技能维度 | 1 | 知识层面 | 熟悉包装物、低值易耗品的分类 | | | | |
| | | 2 | 技能层面 | 掌握生产领用、随产品出售、出租、出借包装物等业务的核算 | | | | |
| | | | | 掌握低值易耗品领用、摊销以及摊销完毕的核算 | | | | |
| 2 | 职业素质专项 | | | 培养遇到问题能分析其重要性并决定处理方式的能力 | | | | |
| Ⅱ 互评（团队其他成员根据自评人实际表现，综合评议以上自评符合度） | | | | | | | | |
| 完全符合□ | 基本符合□ | 不符合□ | 组长签名：__________ | | | | | |

# 任务2-6　核算委托加工物资

## 一切准备——由心开始

| 态度准备 | | | | | 自律准备 | | | | | 专注准备 | | | | | 快乐准备 | | | | |
|---|---|---|---|---|---|---|---|---|---|---|---|---|---|---|---|---|---|---|---|
| E | D | C | B | A | E | D | C | B | A | E | D | C | B | A | E | D | C | B | A |

## 任务来了

首先了解任务，以现有能力尝试完成，并在此页面上进行标注，据以分析任务难度和能力缺口，为战力储备阶段指明方向。

任务要求：轩辕公司为增值税一般纳税人。请根据以下业务做相应的账务处理，如有计算，要写出计算过程。

1. 委托某工厂加工B材料，发出的原材料成本为140万元，支付加工费用40万元，取得的增值税专用发票上注明增值税税率为13%。支付往返运杂费，取得的增值税普通发票上注明的价税合计3 000元。委托加工收回的B材料直接用于M商品的制造。

2. 发出A材料一批，委托乙企业加工成X商品。12月5日，发出A材料2 000千克，每千克实际成本为8元，以银行存款支付运杂费，取得的增值税普通发票上注明价税合计600元。12月30日，加工完成的X商品500件运回，验收入库，加工费每件为30元，取得的增值税专用发票上注明价款共15 000元，应交增值税1 950元，支付运杂费，取得增值税普通发票上注明价税合计600元。

## 战力储备——无非是尽全力做好准备

### 一、核心战力需求

**（一）初阶·知识需求**

1. 熟悉委托加工物资的成本构成；

**（二）中阶·技能需求**

2. 掌握委托加工物资相关业务的账务处理；

**（三）高阶·素质专项养成**

3. 培养目标导向的意识和达到目标所需要的自律意识。

### 二、探寻藏经阁

| 看头条秘籍 | 研经典案例 | 赏思维导图 | 析会计准则 |
|---|---|---|---|

## 三、剑来！——萌新战士养成计划

| 通关策略： | 先探阁熟悉后填写□　填写后再理解掌握□　其他方式：____________ |
|---|---|
| 通关掌握程度自设______% 　通关拟用时______分钟 | |

庄重签名：________　翘起嘴角　计划开始

### (一) 委托加工物资概述

委托加工物资是指企业委托外单位加工的各种材料、商品等物资。委托加工物资的成本包括：(1)加工中耗用________的实际成本；(2)________；(3)________；(4)支付加工物资往返的________和保险费等。

### (二) 账务处理

设置“__________”账户进行核算。

1. 发出物资并进行加工

| | |
|---|---|
| (1) 发出物资用于委托加工时 | 借：________<br>　贷：________ |
| (2) 支付加工费、运费等 | 借：________<br>　应交税费——应交增值税(________)<br>　贷：________等 |
| (3) 计划成本法下发出材料 | 借：________等<br>　________　【转出节约差异】<br>　贷：________　【计划成本】<br>　　________　【转出超支差异】 |

2. 支付消费税

委托外单位加工的物资属于消费税应税消费品时，由受托方代收代缴消费税。

(1) 组成计税价格

委托加工物资组成计税价格＝(________＋________)/(1－________)

(2) 委托加工物资应交消费税的计算

应交消费税＝________×________

(3) 会计分录

| | |
|---|---|
| ① 委托加工物资收回后用于继续加工应税消费品 | 借：__________<br>贷：__________ |
| ② 委托加工物资收回后用于直接销售 | 借：__________<br>贷：__________ |

3. 委托加工物资加工完成验收入库

| | |
|---|---|
| 收回后验收入库时 | 借：__________/__________<br>贷：__________ |

**通关分析：**

通关掌握程度________% 通关用时________分钟 最大专注时长________分钟 微笑比率________%

## 且试我剑——进化先锋锻造营

| 我的团队：__________ | | 团队成员 | ___人 | 实到人数 | ___人 |
|---|---|---|---|---|---|
| 团队通关策略： | 本关领队：________。"萌新战士"领先成员：____________<br>结对共进：________&________ ________&________ ________&________ | | | | |
| 商定团队通关掌握程度自设________% 商定团队通关拟用时________分钟 | | | | | |

庄重签名：__________ 翘起嘴角 锻造开始

1. (1)发出材料时

(2) 支付加工费、运杂费时

(3) 完成加工收回时

2. (1)发出材料时

(2) 支付运杂费时

(3) 支付加工费时

(4) 完成加工收回时

团队通关分析：

| 团队人均掌握程度________% 团队人均用时________分钟 | |
|---|---|
| 通关策略有效性评价： | |

队长签名：________

## 敢于亮剑——巅峰掌控者乐园

巅峰时刻，你应已尽在掌握。
冲关历年初级会计师试题吧，昂扬你的自信！

## 华山论剑——笑谈天下，煮酒论英雄

核心战力状态测评表

| 序号 | 成长维度 | 序号 | 成长因子 | 测 评 内 容 | 优 5 | 良 4 | 中 3 | 差 2 |
|---|---|---|---|---|---|---|---|---|
| Ⅰ 自评（认真根据任务完成过程及课堂表现，逐项评价） | | | | | | | | |
| 1 | 知识技能维度 | 1 | 知识层面 | 熟悉委托加工物资的成本构成 | | | | |
| | | 2 | 技能层面 | 掌握委托加工物资相关业务的账务处理 | | | | |
| 2 | 职业素质专项 | | | 培养目标导向的意识和达到目标所需要的自律意识 | | | | |
| Ⅱ 互评（团队其他成员根据自评人实际表现，综合评议以上自评符合度） | | | | | | | | |
| 完全符合□ | | 基本符合□ | | 不符合□ | 组长签名：________ | | | |

# 任务 2-7 核算库存商品

## 一切准备——由心开始

| 态度准备 | | | | | 自律准备 | | | | | 专注准备 | | | | | 快乐准备 | | | | |
|---|---|---|---|---|---|---|---|---|---|---|---|---|---|---|---|---|---|---|---|
| E | D | C | B | A | E | D | C | B | A | E | D | C | B | A | E | D | C | B | A |

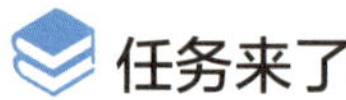

## 任务来了

首先了解任务，以现有能力尝试完成，并在此页面上进行标注，据以分析任务难度和能力缺口，为战力储备阶段指明方向。

任务要求：轩辕公司为增值税一般纳税人。请根据以下业务做出相应的账务处理，如有计算，要写出计算过程。

1. 伏羲公司采用毛利率法对库存商品进行核算。4月1日，“库存商品”科目期初余额为150万元。该类商品上季度的实际毛利率为20%。

(1) 4月5日，购进商品一批，已入库，采购成本为250万元，增值税率为13%，用银行存款支付；

(2) 4月23日，实现商品销售收入300万元，增值税率为13%，款项未收到；

(3) 计算本月末“库存商品”科目的期末余额。

2. 神农公司库存商品采用售价金额法核算，12月初库存商品的进价成本总额为200万元，售价总额为220万元。

(1) 12月3日，购进商品的进价成本为150万元，售价总额为180万元，增值税率为13%，货款尚未支付，商品已入库；

(2) 12月28日，实现销售收入240万元，增值税率为13%，对方开出银行承兑汇票；

(3) 计算12月31日该公司结存商品的实际成本总额。

## 战力储备——无非是尽全力做好准备

### 一、核心战力需求

**(一) 初阶 · 知识需求**

1. 熟悉库存商品应包括的内容，注意不应作为库存商品核算的物资；

**(二) 中阶 · 技能需求**

2. 掌握实际成本法下库存商品收入、发出的核算；

3. 掌握毛利率法下已销库存商品成本的计算；

4. 掌握售价金额法下库存商品的账务处理及相关计算；

**(三) 高阶 · 素质专项养成**

5. 培养在自己的岗位上敢于负责、勇于担当的精神。

### 二、探寻藏经阁

| | | | |
|---|---|---|---|
| 看头条秘籍 | 研经典案例 | 赏思维导图 | 析会计准则 |

## 三、剑来！——萌新战士养成计划

| 通关策略： | 先探阁熟悉后填写□ 填写后再理解掌握□ 其他方式：________ |
|---|---|
| 通关掌握程度自设______% 通关拟用时______分钟 | |

庄重签名：________ 翘起嘴角 计划开始

**（一）库存商品的内容**

1. 库存商品的概念

库存商品是指企业完成全部生产过程并已验收入库、合乎标准规格和技术条件，可以按照合同规定的条件送交订货单位，或可以作为商品对外销售的产品以及外购或委托加工完成验收入库用于销售的各种商品。

2. 库存商品的内容

（1）库存________；（2）________；（3）门市部________商品；（4）发出________商品；（5）________在外商品；（6）接受来料加工制造的________；（7）为外单位加工修理的________。

3. 不作为“库存商品”核算的内容

已完成销售手续但购买单位在月末________的产品，不应作为企业的库存商品，而应作为代管商品处理，单独设置“____________”备查簿进行登记。

**（二）库存商品的账务处理**

1. 实际成本法

（1）账户设置

设置“库存商品”账户，核算库存商品的实际成本。

（2）账务处理

| ① 商品验收入库时 | 借：________<br>贷：________________ |
|---|---|
| ② 结转发出商品成本时 | 借：__________<br>贷：________ |

（3）毛利率法下库存商品销售成本和期末存货成本的计算

① 毛利率法的概念：毛利率法是指根据本期销售净额乘以________（或________）毛利率匡算本期销售毛利，并据以计算发出存货和期末存货成本的一种方法。

② 毛利率法的计算公式：

毛利率＝________÷________×100%

销售净额＝__________－__________

销售毛利＝________×________

销售成本＝________－________

期末存货成本＝__________＋__________－__________

2. 售价金额法

(1) 售价金额法的概念

售价金额法是指平时商品的购入、加工收回、销售均按_____记账，售价与进价的差额通过“__________”科目核算，期末计算进销差价率和本期已销售商品应分摊的进销差价，并据以调整本期销售成本的一种方法。

如果企业的商品进销差价率各期之间比较均衡，则也可以采用_______________分摊本期的商品进销差价。______终了，应对商品进销差价进行核实调整。

(2) 售价金额法的商品销售成本的计算

商品进销差价率＝(________＋__________)÷(__________＋__________)×100%

本期销售商品应分摊的商品进销差价＝_____________×_____________

(3) 账户设置

设置“库存商品”和“__________”账户。“库存商品”账户登记库存商品的________；“商品进销差价”登记_______________。

(4) 账务处理

| | |
|---|---|
| ① 商品验收入库时 | 借：________　【售价】<br>贷：________/委托加工物资等　【进价】<br>__________　【差额】 |
| ② 结转发出商品成本时 | 借：__________　【差额】<br>__________　【转出的差价】<br>贷：________　【售价】 |

**通关分析：**

通关掌握程度______%　通关用时______分钟　最大专注时长______分钟

微笑比率______%

## 且试我剑——进化先锋锻造营

<table>
<tr><td colspan="2">我的团队：________</td><td>团队成员</td><td>____人</td><td>实到人数</td><td>____人</td></tr>
<tr><td>团队通关策略：</td><td colspan="5">本关领队：________。“萌新战士”领先成员：________________<br>结对共进：________&________ ________&________ ________&________</td></tr>
<tr><td colspan="6">商定团队通关掌握程度自设________% 商定团队通关拟用时________分钟</td></tr>
</table>

庄重签名：________ 翘起嘴角 锻造开始

1. (1) 4 月 5 日

(2) 4 月 23 日

确认收入时：

结转成本时：

(3)

“库存商品”期末余额＝

2. (1)12 月 3 日

(2) 12 月 28 日

确认收入时：

结转成本时：

3. 期末结存商品实际成本＝

**团队通关分析：**

| 团队人均掌握程度________% 团队人均用时________分钟 | |
|---|---|
| 通关策略有效性评价： | |

队长签名：________

## 敢于亮剑——巅峰掌控者乐园

巅峰时刻，你应已尽在掌握。
冲关历年初级会计师试题吧，昂扬你的自信！

## 华山论剑——笑谈天下，煮酒论英雄

**核心战力状态测评表**

| 序号 | 成长维度 | 序号 | 成长因子 | 测评内容 | 优 5 | 良 4 | 中 3 | 差 2 |
|---|---|---|---|---|---|---|---|---|
| Ⅰ 自评（认真根据任务完成过程及课堂表现，逐项评价） | | | | | | | | |
| 1 | 知识技能维度 | 1 | 知识层面 | 熟悉库存商品应包括的内容 | | | | |
| | | 2 | 技能层面 | 掌握实际成本法下库存商品收入、发出的核算 | | | | |
| | | | | 掌握毛利率法下已销库存商品成本的计算 | | | | |
| | | | | 掌握售价金额法下库存商品的账务处理及相关计算 | | | | |
| 2 | 职业素质专项 | | | 培养在自己的岗位上敢于负责、勇于担当的精神 | | | | |
| Ⅱ 互评（团队其他成员根据自评人实际表现，综合评议以上自评符合度） | | | | | | | | |
| 完全符合□ | 基本符合□ | | 不符合□ | 组长签名：__________ | | | | |

# 任务 2-8　核算存货清查

## 一切准备——由心开始

| 态度准备 | | | | | 自律准备 | | | | | 专注准备 | | | | | 快乐准备 | | | | |
|---|---|---|---|---|---|---|---|---|---|---|---|---|---|---|---|---|---|---|---|
| E | D | C | B | A | E | D | C | B | A | E | D | C | B | A | E | D | C | B | A |

## 任务来了

首先了解任务，以现有能力尝试完成，并在此页面上进行标注，据以分析任务难度和能力缺口，为战力储备阶段指明方向。

任务要求：请编写以下业务相关会计分录，如有计算，要写出计算过程。

一、轩辕公司为增值税一般纳税人，4 月份发生以下存货清查业务：

1. 在财产清查中发现 A 材料盘盈 200 千克，单位成本为 100 元，属于收发计量方面的错误。

2. 因台风造成 B 材料毁损 100 000 元，其进项税额为 13 000 元。入库残料价值为 2 000 元；保险公司应赔偿 50 000 元。

3. 发现 C 材料毁损 200 千克，实际成本为 60 000 元，相关增值税专用发票上注明的增值税税额为 7 800 元。经查属于材料保管员的责任，按规定应赔偿 38 000 元。

4. 在财产清查中盘盈 D 材料 300 千克，单位成本为 100 元，属于材料收发计量错误。

二、甲公司符合《中小企业划型标准规定》所规定的小型企业标准，会计核算选择执行《小企业会计准则》。6 月份发生如下存货清查业务：

1. 6 月 20 日，在财产清查中盘盈材料 1 000 千克，按同类材料市场价格计算确定的价值为 60 000 元。

2. 6 月 25 日，因台风造成一批库存材料毁损，实际成本为 30 000 元(增值税率为 13%)，根据保险责任范围及保险合同规定，应由保险公司赔偿 25 000 元，残料已办理入库手续，价值 2 000 元。

## 战力储备——无非是尽全力做好准备

### 一、核心战力需求

**(一) 初阶 · 知识需求**

1. 熟悉存货清查的方法；

**(二) 中阶 · 技能需求**

2. 掌握存货清查结果的处理，尤其把握盘亏情况下存货相关进项税处理；

**(三) 高阶 · 素质专项养成**

3. 培养处事公平、公正、不偏袒、不歧视的意识。

### 二、探寻藏经阁

| [QR] | [QR] | [QR] | [QR] |
|---|---|---|---|
| 看头条秘籍 | 研经典案例 | 赏思维导图 | 析会计准则 |

### 三、剑来！——萌新战士养成计划

| 通关策略： | 先探阁熟悉后填写☐ 填写后再理解掌握☐ 其他方式：________ |
|---|---|
| 通关掌握程度自设______% 通关拟用时______分钟 | |

庄重签名：________ 翘起嘴角 计划开始

存货清查是指通过对存货的实地盘点，确定存货的实有数量，并与账面结存数核对，从而确定存货实存数与账面结存数是否相符的一种专门方法。常用清查方法包括________法、________法等。

对于存货的盘盈、盘亏，应填写存货盘点报告(如“实存账存对比表”)，及时查明原因，按照规定程序报批处理。

### （一）存货盘盈的账务处理

| | |
|---|---|
| （1）盘盈审批前 | 借：______________等<br>贷：______________ |
| （2）盘盈审批后 | 借：______________<br>贷：__________ |

### （二）存货盘亏及毁损的账务处理

| | |
|---|---|
| （1）盘亏审批前 | 借：______________<br>贷：________________等<br>应交税费——____________________【非正常损失】 |
| （2）盘亏审批后 | 借：______________【非常损失】<br>______________【一般经营损失】<br>______________【责任人或保险公司赔偿】<br>贷：__________________ |

**通关分析：**

通关掌握程度__________%　通关用时__________分钟　最大专注时长__________分钟　微笑比率__________%

## 且试我剑——进化先锋锻造营

| 我的团队：________________ | 团队成员 | ____人 | 实到人数 | ____人 |
|---|---|---|---|---|
| 团队通关策略： | 本关领队：__________。“萌新战士”领先成员：______________________________<br>结对共进：__________&__________ __________&__________ __________&__________ | | | |
| 商定团队通关掌握程度自设________%　商定团队通关拟用时________分钟 | | | | |

庄重签名：__________　翘起嘴角　锻造开始

一、

1. （1）审批前

（2）审批后

2. （1）审批前

（2）审批后

3.（1）审批前

（2）审批后

4.（1）审批前

（2）审批后

二、

1.（1）审批前：

（2）审批后：

2.（1）审批前：

（2）审批后：

**团队通关分析：**

| | 团队人均掌握程度________% 团队人均用时________分钟 |
|---|---|
| 通关策略有效性评价： | |

队长签名：__________

## 敢于亮剑——巅峰掌控者乐园

巅峰时刻，你应已尽在掌握。
冲关历年初级会计师试题吧，昂扬你的自信！

## 华山论剑——笑谈天下，煮酒论英雄

**核心战力状态测评表**

| 序号 | 成长维度 | 序号 | 成长因子 | 测评内容 | 优 5 | 良 4 | 中 3 | 差 2 |
|---|---|---|---|---|---|---|---|---|
| Ⅰ 自评（认真根据任务完成过程及课堂表现，逐项评价） | | | | | | | | |
| 1 | 知识技能维度 | 1 | 知识层面 | 熟悉存货清查的方法 | | | | |
| | | 2 | 技能层面 | 掌握存货清查结果的处理，尤其把握盘亏情况下存货相关进项税处理 | | | | |

续表

| 序号 | 成长维度 | 序号 | 成长因子 | 测 评 内 容 | 优 5 | 良 4 | 中 3 | 差 2 |
|---|---|---|---|---|---|---|---|---|
| 2 | 职业素质专项 | | | 培养处事公平公正、不偏袒、不歧视的意识 | | | | |
| Ⅱ 互评(团队其他成员根据自评人实际表现,综合评议以上自评符合度) | | | | | | | | |
| 完全符合□ | | 基本符合□ | | 不符合□ | 组长签名:________ | | | |

# 任务 2-9　核算存货减值

## 一切准备——由心开始

| 态度准备 | | | | | 自律准备 | | | | | 专注准备 | | | | | 快乐准备 | | | | |
|---|---|---|---|---|---|---|---|---|---|---|---|---|---|---|---|---|---|---|---|
| E | D | C | B | A | E | D | C | B | A | E | D | C | B | A | E | D | C | B | A |

## 任务来了

首先了解任务,以现有能力尝试完成,并在此页面上进行标注,据以分析任务难度和能力缺口,为战力储备阶段指明方向。

任务要求:轩辕公司为增值税一般纳税人。请根据以下业务做出相应的账务处理,如有计算,要写出计算过程。

1. 1 月 31 日,A 材料的账面成本为 11 万元,由于 A 材料市场价格下跌,导致由 A 材料生产的 F 产品的可变现净值低于其成本。A 材料的预计可变现净值为 9 万元。此前未计提过存货跌价准备。

2. 6 月 30 日,A 材料的账面成本为 11 万元,由于 A 材料市场价格上升,预计可变现净值为 10.5 万元。

3. 12 月 31 日,A 材料的账面成本为 11 万元,由于 A 材料市场价格进一步上升,预计可变现净值为 11.4 万元。

4. 轩辕公司库存商品的有关资料及期末计量见下表。之前没有对库存商品计提跌价准备,不考虑相关税费和销售费用。根据表中资料完善表格并按类别计提存货跌价准备。

**库存商品期末计量资料表**　　金额单位:元

| 商品 | 成本总额 | 可变现净值总额 | 按存货类别确定的账面价值 | 应有存货跌价准备 | 现有存货跌价准备 | 应计提的存货跌价准备 |
|---|---|---|---|---|---|---|
| 针织用品类 | | | | | | |
| A 商品 | 4 000 | 3 600 | — | | | — |
| B 商品 | 3 500 | 4 200 | — | | | — |
| 合计 | 7 500 | 7 800 | | | | |

续表

| 商品 | 成本总额 | 可变现净值总额 | 按存货类别确定的账面价值 | 应有存货跌价准备 | 现有存货跌价准备 | 应计提的存货跌价准备 |
|---|---|---|---|---|---|---|
| 箱包皮具类 | | | | | | |
| C 商品 | 10 000 | 9 700 | — | — | | |
| D 商品 | 4 500 | 4 400 | — | — | | |
| 合计 | 14 500 | 14 100 | | | | |

## 战力储备——无非是尽全力做好准备

### 一、核心战力需求

**(一) 初阶 · 知识需求**

1. 熟悉存货减值的核算方法成本与可变现净值孰低法;

2. 理解存货的账面余额、账面价值的含义与关系;

**(二) 中阶 · 技能需求**

3. 掌握存货减值的账务处理;

**(三) 高阶 · 素质专项养成**

4. 培养学生的规则意识,养成尊重规则的习惯。

### 二、探寻藏经阁

| 看头条秘籍 | 研经典案例 | 赏思维导图 | 析会计准则 |
|---|---|---|---|

### 三、剑来!——萌新战士养成计划

| 通关策略: | 先探阁熟悉后填写□ 填写后再理解掌握□ 其他方式:________ |
|---|---|
| 通关掌握程度自设______% 通关拟用时______分钟 | |

庄重签名:________ 翘起嘴角 计划开始

资产负债表日,存货应当按照________________计量。其中,"成本"指期末存货的初始________,也就是存货账户的________;"可变现净值"=存货的________ -至完工时估计将要____________-估计的________-估计的________。可变现净值的特征表现为存货的预计未来____________,而不是存货的售价或合同价。存货的账面价值=____________-________________。

**(一) 存货跌价准备的计提与转回**

根据“成本与可变现净值孰低”的原则进行存货期末计价，应设置“存货跌价准备”和“资产减值损失”账户。“存货跌价准备”账户比照“坏账准备”，“资产减值损失”比照“信用减值损失”。

1. 期末存货可变现净值低于其成本时

存货的账面价值按存货的__________确定，应使期末存货的账面余额减去存货跌价准备的余额等于存货的可变现净值，即__________－__________＝__________。

(1) 若当前存货的账面价值高于可变现净值，则应计提存货跌价准备

借：________________

　贷：____________

(2) 若当前存货的账面价值低于可变现净值，则应转回存货跌价准备

借：__________

　贷：________________

2. 期末存货成本低于其可变现净值时

存货的账面价值按存货的________确定，应使期末存货的账面价值等于存货的期末余额，即________－____________＝________，即存货跌价准备的余额应为零。若不为零，则应全部冲减。

借：__________

　贷：________________

**(二) 存货跌价准备的转销**

企业结转存货销售成本时，对于已计提存货跌价准备的，应当一并结转，同时调整销售成本。

借：__________

　贷：__________/__________

**通关分析：**

通关掌握程度________%　通关用时________分钟　最大专注时长________分钟　微笑比率________%

## 且试我剑——进化先锋锻造营

<table>
<tr><td colspan="2">我的团队：__________</td><td>团队成员</td><td>____人</td><td>实到人数</td><td>____人</td></tr>
<tr><td>团队通关策略：</td><td colspan="5">本关领队：________。“萌新战士”领先成员：____________<br>结对共进：________&________　________&________　________&________</td></tr>
<tr><td colspan="6">商定团队通关掌握程度自设________%　商定团队通关拟用时________分钟</td></tr>
</table>

庄重签名：________　翘起嘴角　锻造开始

1.

2.

3.

4.

团队通关分析：

| 团队人均掌握程度______% 团队人均用时______分钟 | |
|---|---|
| 通关策略有效性评价： | |

队长签名：________

## 敢于亮剑——巅峰掌控者乐园

巅峰时刻，你应已尽在掌握。
冲关历年初级会计师试题吧，昂扬你的自信！

## 华山论剑——笑谈天下，煮酒论英雄

**核心战力状态测评表**

| 序号 | 成长维度 | 序号 | 成长因子 | 测评内容 | 优 5 | 良 4 | 中 3 | 差 2 |
|---|---|---|---|---|---|---|---|---|
| Ⅰ 自评(认真根据任务完成过程及课堂表现,逐项评价) | | | | | | | | |
| 1 | 知识技能维度 | 1 | 知识层面 | 熟悉存货减值的核算方法成本与可变现净值孰低法 | | | | |
| | | | | 理解存货的账面余额、账面价值的含义与关系 | | | | |
| | | 2 | 技能层面 | 掌握存货减值的账务处理 | | | | |
| 2 | 职业素质专项 | | | 培养规则意识,养成尊重规则的习惯 | | | | |
| Ⅱ 互评(团队其他成员根据自评人实际表现,综合评议以上自评符合度) | | | | | | | | |
| 完全符合□ | 基本符合□ | | 不符合□ | 组长签名：________ | | | | |

## 深省自勉　助力荣耀之路

多维成长增值测评表——成就你的“六边形战士”

| 序号 | 成长维度 | 序号 | 成长因子 | 测评内容 | M01 | M02 | M03 | M04 | M05 | M06 | M07 | M08 | M09 |
|---|---|---|---|---|---|---|---|---|---|---|---|---|---|
| | | | | | 10 | 10 | 10 | 10 | 10 | 10 | 10 | 10 | 10 |
| 1 | 态度品质维度 | 1 | 诚实守信 | 不抄袭、不作弊，学习不弄虚作假 | | | | | | | | | |
| | | 2 | 尊重他人 | 认真听课，倾听和尊重同学观点 | | | | | | | | | |
| | | 3 | 勇担责任 | 对自己学习负责，成为团队正能量 | | | | | | | | | |
| | | 4 | 公正公平 | 在课堂互评等活动中不偏袒、不歧视 | | | | | | | | | |
| | | 5 | 遵守规则 | 遵守课堂纪律，无旷课、迟到、早退 | | | | | | | | | |
| 2 | 创造创新维度 | 1 | 创新思维 | 提出新颖的观点或解决问题的方法 | | | | | | | | | |
| | | 2 | 独立思考 | 运用所学，静心思考，提出解决方案 | | | | | | | | | |
| | | 3 | 探索精神 | 愿意主动预习，对新任务有求知欲 | | | | | | | | | |
| | | 4 | 批判思维 | 对教师或同学的方案不盲从，合理质疑 | | | | | | | | | |
| 3 | 情感认知维度 | 1 | 自我认知 | 能够对课堂表现自我反思并加以改进 | | | | | | | | | |
| | | 2 | 情绪管理 | 能够享受学习过程，快乐学习 | | | | | | | | | |
| | | 3 | 自爱自信 | 接受自己，敢于表达，敢于尝试 | | | | | | | | | |
| | | 4 | 换位思考 | 能感受他人，倾心同学的观点和感受 | | | | | | | | | |

续表

| 序号 | 成长维度 | 序号 | 成长因子 | 测评内容 | M01 | M02 | M03 | M04 | M05 | M06 | M07 | M08 | M09 |
|---|---|---|---|---|---|---|---|---|---|---|---|---|---|
| | | | | | 10 | 10 | 10 | 10 | 10 | 10 | 10 | 10 | 10 |
| 4 | 社交合作维度 | 1 | 互动交流 | 积极参与讨论，主动发起讨论 | | | | | | | | | |
| | | 2 | 团队合作 | 合作完成任务，有领导力与团队精神 | | | | | | | | | |
| | | 3 | 解决冲突 | 理性解决分歧，尊重他人，寻求共识 | | | | | | | | | |
| | | 4 | 社交礼仪 | 尊重教师和同学，注重课堂仪表 | | | | | | | | | |
| 5 | 知识技能维度 | 1 | 知识层面 | 该任务“核心战力需求”中“知识需求”的达成情况 | | | | | | | | | |
| | | 2 | 技能层面 | 该任务“核心战力需求”中“技能需求”的达成情况 | | | | | | | | | |
| 6 | 职业素质养成专项 | | | 该任务“核心战力需求”中“素质专项需求”的达成情况 | | | | | | | | | |

测评说明：(1)测评类型：学生自评；(2)测评时间：每个任务完成后；(3)测评方式：教师引导学生逐项判断，逐项打分；(4)分值确定：M01－M09 表示项目一的 9 个任务，每个任务的每个成长因子都按实际表现给予分值(1≤分值≤10)。希望同学对每个任务按同样的标准进行评分，以此感受和激励个人不断成长。

# 项目3
# 核算非流动资产

非流动资产是企业资产的重要组成部分，包括长期投资、固定资产、无形资产、长期待摊费用等。非流动资产具有占用资金多、周转速度慢、变现能力差等特点，因此其资产管理和会计核算也有特殊的要求。同时，对于一些特殊类型的非流动资产，如金融资产、投资性房地产等，企业也需要根据其特点进行特殊管理和核算。

本项目主要训练掌握固定资产、无形资产、长期待摊费用、投资性房地产、债券投资以及长期股权投资的核算技能。

## 项目全图

3. 核算非流动资产
- 3.1 核算固定资产
  - 3.1.1 核算固定资产的取得
  - 3.1.2 核算固定资产的折旧
  - 3.1.3 核算固定资产的后续支出
  - 3.1.4 核算固定资产的处置
  - 3.1.5 核算固定资产的清查与减值
- 3.2 核算无形资产
  - 3.2.1 核算无形资产的取得
  - 3.2.2 核算无形资产的摊销
  - 3.2.3 核算无形资产的出售、报废与减值
- 3.3 核算长期待摊费用
- 3.4 核算投资性房地产
- 3.5 核算长期投资
  - 3.5.1 核算债权投资
  - 3.5.2 核算长期股权投资

## 善阅静思　悟道修心

### 华为坚持科技、人才与创新引领，实现专利领域的卓越成就

进入21世纪以来，科技、人才和创新日益成为推动经济社会发展的核心动力。特别是近年来，中国企业在全球专利申请领域的表现尤为突出，充分展现了坚持科技是第一生产力、人才是第一资源、创新是第一动力的战略意义。华为作为中国企业的佼佼者，其多年来的专利申请和研发成就，便是这一战略理念的最佳实践。

2023年，欧洲专利局发布了《2023年专利指数》报告，揭示了全球专利申请领域的最新趋势。报告显示，中国企业和发明者在专利申请方面持续领先，其中华为的表现尤为突出。

2023年，华为向欧洲专利局递交了5 071份专利申请，这一数字占中国专利申请总量的1/4。华为不仅连续第三年登顶欧洲专利局申请者排行榜，还超越了三星、LG、高通等国际科技巨头，展现了其强大的研发实力和创新能力。

华为在多个领域的专利申请都取得了显著成果。特别是在计算机技术领域，华为名列专利申请第一；在数字通信领域，华为也排名第二。这些成绩的取得，不仅体现了华为在技术研发上的深厚积累，也彰显了其在全球科技创新领域的领先地位。

华为之所以能在专利申请和研发领域取得如此卓越的成就，与其对研发的持续投入和对人才的重视密不可分。多年来，华为一直将研发作为公司发展的核心战略，每年都将大量资金投入研发领域。据统计，过去3年，华为的研发投入占比公司收入均超过20%，2023年的研发投入总额更是排名全球前五。这种对研发的重视和投入，为华为在技术创新和专利申请方面提供了有力保障。

同时，华为也非常注重人才的培养和引进。公司建立了完善的人才培养体系，通过内部培训、外部引进等多种方式，不断提升员工的专业素养和创新能力。华为还积极与高校、科研机构等合作，共同培养具有创新精神和实践能力的人才，为公司的长远发展提供了有力的人才保障。

**启示：**

首先，会计人员需要认识到科技、人才和创新在企业发展中的重要性，不仅要关注企业的财务状况，还要关注企业的创新能力和人才储备。其次，会计人员应积极参与企业的创新活动，为企业的创新发展提供财务支持和建议。最后，会计人员应不断提升自身的专业素养和创新能力，以适应新时代企业发展的需求。

## 畅谈倾听　论道明理

阅读思考案例以后，和同学们讨论交流以下问题：

1. 会计如何计量和报告专利的研发过程和形成的资产？
2. 专利资产会对企业未来的损益产生什么影响？
3. 企业应如何平衡短期盈利与长期研发投入？讨论华为在研发投入上的策略，以及对

公司短期和长期财务状况的影响。

最后，请将你准备在学习中“守正创新”的做法写在下面。

______________________________________________

______________________________________________

______________________________________________

______________________________________________

______________________________________________

______________________________________________

______________________________________________

______________________________________________

# 任务 3-1 核算固定资产的取得

## 一切准备——由心开始

| 态度准备 | | | | | 自律准备 | | | | | 专注准备 | | | | | 快乐准备 | | | | |
|---|---|---|---|---|---|---|---|---|---|---|---|---|---|---|---|---|---|---|---|
| E | D | C | B | A | E | D | C | B | A | E | D | C | B | A | E | D | C | B | A |

## 任务来了

首先了解任务，以现有能力尝试完成，并在此页面上进行标注，据以分析任务难度和能力缺口，为战力储备阶段指明方向。

任务要求：轩辕公司为增值税一般纳税人。请根据以下业务做出相应的账务处理，如有计算，要写出计算过程。

1. 3月3日，购入一台不需要安装即可使用的设备，取得的增值税专用发票上注明的设备价款为50 000元，增值税税额为6 500元，已通过认证。运杂费为1 000元，取得普通发票。款项以银行存款支付。

2. 5月5日，购入一台需要安装的设备，取得的增值税发票上注明的设备价款为100 000元，增值税税额为13 000元，运杂费为5 000元(取得普通发票)，款项均以银行存款支付。安装费6 000元，其中安装人员的工资为3 000元，领用材料1 000元，相关款项以银行存款支付。设备价款的增值税已通过认证，不考虑其他增值税。

3. 5月10日，购进办公大楼一座，该纳税人取得该大楼的增值税专用发票并通过认证，专用发票上注明的销售价格为10 000万元、增值税税额为900万元，价税合计10 900万元。

4. 6月1日，开始自行建造仓库。6月5日，支付设计服务款项，取得增值税专用发票，已认证，票面注明价款80 000元，税额4 800元；6月10日，购入工程物资，价款为400 000元，进项税额为52 000元，取得增值税专用发票，已认证，以银行存款支付；6月11—30日，先后领用工程物资390 000元；7月20日，工程完工，一次性支付建筑服务款项200 000元，增值税额 18 000 元，取得增值税专用发票，已认证；7 月 21 日，剩余工程物资 10 000 元，转入企业原材料；7 月 25 日，完工并交付使用。

5. 5—6 月期间，出包给丙公司建造 A 厂房。本工程所需主要材料由轩辕公司自行购买，总金额为 300 万元，增值税率为 13%，已得到增值税专用发票并通过认证，全部用于 A 厂房建造。5 月 22 日，按合理估计的发包工程进度和合同规定向丙公司结算进度款 80 万元；6 月 20 日工程完工后，收到丙公司有关工程结算单据及增值税专用发票，补付工程款 40 万元和增值税 10.8 万元；工程完工并达到预定可使用状态。

6. 7 月，接受乙公司投入的设备一台，增值税发票上注明的价款为 500 000 元，增值税为 65 000 元，已通过了认证，双方按增值税发票上的价值确认拥有权益。

## 战力储备——无非是尽全力做好准备

### 一、核心战力需求

**(一) 初阶 · 知识需求**

1. 熟悉固定资产初始计量的成本构成；

**(二) 中阶 · 技能需求**

2. 掌握固定资产购入、自营建造、出包建造等业务的账务处理；

**(三) 高阶 · 素质专项养成**

3. 培养机器设备等关键技术产品不能落后的忧患意识。

### 二、探寻藏经阁

| 看头条秘籍 | 研经典案例 | 赏思维导图 | 析会计准则 |
|---|---|---|---|

### 三、剑来！——萌新战士养成计划

| 通关策略： | 先探阁熟悉后填写□　填写后再理解掌握□　其他方式：________ |
|---|---|
| 通关掌握程度自设______%　通关拟用时______分钟 | |

庄重签名：________　翘起嘴角　计划开始

固定资产是指为生产商品、提供劳务、出租或经营管理而持有，使用寿命超过一个会计年度的有形资产。

固定资产按经济用途分类为________固定资产和__________固定资产。

固定资产综合分类包括：(1)生产经营用固定资产；(2)非生产经营用固定资产；(3)租出固定资产(指企业在＿＿＿＿＿＿方式下出租给外单位使用的固定资产)；(4)不需用固定资产；(5)未使用固定资产；(6)土地(指过去已经估价单独入账的土地)；(7)租入固定资产(指企业除＿＿＿＿＿＿租赁和＿＿＿＿＿＿＿＿租赁租入的固定资产外，在租赁期内，应视同自有固定资产进行管理)。

设置"固定资产""累计折旧""在建工程""工程物资""固定资产清理""固定资产减值准备""在建工程减值准备""工程物资减值准备"等科目。

**(一) 外购固定资产**

企业外购的固定资产，应按实际支付的购买＿＿＿＿＿＿、相关＿＿＿＿＿＿、使固定资产达到＿＿＿＿＿＿＿＿＿＿前所发生的可归属于该项资产的运输费、装卸费、安装费和专业人员服务费等，作为固定资产的取得成本。

企业以一笔款项购入多项没有单独标价的固定资产，应将各项资产单独确认为固定资产，并按各项固定资产＿＿＿＿＿＿的比例对总成本进行分配，分别确定各项固定资产的成本。

1. 购入不需要安装的固定资产

| | |
|---|---|
| 购入不需要安装的固定资产时 | 借：＿＿＿＿＿＿<br>＿＿＿＿＿＿＿＿＿＿＿＿＿＿<br>贷：银行存款/＿＿＿＿＿＿等 |

2. 购入需要安装的固定资产

| | |
|---|---|
| (1) 购入需要安装的固定资产时 | 借：＿＿＿＿＿＿<br>应交税费——应交增值税(进项税额)<br>贷：银行存款等 |
| (2) 安装固定资产发生安装费用时 | 借：＿＿＿＿＿＿<br>应交税费——应交增值税(进项税额)<br>贷：银行存款/＿＿＿＿＿＿＿＿/＿＿＿＿＿＿等 |
| (3) 安装完成达到预定可使用状态时 | 借：＿＿＿＿＿＿<br>贷：＿＿＿＿＿＿ |

**(二) 建造固定资产**

1. 自营工程

(1) 自营工程概念

自营工程是指企业自行组织工程物资采购、自行组织施工人员施工的建筑工程和安装工程。

(2) 自营工程核算

| | |
|---|---|
| ① 购入工程物资时 | 借：________<br>应交税费——应交增值税(进项税额)<br>贷：银行存款/应付账款等 |
| ② 领用工程物资时 | 借：________<br>贷：________ |
| ③ 自营工程领用本企业原材料或商品时 | 借：________<br>贷：________/________等 |
| ④ 自营工程发生其他费用(如工程人员薪酬)时 | 借：________<br>应交税费——应交增值税(进项税额)<br>贷：银行存款/应付职工薪酬等 |
| ⑤ 自营工程完工达到预定可使用状态 | 借：________<br>贷：________ |

2. 出包工程

(1) 出包工程概念

出包工程是指企业通过招标方式将工程项目发包给建造承包商，由建造承包商组织施工的建筑工程和安装工程。在这种方式下，“在建工程”科目主要是反映企业与建造承包商办理工程价款结算的情况，企业支付给建造承包商的工程价款作为工程成本，通过“在建工程”科目核算。

(2) 出包工程核算

企业按合理估计的发包工程进度和合同规定向建造承包商结算进度款，并由对方开具增值税专用发票。

| | |
|---|---|
| ① 结算进度款时 | 借：________<br>应交税费——应交增值税(进项税额)<br>贷：银行存款 |
| ② 工程达到预定可使用状态时 | 借：固定资产<br>贷：在建工程 |

**通关分析：**

通关掌握程度________% 通关用时________分钟 最大专注时长________分钟 微笑比率________%

## 且试我剑——进化先锋锻造营

<table>
<tr><td colspan="2">我的团队：________</td><td>团队成员</td><td>____人</td><td>实到人数</td><td>____人</td></tr>
<tr><td>团队通关策略：</td><td colspan="5">本关领队：________。“萌新战士”领先成员：________________<br>结对共进：________& ________ ________& ________ ________& ________</td></tr>
<tr><td colspan="6">商定团队通关掌握程度自设________% 商定团队通关拟用时________分钟</td></tr>
</table>

庄重签名：________ 翘起嘴角 锻造开始

(1)

(2)

① 购入

② 安装

③ 达到预定可使用状态

(3)

(4)

① 6 月 5 日，支付设备服务款时

② 6 月 10 日，购入工程物资时

③ 6 月 11—30 日，领用工程物资

④7 月 20 日，支付建筑服务款时

⑤ 7 月 21 日，剩余工程物资转为原材料

⑥ 7 月 25 日，完工并交付使用

(5)

① 购入工程物资时

② 工程物资用于工程时

③ 5 月 22 日，支付工程款

④ 6 月 20 日，补付工程款及税款

⑤ 达到预定可使用状态

(6)

团队通关分析：

<table>
<tr><td colspan="2">团队人均掌握程度________% 团队人均用时________分钟</td></tr>
<tr><td>通关策略<br>有效性评价：</td><td></td></tr>
</table>

队长签名：__________

## 敢于亮剑——巅峰掌控者乐园

巅峰时刻，你应已尽在掌握。
冲关历年初级会计师试题吧，昂扬你的自信！

## 华山论剑——笑谈天下，煮酒论英雄

核心战力状态测评表

<table>
<tr><th rowspan="2">序号</th><th rowspan="2">成长维度</th><th rowspan="2">序号</th><th rowspan="2">成长因子</th><th rowspan="2">测 评 内 容</th><th>优</th><th>良</th><th>中</th><th>差</th></tr>
<tr><th>5</th><th>4</th><th>3</th><th>2</th></tr>
<tr><td colspan="9">Ⅰ 自评（认真根据任务完成过程及课堂表现，逐项评价）</td></tr>
<tr><td rowspan="3">1</td><td rowspan="3">知识技能维度</td><td>1</td><td>知识层面</td><td>熟悉固定资产初始计量的成本构成</td><td></td><td></td><td></td><td></td></tr>
<tr><td rowspan="2">2</td><td rowspan="2">技能层面</td><td>掌握固定资产购入、自营建造、出包建造等业务的账务处理</td><td></td><td></td><td></td><td></td></tr>
<tr><td>掌握银行存款余额调节表的编制</td><td></td><td></td><td></td><td></td></tr>
<tr><td>2</td><td colspan="3">职业素质专项</td><td>培养机器设备等关键技术产品不能落后的忧患意识</td><td></td><td></td><td></td><td></td></tr>
<tr><td colspan="9">Ⅱ 互评（团队其他成员根据自评人实际表现，综合评议以上自评符合度）</td></tr>
<tr><td colspan="2">完全符合□</td><td colspan="2">基本符合□</td><td>不符合□</td><td colspan="4">组长签名：__________</td></tr>
</table>

# 任务3-2 核算固定资产的折旧

## 一切准备——由心开始

| 态度准备 | | | | | 自律准备 | | | | | 专注准备 | | | | | 快乐准备 | | | | |
|---|---|---|---|---|---|---|---|---|---|---|---|---|---|---|---|---|---|---|---|
| E | D | C | B | A | E | D | C | B | A | E | D | C | B | A | E | D | C | B | A |

## 任务来了

首先了解任务，以现有能力尝试完成，并在此页面上进行标注，据以分析任务难度和能力缺口，为战力储备阶段指明方向。

任务要求：轩辕公司为增值税一般纳税人。请根据以下业务做出相应的账务处理，如有计算，要写出计算过程。

1. 公司的一台设备原价为800 000元，预计报废时的净残值率为5%，预计使用8年，该设备采用年限平均法计提折旧。计算该设备的月折旧额。

2. 公司的一辆运货卡车原价为800 000元，预计总行驶里程为500 000千米，预计报废时的净残值率为5%，本月行驶4 000千米，该设备采用工作量法计提折旧。计算该辆卡车的当月折旧额。

3. 公司某项设备原价为100万元，预计使用寿命为5年，预计净残值率为4%，假设公司没有对该机器设备计提减值准备。该设备采用双倍余额递减法计提折旧。计算该设备的各年折旧额和月折旧额。

4. 公司某项设备原价为100万元，预计使用寿命为5年，预计净残值率为4%，采用年数总和法计算该设备的各年折旧额。

5. 上月新购入轿车一辆，原价18万元，预计总行驶里程60万千米，预计其净残值率为4%。本月行驶5 000千米，采用工作量法计提折旧。上月购入一车间用的加工中心，原价180万元，预计可使用10年，预计净残值率为4%，采用双倍余额递减法计提折旧。上月二车间报废机器设备一台，原价12万元，该设备月折旧额为1 000元。其他固定资产本月折旧额不变。计算折旧并填表（表格见“且试我剑”部分），然后根据折旧计算表编制分录。

## 战力储备——无非是尽全力做好准备

### 一、核心战力需求

#### （一）初阶·知识需求

1. 熟悉固定资产折旧的概念，理解应计折旧额的含义及其计算；
2. 熟悉固定资产折旧的影响因素，并了解固定资产折旧的复核；
3. 熟悉固定资产折旧的范围及应注意的问题；
4. 熟悉固定资产折旧方法的种类，了解一般折旧方法和加速折旧法；

**（二）中阶·技能需求**

5. 掌握运用不同折旧方法计算年折旧额与月折旧额；

6. 掌握每月折旧的账务处理；

**（三）高阶·素质专项养成**

7. 通过固定资产折旧的理解，思考价值损耗的含义。

## 二、探寻藏经阁

| | | | |
|---|---|---|---|
| 看头条秘籍 | 研经典案例 | 赏思维导图 | 析会计准则 |

## 三、剑来！——萌新战士养成计划

| 通关策略： | 先探阁熟悉后填写□　填写后再理解掌握□　其他方式：____________ |
|---|---|
| 通关掌握程度自设______%　通关拟用时______分钟 | |

庄重签名：________　翘起嘴角　计划开始

**（一）固定资产折旧概述**

1. 影响固定资产折旧的主要因素

（1）固定资产________；（2）____________；（3）固定资产________；（4）固定资产________。

2. 固定资产的折旧范围

（1）不需要计提折旧的情况

①__________仍继续使用的固定资产；②单独计价入账的______；③______入账的固定资产；④提前________的固定资产；⑤已转入“持有待售资产”的固定资产。

（2）折旧计提开始与结束

固定资产应当按____计提折旧，当月增加的固定资产，当月_______折旧，从______起计提折旧；当月减少的固定资产，当月_______折旧，从______起不计提折旧。

已达到预定可使用状态但尚未办理________的固定资产，应当按照______价值确定其成本，并计提折旧；待办理竣工决算后，再按________调整原来的暂估价值，但_______调整原已计提的折旧额。

3. 固定资产使用寿命、预计净残值和折旧方法的复核

固定资产使用寿命、预计净残值和折旧方法的改变应当作为会计估计变更进行会计处理。

### (二) 固定资产的折旧方法

企业应当根据与固定资产有关的经济利益的预期实现方式,合理选择固定资产折旧方法。

1. 年限平均法

年折旧率=______________________

月折旧率=_______________

月折旧额=______________________

2. 工作量法

单位工作量折旧额=_________________________

3. 双倍余额递减法

(1) 双倍余额递减法概述

双倍余额递减法是指在不考虑固定资产__________的情况下,根据每期________________和双倍的直线法折旧率计算固定资产折旧的一种方法。采用双倍余额递减法计提固定资产折旧,一般应在固定资产使用寿命到期前两年内,将固定资产________扣除___________后的余额平均摊销。

(2) 计算公式(不含寿命到期前两年)

年折旧率=__________________

年折旧额=________________________________

月折旧额=_______________

4. 年数总和法

(1) 年数总和法概述

年数总和法是指将固定资产的___________,乘以一个逐年递减的分数计算每年的折旧额,这个分数的分子代表固定资产_____________,分母代表固定资产预计使用寿命逐年数字总和。

(2) 年数总和法计算公式

年折旧率=_____________________________

年折旧额=__________________

### (三) 固定资产折旧的账务处理

借:________/________/________/________/___________等

贷:________

**贴心提示4:**

双倍余额递减法和年数总和法的折旧年度是指“以固定资产开始计提折旧的月份为始计算的1个年度期间”。

**通关分析：**

通关掌握程度________% 通关用时________分钟 最大专注时长________分钟 微笑比率________%

## 且试我剑——进化先锋锻造营

| 我的团队：________________ | | 团队成员 | ____人 | 实到人数 | ____人 |
|---|---|---|---|---|---|
| 团队通关策略： | 本关领队：__________。“萌新战士”领先成员：______________________________<br>结对共进：__________&__________ __________&__________ __________&__________ | | | | |
| 商定团队通关掌握程度自设________% 商定团队通关拟用时________分钟 | | | | | |

庄重签名：__________ 翘起嘴角 锻造开始

(1)

年折旧率＝

月折旧率＝

月折旧额＝

(2)

单位工作量折旧额＝

当月折旧额＝

(3)

**折旧计算表(双倍余额递减法)**

| 年次 | 年初净值 | 年折旧率 | 年折旧额 | 年各月折旧额 | 年末净值 |
|---|---|---|---|---|---|
| 1 | | | | | |
| 2 | | | | | |
| 3 | | | | | |
| 后两年转为年限平均法 | | | | | |
| 年次 | 后两年应计折旧额 | 年分摊率 | 年折旧额 | 年各月折旧额 | 年末净值 |
| 4 | | | | | |
| 5 | | | | | |
| 合计 | — | — | | — | |

(4)

**折旧计算表(年数总和法)**

| 年次 | 尚可使用年限 | 原价－净残值 | 年折旧率 | 年折旧额 | 累计折旧 |
|---|---|---|---|---|---|
| 1 | | | | | |
| 2 | | | | | |
| 3 | | | | | |

续表

| 年次 | 尚可使用年限 | 原价－净残值 | 年折旧率 | 年折旧额 | 累计折旧 |
|---|---|---|---|---|---|
| 4 | | | | | |
| 5 | | | | | |

(5)

**固定资产折旧计算表**

202×年3月31日

| 使用部门 | 固定资产项目 | 上月折旧额 | 上月增加固定资产 | | 上月减少固定资产 | | 本月折旧额 |
|---|---|---|---|---|---|---|---|
| | | | 原价 | 折旧额 | 原价 | 折旧额 | |
| 一车间 | 厂房 | 35 000 | | | | | |
| | 机器设备 | 15 000 | | | | | |
| | 其他设备 | 7 000 | | | | | |
| | 小计 | 57 000 | | | | | |
| 二车间 | 厂房 | 12 000 | | | | | |
| | 机器设备 | 16 000 | | | | | |
| | 小计 | 28 000 | | | | | |
| 二车间 | 厂房 | 8 000 | | | | | |
| | 机器设备 | 6 800 | | | | | |
| | 小计 | 14 800 | | | | | |
| 管理部门 | 房屋建筑物 | 30 000 | | | | | |
| | 运输工具 | 14 000 | | | | | |
| | 小计 | 44 000 | | | | | |
| 合计 | | 143 800 | | | | | |

根据3月31日计算表编写会计分录：

**团队通关分析：**

| 团队人均掌握程度________% 团队人均用时________分钟 | |
|---|---|
| 通关策略有效性评价： | |

队长签名：________

## 敢于亮剑——巅峰掌控者乐园

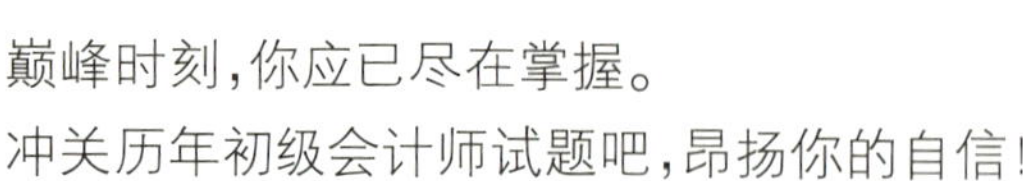
巅峰时刻，你应已尽在掌握。
冲关历年初级会计师试题吧，昂扬你的自信！

## 华山论剑——笑谈天下，煮酒论英雄

**核心战力状态测评表**

| 序号 | 成长维度 | 序号 | 成长因子 | 测评内容 | 优 | 良 | 中 | 差 |
|---|---|---|---|---|---|---|---|---|
| | | | | | 5 | 4 | 3 | 2 |
| Ⅰ 自评（认真根据任务完成过程及课堂表现，逐项评价） | | | | | | | | |
| 1 | 知识技能维度 | 1 | 知识层面 | 熟悉固定资产折旧的概念，理解应计折旧额的含义及其计算 | | | | |
| | | | | 熟悉固定资产折旧的影响因素，并了解固定资产折旧的复核 | | | | |
| | | | | 熟悉固定资产折旧的范围及应注意的问题 | | | | |
| | | | | 熟悉固定资产折旧方法的种类，了解一般折旧方法和加速折旧法 | | | | |
| | | 2 | 技能层面 | 掌握运用不同折旧方法计算年折旧额与月折旧额 | | | | |
| | | | | 掌握每月折旧的账务处理 | | | | |
| 2 | 职业素质专项 | | | 通过固定资产折旧的理解，思考价值损耗的含义 | | | | |
| Ⅱ 互评（团队其他成员根据自评人实际表现，综合评议以上自评符合度） | | | | | | | | |
| 完全符合□ | | 基本符合□ | | 不符合□ | 组长签名：________ | | | |

# 任务3-3　核算固定资产的后续支出

## 一切准备——由心开始

| 态度准备 | | | | | 自律准备 | | | | | 专注准备 | | | | | 快乐准备 | | | | |
|---|---|---|---|---|---|---|---|---|---|---|---|---|---|---|---|---|---|---|---|
| E | D | C | B | A | E | D | C | B | A | E | D | C | B | A | E | D | C | B | A |

## 任务来了

首先了解任务，以现有能力尝试完成，并在此页面上进行标注，据以分析任务难度和能力缺口，为战力储备阶段指明方向。

任务要求：轩辕公司为增值税一般纳税人。请根据以下业务做出相应的账务处理，如有计算，要写出计算过程。

1. 公司对一幢厂房进行改造，该厂房账面原价为1 400 000元，已计提的折旧为600 000元，计提的减值准备为100 000元；改造中用银行存款购入材料250 000元，增值税为32 500元，取得增值税专用发票并已认证，该材料直接用于工程改造；计提工程人员工资60 000元；该厂房达到预定可使用状态并重新投入使用，符合固定资产确认条件，预计可使用10年，预计净残值率为4%，采用年限平均法计提折旧，编制固定资产后续支出及下月折旧计提的会计分录。

2. 公司2015年12月购入一架飞机，总计花费7 800万元（含发动机），发动机当时的购价为540万元。公司未将发动机作为一项单独的固定资产进行核算。2024年初，为延长飞机的空中飞行时间，公司决定更换一部性能更为先进的发动机，其购价为660万元，另支付安装费6万元。假定飞机的年折旧率为3%，采用年限平均法折旧，旧发动机的变价收入为3万元。不考虑预计净残值和相关税费。

3. 2月5日至6日，生产车间一台设备日常维修，应支付维修人员工资为1 000元，领用原材料的成本为4 000元。2月10日，厂部一台设备维修，发生应付职工工资为2 000元；销售部门一台设备维修，发生应付人工费为1 500元。

##  战力储备——无非是尽全力做好准备

### 一、核心战力需求

**（一）初阶·知识需求**

1. 熟悉固定资产后续支出的含义与类型；
2. 理解固定资产后续支出资本化与费用化的含义；

**（二）中阶·技能需求**

3. 掌握固定资产后续支出资本化的账务处理过程；
4. 掌握固定资产后续支出费用化的账务处理；

**（三）高阶·素质专项养成**

5. 养成独立思考提出解决方案的意识。

### 二、探寻藏经阁

| | | | |
|---|---|---|---|
| 看头条秘籍 | 研经典案例 | 赏思维导图 | 析会计准则 |

## 三、剑来！——萌新战士养成计划

| 通关策略： | 先探阁熟悉后填写□　填写后再理解掌握□　其他方式：________ |
|---|---|
| 通关掌握程度自设______%　通关拟用时______分钟 | |

庄重签名：________　翘起嘴角　计划开始

**(一) 固定资产后续支出概述**

固定资产后续支出，是指固定资产在使用过程中发生的__________、__________等。

**(二) 固定资产后续支出核算**

1. 可资本化的后续支出

| | |
|---|---|
| (1) 进入更新改造时 | 借：________<br>________<br>________________<br>贷：________ |
| (2) 发生可资本化的后续支出时 | 借：________<br>应交税费——应交增值税(进项税额)<br>贷：银行存款等 |
| (3) 发生可资本化后续支出的固定资产达到预定可使用状态时 | 借：________<br>贷：________ |
| (4) 更新改造过程中发生报废损失 | 借：________<br>贷：________ |

2. 不可资本化的后续支出

| | |
|---|---|
| 发生不可资本化的后续支出时 | 借：________　【生产车间及行政管理部门】<br>________　【专设销售机构】<br>应交税费——应交增值税(进项税额)<br>贷：________等 |

**通关分析：**

通关掌握程度________%　通关用时________分钟　最大专注时长________分钟　微笑比率________%

## 且试我剑——进化先锋锻造营

<table>
<tr><td colspan="2">我的团队：________</td><td>团队成员</td><td>____人</td><td>实到人数</td><td>____人</td></tr>
<tr><td>团队通关策略：</td><td colspan="5">本关领队：________。“萌新战士”领先成员：________<br>结对共进：________&________ ________&________ ________&________</td></tr>
<tr><td colspan="6">商定团队通关掌握程度自设________% 商定团队通关拟用时________分钟</td></tr>
</table>

庄重签名：________ 翘起嘴角 锻造开始

1.

(1) 转入更新改造

(2) 发生改造支出

(3) 达到预定可使用状态

(4) 计提折旧

2.

(1) 转入更新改造

(2) 发生改造支出

(3) 转出旧发动机的账面价值

(4) 达到预定可使用状态

3.

**团队通关分析：**

<table>
<tr><td colspan="2">团队人均掌握程度________% 团队人均用时________分钟</td></tr>
<tr><td>通关策略有效性评价：</td><td></td></tr>
</table>

队长签名：________

## 敢于亮剑——巅峰掌控者乐园

巅峰时刻，你应已尽在掌握。
冲关历年初级会计师试题吧，昂扬你的自信！

## 华山论剑——笑谈天下，煮酒论英雄

核心战力状态测评表

| 序号 | 成长维度 | 序号 | 成长因子 | 测评内容 | 优 5 | 良 4 | 中 3 | 差 2 |
|---|---|---|---|---|---|---|---|---|
| Ⅰ 自评（认真根据任务完成过程及课堂表现，逐项评价） | | | | | | | | |
| 1 | 知识技能维度 | 1 | 知识层面 | 熟悉固定资产后续支出的含义与类型 | | | | |
| | | | | 理解固定资产后续支出资本化与费用化的含义 | | | | |
| | | 2 | 技能层面 | 掌握固定资产后续支出资本化的账务处理过程 | | | | |
| | | | | 掌握固定资产后续支出费用化的账务处理 | | | | |
| 2 | 职业素质专项 | | | 养成独立思考、提出解决方案的意识 | | | | |
| Ⅱ 互评（团队其他成员根据自评人实际表现，综合评议以上自评符合度） | | | | | | | | |
| 完全符合□ | | 基本符合□ | | 不符合□ | 组长签名：________ | | | |

# 任务3-4 核算固定资产的处置

## 一切准备——由心开始

| 态度准备 | | | | | 自律准备 | | | | | 专注准备 | | | | | 快乐准备 | | | | |
|---|---|---|---|---|---|---|---|---|---|---|---|---|---|---|---|---|---|---|---|
| E | D | C | B | A | E | D | C | B | A | E | D | C | B | A | E | D | C | B | A |

## 任务来了

首先了解任务，以现有能力尝试完成，并在此页面上进行标注，据以分析任务难度和能力缺口，为战力储备阶段指明方向。

任务要求：轩辕公司为增值税一般纳税人。请根据以下业务做出相应的账务处理，如有计算，要写出计算过程。

1. 出售4年前购置的一座建筑物，原价为3 000 000元，已计提折旧为600 000元，实际出售价款和价外费用为5 000 000元，增值税额为450 000元，价款已收存银行。

2. 受自然灾害影响，毁损仓库一座，其原价为4 000 000元，已计提折旧为800 000元；残料估计价值为70 000元，已办理入库；发生清理费用30 000元，以银行存款支付；保险公司应赔偿损失2 000 000元，尚未收到赔款。

3. 销售公司使用过的设备一台，不含税销售价为60 000元，增值税税率为13%，款项已收到；该设备原价为80 000元，已计提折旧额为50 000元，已提减值准备为1 000元；以银行存款支付清理费用900元。

## 战力储备——无非是尽全力做好准备

### 一、核心战力需求

**(一) 初阶·知识需求**

1. 熟悉固定资产处置的类型；

**(二) 中阶·技能需求**

2. 掌握固定资产报废、转让、损毁等类型处置的账务处理；

**(三) 高阶·素质专项养成**

3. 培养探索未知领域，尝试新的方法和思路的精神。

### 二、探寻藏经阁

| [二维码] | [二维码] | [二维码] | [二维码] |
|---|---|---|---|
| 看头条秘籍 | 研经典案例 | 赏思维导图 | 析会计准则 |

### 三、剑来！——萌新战士养成计划

| 通关策略： | 先探阁熟悉后填写□　填写后再理解掌握□　其他方式：________ |
|---|---|
| 通关掌握程度自设______%　通关拟用时______分钟 | |

庄重签名：________　翘起嘴角 计划开始

**(一) 固定资产处置的概念**

固定资产处置，即固定资产的终止________，包括固定资产的出售、报废、毁损、对外投资、非货币性资产交换、债务重组等。企业处置固定资产应通过“__________”科目核算。

“固定资产清理”账户为资产类账户，借方登记固定资产处置时转入的__________________________________，贷方登记固定资产清理发生的____________________________以及______________________________。

因固定资产__________等清理产生的利得或损失应计入“营业外收入”和“营业外支出”，因__________等产生的固定资产处置利得或损失应计入“资产处置损益”。

**（二）固定资产处置的账务处理**

<table>
<tr><td colspan="2">1. 固定资产转入清理</td><td>借：____________<br>____________<br>________________<br>贷：__________</td></tr>
<tr><td colspan="2">2. 结算清理费用等</td><td>借：____________<br>应交税费——应交增值税（进项税额）<br>贷：__________</td></tr>
<tr><td colspan="2">3. 收回出售固定资产的价款、残料价值和变价收入等</td><td>借：__________等<br>贷：____________<br>应交税费——应交增值税（销项税额）</td></tr>
<tr><td colspan="2">4. 收回残料</td><td>借：__________等<br>贷：____________</td></tr>
<tr><td colspan="2">5. 确认应收责任单位（或个人）赔偿损失</td><td>借：____________<br>贷：____________</td></tr>
<tr><td rowspan="3">6. 结转清理净损益</td><td rowspan="2">（1）因毁损、报废等清理产生的利得或损失</td><td>结转处置净收益：<br>借：____________<br>贷：__________________________</td></tr>
<tr><td>结转处置净损失：<br>借：______________________【正常原因】<br>____________________【非正常原因】<br>贷：____________</td></tr>
<tr><td>（2）因出售、转让等产生的固定资产处置利得或损失</td><td>借：____________<br>贷：____________<br>若为损失，则做相反的会计分录。</td></tr>
</table>

**通关分析：**

通关掌握程度________%　通关用时________分钟　最大专注时长________分钟

微笑比率________%

## 目试我剑——进化先锋锻造营

<table>
<tr><td>我的团队：______________</td><td>团队成员</td><td>___人</td><td>实到人数</td><td>___人</td></tr>
<tr><td>团队通关策略：</td><td colspan="4">本关领队：________。“萌新战士”领先成员：____________________<br>结对共进：________&________　________&________　________&________</td></tr>
<tr><td colspan="5">商定团队通关掌握程度自设______%　商定团队通关拟用时______分钟</td></tr>
</table>

庄重签名：________　翘起嘴角　锻造开始

1.

（1）转入清理

（2）取得收益

（3）结转净损益

2.

（1）转入清理

（2）残料入库

（3）发生清理费用

（4）取得收益

（5）结转清理净损益

3.

（1）转入清理

（2）收到价款

（3）支付清理费用

（4）结转清理净损益

**团队通关分析：**

<table>
<tr><td colspan="2">团队人均掌握程度________% 团队人均用时________分钟</td></tr>
<tr><td>通关策略<br>有效性评价：</td><td></td></tr>
</table>

队长签名：________

## 敢于亮剑——巅峰掌控者乐园

巅峰时刻，你应已尽在掌握。
冲关历年初级会计师试题吧，昂扬你的自信！

## 华山论剑——笑谈天下，煮酒论英雄

核心战力状态测评表

<table>
<tr><th rowspan="2">序号</th><th rowspan="2">成长维度</th><th rowspan="2">序号</th><th rowspan="2">成长因子</th><th rowspan="2">测评内容</th><th>优</th><th>良</th><th>中</th><th>差</th></tr>
<tr><th>5</th><th>4</th><th>3</th><th>2</th></tr>
<tr><td colspan="9">Ⅰ 自评（认真根据任务完成过程及课堂表现，逐项评价）</td></tr>
<tr><td rowspan="2">1</td><td rowspan="2">知识技能维度</td><td>1</td><td>知识层面</td><td>熟悉固定资产处置的类型</td><td></td><td></td><td></td><td></td></tr>
<tr><td>2</td><td>技能层面</td><td>掌握固定资产报废、转让、损毁等类型处置的账务处理</td><td></td><td></td><td></td><td></td></tr>
<tr><td>2</td><td colspan="3">职业素质专项</td><td>培养探索未知领域，尝试新的方法和思路的精神</td><td></td><td></td><td></td><td></td></tr>
<tr><td colspan="9">Ⅱ 互评（团队其他成员根据自评人实际表现，综合评议以上自评符合度）</td></tr>
<tr><td colspan="3">完全符合□</td><td colspan="2">基本符合□</td><td>不符合□</td><td colspan="3">组长签名：________</td></tr>
</table>

# 任务 3-5　核算固定资产的清查与减值

## 一切准备——由心开始

<table>
<tr><td colspan="5">态度准备</td><td colspan="5">自律准备</td><td colspan="5">专注准备</td><td colspan="5">快乐准备</td></tr>
<tr><td>E</td><td>D</td><td>C</td><td>B</td><td>A</td><td>E</td><td>D</td><td>C</td><td>B</td><td>A</td><td>E</td><td>D</td><td>C</td><td>B</td><td>A</td><td>E</td><td>D</td><td>C</td><td>B</td><td>A</td></tr>
</table>

## 任务来了

首先了解任务，以现有能力尝试完成，并在此页面上进行标注，据以分析任务难度和能力缺口，为战力储备阶段指明方向。

任务要求：轩辕公司为增值税一般纳税人。请根据以下业务做出相应的账务处理，如有计算，要写出计算过程。

1. 财产清查中发现 2023 年 12 月购入的设备尚未入账，重置成本为 50 000 元(假定与其计税基础不存在差异)。该盘盈固定资产做前期差错处理。假定公司按净利润的 10%计提法定盈余公积，不考虑相关税费及其他因素的影响。

2. 财产清查时发现短缺一台笔记本电脑，原价为 8 000 元，购入时增值税额为 1 040 元，已计提折旧为 3 000 元，已提减值准备 1 000 元，应由责任人赔偿 1 000 元。

3. 12 月 31 日，公司某生产线存在发生可能减值的迹象。该生产线原值 2 500 000 元，已提折旧 1 000 000 元，估计其可收回金额为 1 250 000 元，以前年度未对该生产线计提过减值准备。

## 战力储备——无非是尽全力做好准备

### 一、核心战力需求

**(一) 初阶 · 知识需求**

1. 熟悉固定资产减值的相关规定；

**(二) 中阶 · 技能需求**

2. 掌握固定资产盘盈、盘亏的账务处理；

3. 掌握固定资产减值的账务处理；

**(三) 高阶 · 素质专项养成**

4. 培养批判性地评估信息、观点或解决方案的精神。

### 二、探寻藏经阁

| | | | |
|---|---|---|---|
| 看头条秘籍 | 研经典案例 | 赏思维导图 | 析会计准则 |

### 三、剑来！——萌新战士养成计划

| 通关策略： | 先探阁熟悉后填写□　填写后再理解掌握□　其他方式：________________ |
|---|---|
| 通关掌握程度自设________%　通关拟用时________分钟 | |

庄重签名：__________　☛ 翘起嘴角　计划开始

### (一) 固定资产盘盈的账务处理

| | |
|---|---|
| (1) 盘盈固定资产按重置成本入账时 | 借：________<br>　贷：______________ |
| (2) 由于以前年度损益调整而增加的所得税费用 | 借：______________<br>　贷：_________________ |
| (3) 将以前年度损益调整科目余额转入留存收益时 | 借：______________<br>　贷：________<br>　　_________________ |

### (二) 固定资产盘亏的账务处理

| | |
|---|---|
| (1) 固定资产盘亏批准前 | 借：______________<br>　________<br>　______________<br>贷：________ |
| (2) 非正常损失不动产进项税额转出 | 借：______________　【账面净值×适用税率】<br>贷：应交税费——应交增值税(___________) |
| (3) 固定资产盘亏批准后 | 借：其他应收款　【应收的赔偿】<br>　________　【盘亏净损失】<br>贷：___________ |

### (三) 固定资产减值的账务处理

根据《企业会计准则第 8 号——资产减值》的规定，企业固定资产减值损失一经确认，在以后会计期间_________。

| | |
|---|---|
| 固定资产在资产负债表日存在可能发生减值的迹象时 | 借：________________________<br>　贷：______________ |

**通关分析：**

通关掌握程度_______%　通关用时_______分钟　最大专注时长_______分钟

微笑比率_______%

## 且试我剑——进化先锋锻造营

<table>
<tr><td colspan="2">我的团队：________</td><td>团队成员</td><td>____人</td><td>实到人数</td><td>____人</td></tr>
<tr><td>团队通关策略：</td><td colspan="5">本关领队：________。“萌新战士”领先成员：________<br>结对共进：________&________ ________&________ ________&________</td></tr>
<tr><td colspan="6">商定团队通关掌握程度自设______% 商定团队通关拟用时______分钟</td></tr>
</table>

庄重签名：________ 翘起嘴角 锻造开始

1.

(1) 发现盘盈时

(2) 结转损益时

2.

(1) 审批前

(2) 审批后

3.

**团队通关分析：**

<table>
<tr><td colspan="2">团队人均掌握程度______% 团队人均用时______分钟</td></tr>
<tr><td>通关策略有效性评价：</td><td></td></tr>
</table>

队长签名：________

## 敢于亮剑——巅峰掌控者乐园

巅峰时刻，你应已尽在掌握。
冲关历年初级会计师试题吧，昂扬你的自信！

## 华山论剑——笑谈天下，煮酒论英雄

核心战力状态测评表

| 序号 | 成长维度 | 序号 | 成长因子 | 测 评 内 容 | 优 5 | 良 4 | 中 3 | 差 2 |
|---|---|---|---|---|---|---|---|---|
| Ⅰ 自评（认真根据任务完成过程及课堂表现，逐项评价） | | | | | | | | |
| 1 | 知识技能维度 | 1 | 知识层面 | 熟悉固定资产减值的相关规定 | | | | |
| | | 2 | 技能层面 | 掌握固定资产盘盈、盘亏的账务处理 | | | | |
| | | | | 掌握固定资产减值的账务处理 | | | | |
| 2 | 职业素质专项 | | | 培养批判性地评估信息、观点或解决方案的精神 | | | | |
| Ⅱ 互评（团队其他成员根据自评人实际表现，综合评议以上自评符合度） | | | | | | | | |
| 完全符合□ | | 基本符合□ | | 不符合□ | 组长签名：________ | | | |

# 任务3-6　核算无形资产的取得

## 一切准备——由心开始

| 态度准备 | | | | | 自律准备 | | | | | 专注准备 | | | | | 快乐准备 | | | | |
|---|---|---|---|---|---|---|---|---|---|---|---|---|---|---|---|---|---|---|---|
| E | D | C | B | A | E | D | C | B | A | E | D | C | B | A | E | D | C | B | A |

## 任务来了

首先了解任务，以现有能力尝试完成，并在此页面上进行标注，据以分析任务难度和能力缺口，为战力储备阶段指明方向。

任务要求：轩辕公司为增值税一般纳税人。请根据以下业务做出相应的账务处理，如有计算，要写出计算过程。

1. 购入一项非专利技术，取得了增值税专用发票，注明的价款为800 000元，增值税税额为48 000元，价税合计848 000元，以银行存款支付。增值税通过了认证。编制取得非专利技术的分录。

2. 接受某公司投资的一项生产新型产品的专利权，双方协议确认的价值为190 000元，增值税税额为11 400元，并通过认证。编制接受投入专利权的分录。

3. 自行研究、开发一项技术，研究阶段发生支出合计1 800 000元。开发阶段发生开发支出 350 000 元全部符合开发支出资本化的条件，研发活动最终开发出一项非专利技术。编制发生研究和开发支出并形成无形资产的分录。

## 战力储备——无非是尽全力做好准备

### 一、核心战力需求

**(一) 初阶·知识需求**

1. 熟悉无形资产的内容与特征；
2. 理解无形资产研发费用资本化与费用化的要求；

**(二) 中阶·技能需求**

3. 掌握无形资产购入、研发的账务处理；

**(三) 高阶·素质专项养成**

4. 理解从生产要素投入驱动发展到创新驱动发展的变革。

### 二、探寻藏经阁

| 看头条秘籍 | 研经典案例 | 赏思维导图 | 析会计准则 |
|---|---|---|---|

### 三、剑来！——萌新战士养成计划

| 通关策略： | 先探阁熟悉后填写□ 填写后再理解掌握□ 其他方式：________ |
|---|---|
| 通关掌握程度自设______% 通关拟用时______分钟 | |

庄重签名：________ 翘起嘴角 计划开始

企业应当设置“无形资产”“累计摊销”等科目进行无形资产的核算。企业无形资产发生减值的，还应当设置“无形资产减值准备”科目进行核算。

**(一) 外购无形资产会计分录**

| 购入无形资产时 | 借：________<br>应交税费——应交增值税(进项税额)<br>贷：银行存款等 |
|---|---|

**(二) 自行研究开发无形资产**

1. 自行研究开发无形资产概述

企业内部研究开发项目所发生的支出应区分______阶段支出和______阶段支出。研究阶段的支出全部计入__________，开发阶段的支出，应判断是否符合____________。

企业如果无法可靠______研究阶段的支出和开发阶段的支出，则应将发生的研发支出全部________，计入当期损益。

2. 自行研发无形资产的账务处理

| | |
|---|---|
| (1) 企业自行研究开发无形资产发生支出时 | 借：________________【不满足资本化条件】<br>____________________【满足资本化条件】<br>贷：________/_________/____________等 |
| (2) 期末结转研发支出中归集的费用化支出时 | 借：_________<br>贷：研发支出——_________ |
| (3) 研究开发项目达到预定用途，形成无形资产时 | 借：_________<br>贷：研发支出——_____________ |

**通关分析：**

通关掌握程度________%　通关用时________分钟　最大专注时长________分钟
微笑比率________%

## 且试我剑——进化先锋锻造营

| 我的团队：______________ | | 团队成员 | ___人 | 实到人数 | ___人 |
|---|---|---|---|---|---|
| 团队通关策略： | 本关领队：_________。"萌新战士"领先成员：___________________________<br>结对共进：_________&_________ _________&_________ _________&_________ | | | | |
| 商定团队通关掌握程度自设_______%　商定团队通关拟用时_______分钟 | | | | | |

庄重签名：__________　翘起嘴角　锻造开始

1.

2.

3.

(1) 发生支出时

(2) 结转费用化支出时

(3) 达到预定用途时

**团队通关分析：**

| | 团队人均掌握程度________% 团队人均用时________分钟 |
|---|---|
| 通关策略有效性评价： | |

队长签名：__________

## 敢于亮剑——巅峰掌控者乐园

巅峰时刻，你应已尽在掌握。
冲关历年初级会计师试题吧，昂扬你的自信！

## 华山论剑——笑谈天下，煮酒论英雄

**核心战力状态测评表**

| 序号 | 成长维度 | 序号 | 成长因子 | 测评内容 | 优 5 | 良 4 | 中 3 | 差 2 |
|---|---|---|---|---|---|---|---|---|
| Ⅰ 自评（认真根据任务完成过程及课堂表现，逐项评价） | | | | | | | | |
| 1 | 知识技能维度 | 1 | 知识层面 | 熟悉无形资产的内容与特征 | | | | |
| | | | | 理解无形资产研发费用资本化与费用化的要求 | | | | |
| | | 2 | 技能层面 | 掌握无形资产购入、研发的账务处理 | | | | |
| 2 | 职业素质专项 | | | 理解从生产要素投入驱动发展到创新驱动发展的变革 | | | | |
| Ⅱ 互评（团队其他成员根据自评人实际表现，综合评议以上自评符合度） | | | | | | | | |
| 完全符合□ | | 基本符合□ | | 不符合□ | 组长签名：__________ | | | |

# 任务 3-7　核算无形资产的摊销

## 一切准备——由心开始

| 态度准备 | | | | | 自律准备 | | | | | 专注准备 | | | | | 快乐准备 | | | | |
|---|---|---|---|---|---|---|---|---|---|---|---|---|---|---|---|---|---|---|---|
| E | D | C | B | A | E | D | C | B | A | E | D | C | B | A | E | D | C | B | A |

## 任务来了

首先了解任务，以现有能力尝试完成，并在此页面上进行标注，据以分析任务难度和能力缺口，为战力储备阶段指明方向。

任务要求：轩辕公司为增值税一般纳税人。请根据以下业务做出相应的账务处理，如有计算，要写出计算过程。

1. 公司购买的一项特许权，成本为 3 600 000 元，合同规定的收益年限为 10 年，按直线法进行摊销。编制每月摊销的分录。

2. 公司将自行开发完成的非专利技术出租给丙公司，该非专利技术为 4 800 000 元，租赁期为 10 年，按直线法进行摊销。编制每月摊销的分录。

## 战力储备——无非是尽全力做好准备

### 一、核心战力需求

**（一）初阶·知识需求**

1. 熟悉理解无形资产寿命的确定性与摊销的关系；
2. 熟悉理解无形资产摊销时间起止的规定；
3. 熟悉无形资产摊销方法的确定因素；

**（二）中阶·技能需求**

4. 掌握无形资产摊销的账务处理；

**（三）高阶·素质专项养成**

5. 培养自我反思的意识，能够正确自我认知并制定目标进行改进。

### 二、探寻藏经阁

| | | | |
|---|---|---|---|
| 看头条秘籍 | 研经典案例 | 赏思维导图 | 析会计准则 |

### 三、剑来！——萌新战士养成计划

| 通关策略： | 先探阁熟悉后填写□　填写后再理解掌握□　其他方式：________ |
|---|---|
| 通关掌握程度自设______% 通关拟用时______分钟 | |

庄重签名：________ 翘起嘴角 计划开始

**(一) 无形资产是否摊销的判断**

使用寿命________的无形资产应进行摊销；使用寿命________的无形资产不应摊销。

**(二) 无形资产的摊销方法**

对于使用寿命有限的无形资产，企业应当按________进行摊销。自可供使用(即其达到预定用途)________起开始摊销，处置________不再摊销。无形资产摊销方法有__________(即直线法)、________等。无法可靠确定________________的，应当采用__________(直线法)摊销。

**(三) 无形资产摊销的核算**

| | |
|---|---|
| 计提无形资产摊销时 | 借：________【管理用的无形资产】<br>__________【出租用的无形资产】<br>________/________【生产用无形资产】<br>贷：________ |

**贴心提示5：**

无形资产包含的经济利益通过所生产的产品或其他资产实现的，其摊销金额应当计入相关资产成本。

**通关分析：**

通关掌握程度________% 通关用时________分钟 最大专注时长________分钟

微笑比率________%

## 且试我剑——进化先锋锻造营

| 我的团队：__________ | | 团队成员 | ___人 | 实到人数 | ___人 |
|---|---|---|---|---|---|
| 团队通关策略： | 本关领队：________。“萌新战士”领先成员：________________<br>结对共进：________&________ ________&________ ________&________ | | | | |
| 商定团队通关掌握程度自设______% 商定团队通关拟用时______分钟 | | | | | |

庄重签名：________ 翘起嘴角 锻造开始

1.

2.

**团队通关分析：**

<table>
<tr><td colspan="2">团队人均掌握程度________% 团队人均用时________分钟</td></tr>
<tr><td>通关策略<br>有效性评价：</td><td></td></tr>
</table>

队长签名：________

## 敢于亮剑——巅峰掌控者乐园

巅峰时刻，你应已尽在掌握。
冲关历年初级会计师试题吧，昂扬你的自信！

## 华山论剑——笑谈天下，煮酒论英雄

**核心战力状态测评表**

<table>
<tr><th rowspan="2">序号</th><th rowspan="2">成长维度</th><th rowspan="2">序号</th><th rowspan="2">成长因子</th><th rowspan="2">测 评 内 容</th><th>优</th><th>良</th><th>中</th><th>差</th></tr>
<tr><th>5</th><th>4</th><th>3</th><th>2</th></tr>
<tr><td colspan="9">Ⅰ 自评（认真根据任务完成过程及课堂表现，逐项评价）</td></tr>
<tr><td rowspan="4">1</td><td rowspan="4">知识技能维度</td><td rowspan="3">1</td><td rowspan="3">知识层面</td><td>熟悉理解无形资产寿命的确定性与摊销的关系</td><td></td><td></td><td></td><td></td></tr>
<tr><td>熟悉理解无形资产摊销时间起止的规定</td><td></td><td></td><td></td><td></td></tr>
<tr><td>熟悉无形资产摊销方法的确定因素</td><td></td><td></td><td></td><td></td></tr>
<tr><td>2</td><td>技能层面</td><td>掌握无形资产摊销的账务处理</td><td></td><td></td><td></td><td></td></tr>
<tr><td>2</td><td colspan="3">职业素质专项</td><td>培养自我反思的意识，能够正确自我认知并制定目标进行改进</td><td></td><td></td><td></td><td></td></tr>
<tr><td colspan="9">Ⅱ 互评（团队其他成员根据自评人实际表现，综合评议以上自评符合度）</td></tr>
<tr><td colspan="2">完全符合□</td><td colspan="2">基本符合□</td><td>不符合□</td><td colspan="4">组长签名：________</td></tr>
</table>

# 任务 3-8　核算无形资产的出售、报废与减值

## 一切准备——由心开始

| 态度准备 | | | | | 自律准备 | | | | | 专注准备 | | | | | 快乐准备 | | | | |
|---|---|---|---|---|---|---|---|---|---|---|---|---|---|---|---|---|---|---|---|
| E | D | C | B | A | E | D | C | B | A | E | D | C | B | A | E | D | C | B | A |

## 任务来了

首先了解任务，以现有能力尝试完成，并在此页面上进行标注，据以分析任务难度和能力缺口，为战力储备阶段指明方向。

任务要求：轩辕公司为增值税一般纳税人。请根据以下业务做出相应的账务处理，如有计算，要写出计算过程。

1. 将一项非专利技术出售，售价 400 000 元，增值税额 24 000 元。该项非专利技术的账面余额为 500 000 元，已计提的减值准备为 50 000 元，累计摊销额为 150 000 元。编制出售的会计分录。

2. 若上题出售无形资产不含税销售收入为 200 000 元，增值税额为 12 000 元。其他不变。编制出售的会计分录。

3. 一项专利技术账面余额为 5 000 000 元，摊销期限为 10 年，采用直线法进行摊销，已摊销 6 年，已计提的减值准备为 1 200 000 元。假定该项专利权的残值为 0。根据市场情况，该专利权已被其他新技术所替代，不能为企业带来经济利益，应予转销。不考虑其他税费。编制该专利权报废转销的分录。

4. 12 月 31 日，公司外购的专利权的账面价值为 600 000 元，剩余摊销年限为 5 年，经减值测试，该专利权可收回金额为 450 000 元。编制计提减值准备的分录。

## 战力储备——无非是尽全力做好准备

### 一、核心战力需求

**(一) 初阶 · 知识需求**

1. 熟悉无形资产减值的相关规定；

**(二) 中阶 · 技能需求**

2. 掌握无形资产出售的账务处理；
3. 掌握无形资产报废的账务处理；
4. 掌握无形资产减值的账务处理；

**(三) 高阶 · 素质专项养成**

5. 培养有效地管理自己的情绪的能力。

### 二、探寻藏经阁

| 看头条秘籍 | 研经典案例 | 赏思维导图 | 析会计准则 |
| --- | --- | --- | --- |

## 三、剑来！——萌新战士养成计划

| 通关策略： | 先探阁熟悉后填写□ 填写后再理解掌握□ 其他方式：________ |
|---|---|
| 通关掌握程度自设______% 通关拟用时______分钟 | |

庄重签名：________ 翘起嘴角 计划开始

### （一）出售或报废无形资产时

| （1）出售时 | （2）报废时 |
|---|---|
| 借：银行存款 【收到款项】<br>其他应收款 【款项未收】<br>应交税费——应交增值税（________）<br>________<br>________<br>贷：________<br>出售净损益借或贷“资产处置损益” | 借：________<br>________<br>________ 【净损失】<br>贷：________<br><br>报废净损失记“营业外支出” |

### （二）无形资产的减值

在资产负债表日，无形资产存在可能发生减值迹象，且其可收回金额低于账面价值的，企业应当将该无形资产的账面价值减记至可收回金额。无形资产减值发生后，在以后期间________。

借：________________

贷：________________

**通关分析：**

通关掌握程度______% 通关用时______分钟 最大专注时长______分钟

微笑比率______%

## 且试我剑——进化先锋锻造营

| 我的团队：________ | | 团队成员 | ___人 | 实到人数 | ___人 |
|---|---|---|---|---|---|
| 团队通关策略： | 本关领队：________。“萌新战士”领先成员：________________<br>结对共进：________&________ ________&________ ________&________ | | | | |
| 商定团队通关掌握程度自设______% 商定团队通关拟用时______分钟 | | | | | |

庄重签名：________ 翘起嘴角 锻造开始

1.

3.

2.

4.

**团队通关分析：**

| | 团队人均掌握程度________% 团队人均用时________分钟 |
|---|---|
| 通关策略有效性评价： | |

队长签名：________

## 敢于亮剑——巅峰掌控者乐园

巅峰时刻，你应已尽在掌握。
冲关历年初级会计师试题吧，昂扬你的自信！

## 华山论剑——笑谈天下，煮酒论英雄

**核心战力状态测评表**

| 序号 | 成长维度 | 序号 | 成长因子 | 测评内容 | 优 5 | 良 4 | 中 3 | 差 2 |
|---|---|---|---|---|---|---|---|---|
| Ⅰ 自评(认真根据任务完成过程及课堂表现，逐项评价) | | | | | | | | |
| 1 | 知识技能维度 | 1 | 知识层面 | 熟悉无形资产减值的相关规定 | | | | |
| | | 2 | 技能层面 | 掌握无形资产出售的账务处理 | | | | |
| | | | | 掌握无形资产报废的账务处理 | | | | |
| | | | | 掌握无形资产减值的账务处理 | | | | |
| 2 | 职业素质专项 | | | 培养有效地管理自己的情绪的能力 | | | | |
| Ⅱ 互评(团队其他成员根据自评人实际表现，综合评议以上自评符合度) | | | | | | | | |
| 完全符合□ | 基本符合□ | | 不符合□ | 组长签名：________ | | | | |

# 任务 3-9　核算长期待摊费用

## 一切准备——由心开始

| 态度准备 | | | | | 自律准备 | | | | | 专注准备 | | | | | 快乐准备 | | | | |
|---|---|---|---|---|---|---|---|---|---|---|---|---|---|---|---|---|---|---|---|
| E | D | C | B | A | E | D | C | B | A | E | D | C | B | A | E | D | C | B | A |

## 任务来了

首先了解任务，以现有能力尝试完成，并在此页面上进行标注，据以分析任务难度和能力缺口，为战力储备阶段指明方向。

任务要求：轩辕公司为增值税一般纳税人。请根据以下业务做出相应的账务处理，如有计算，要写出计算过程。

6 月 1 日，公司对以租赁方式新租入的办公楼进行装修，发生有关支出：领用生产用材料 300 000 元；发生有关人员工资等职工薪酬 300 000 元。11 月 30 日，该办公楼装修完工，达到预定可使用状态并交付使用，按租赁期 10 年进行摊销，假定不考虑其他因素。编制相关会计分录。

## 战力储备——无非是尽全力做好准备

### 一、核心战力需求

**（一）初阶 · 知识需求**

1. 熟悉长期待摊费用核算的内容；

**（二）中阶 · 技能需求**

2. 掌握长期待摊费用形成与摊销的账务处理；

**（三）高阶 · 素质专项养成**

3. 培养敢于表达自己的观点、能够接受挑战和失败的自信。

### 二、探寻藏经阁

| 看头条秘籍 | 研经典案例 | 赏思维导图 | 析会计准则 |
|---|---|---|---|

## 三、剑来！——萌新战士养成计划

| 通关策略： | 先探阁熟悉后填写□　填写后再理解掌握□　其他方式：______________ |
| --- | --- |
| 通关掌握程度自设________%　通关拟用时________分钟 | |

庄重签名：__________　翘起嘴角　计划开始

**（一）长期待摊费用概述**

长期待摊费用是指企业已经发生但应由本期和__________各期负担的分摊期限在__________以上的各项费用，如以租赁方式租入的使用权资产发生的__________等。

**（二）长期待摊费用账务处理会计分录**

| | |
| --- | --- |
| （1）发生长期待摊费用时 | 借：______________<br>　　应交税费——应交增值税（进项税额）<br>　贷：原材料/__________等 |
| （2）摊销长期待摊费用时 | 借：管理费用/销售费用等<br>　贷：______________ |

**通关分析：**

通关掌握程度________%　通关用时________分钟　最大专注时长________分钟　微笑比率________%

## 且试我剑——进化先锋锻造营

| 我的团队：______________ | | 团队成员 | ____人 | 实到人数 | ____人 |
| --- | --- | --- | --- | --- | --- |
| 团队通关策略： | 本关领队：__________。"萌新战士"领先成员：______________________________<br>结对共进：__________&__________　__________&__________　__________&__________ | | | | |
| 商定团队通关掌握程度自设________%　商定团队通关拟用时________分钟 | | | | | |

庄重签名：__________　翘起嘴角　锻造开始

（1）装修办公楼领用原材料时

（2）确认工程人员职工薪酬时

（3）每月摊销装修支出时

**团队通关分析：**

| | 团队人均掌握程度______% 团队人均用时______分钟 |
|---|---|
| 通关策略有效性评价： | |

队长签名：______

## 敢于亮剑——巅峰掌控者乐园

巅峰时刻，你应已尽在掌握。
冲关历年初级会计师试题吧，昂扬你的自信！

## 华山论剑——笑谈天下，煮酒论英雄

**核心战力状态测评表**

| 序号 | 成长维度 | 序号 | 成长因子 | 测评内容 | 优 5 | 良 4 | 中 3 | 差 2 |
|---|---|---|---|---|---|---|---|---|
| Ⅰ 自评（认真根据任务完成过程及课堂表现，逐项评价） | | | | | | | | |
| 1 | 知识技能维度 | 1 | 知识层面 | 熟悉长期待摊费用核算的内容 | | | | |
| | | 2 | 技能层面 | 掌握长期待摊费用形成与摊销的账务处理 | | | | |
| 2 | 职业素质专项 | | | 培养敢于表达自己的观点、能够接受挑战和失败的自信 | | | | |
| Ⅱ 互评（团队其他成员根据自评人实际表现，综合评议以上自评符合度） | | | | | | | | |
| 完全符合□ | 基本符合□ | | 不符合□ | 组长签名：______ | | | | |

# 任务3-10 核算投资性房地产

## 一切准备——由心开始

| 态度准备 | | | | | 自律准备 | | | | | 专注准备 | | | | | 快乐准备 | | | | |
|---|---|---|---|---|---|---|---|---|---|---|---|---|---|---|---|---|---|---|---|
| E | D | C | B | A | E | D | C | B | A | E | D | C | B | A | E | D | C | B | A |

## 任务来了

首先了解任务，以现有能力尝试完成，并在此页面上进行标注，据以分析任务难度和能力缺口，为战力储备阶段指明方向。

任务要求：轩辕公司为增值税一般纳税人。请根据以下业务做出相应的账务处理，如有计算，要写出计算过程。

1. 2023年2月份与乙企业签订经营租赁合同，约定购入写字楼并于购买日起出租给乙企业，为期5年。3月2日，支付价款共计3 300万元购入写字楼。不考虑相关税费及其他因素影响，编写购入写字楼的会计分录。

2. 2023年7月，购入一块使用年限为50年的土地，并在其上开始自行建造两栋厂房。2024年4月与A公司签订租赁合同，约定于厂房完工交付使用时起将其中一栋租赁给该公司6年，每年年末支付租金156万元。2024年5月5日，两栋厂房同时完工达到预定可使用状态并交付使用。该土地使用权的成本为600万元，至2024年5月5日，该土地使用权按年限平均法已累计摊销11万元；两栋厂房的实际造价成本均为720万元，能够单独出售。两栋厂房占用土地分别为这块土地的一半面积。公司按月计提投资性房地产折旧和摊销。预计出租的厂房使用寿命为20年，预计净残值为0，按年限平均法摊销。编写厂房达到预定可使用状态、土地使用权转为投资性房地产、投资性房地产每月折旧和摊销以及确认租金的会计分录。

3. 5月4日，购入一幢写字楼，支付价款共计2 200万元，公允价值为2 250万元。采用公允价值模式对该项出租房地产进行后续核算。12月31日，该写字楼的公允价值为2 320万元。假设不考虑相关税费及其他因素影响。编写购入写字楼以及公允价值变动的会计分录。

4. 将一幢出租用房出售，取得收入3 200万元存入银行。对该出租用房采用成本模式计量，该幢出租房的账面原值为8 500万元，已计提折旧5 680万元，未计提减值准备。假定不考虑相关税费等其他因素，编写出售该房屋的会计分录。

5. 将一幢出租用房出售，取得收入7 500万元存入银行。公司采用公允价值模式计量该幢出租房。出售时，该投资性房地产的“成本”明细科目借方余额为6 300万元、“公允价值变动”明细科目借方余额为500万元。假定不考虑相关税费等其他因素，编写该房屋出售的会计分录。

## 战力储备——无非是尽全力做好准备

### 一、核心战力需求

**(一) 初阶 · 知识需求**

1. 熟悉投资性房地产的概念和核算范围；
2. 熟悉不同类型的投资性房地产确认的时点；
3. 熟悉投资性房地产的计量模式及其相关要求；
4. 熟悉不同计量模式下应设置的会计账户；

**(二) 中阶 · 技能需求**

5. 掌握投资性房地产取得、持有与处置的核算；

**(三) 高阶 · 素质专项养成**

6. 培养同理心，能够理解和感受他人的情绪和需求。

### 二、探寻藏经阁

| 看头条秘籍 | 研经典案例 | 赏思维导图 | 析会计准则 |
|---|---|---|---|

### 三、剑来！——萌新战士养成计划

| 通关策略： | 先探阁熟悉后填写□　填写后再理解掌握□　其他方式：________ |
|---|---|
| 通关掌握程度自设______%　通关拟用时______分钟 | |

庄重签名：________　翘起嘴角 计划开始

**(一) 投资性房地产概述**

1. 投资性房地产的概念

投资性房地产是指为________或________，或________兼有而持有的房地产。

2. 投资性房地产的范围

(1) ________的土地使用权

注意：该部分应为企业自有，且为________租赁；经营租入后转租不在此范围。

(2) 持有并准备________的土地使用权

注意：按照国家有关规定认定的闲置土地不在此范围。

(3) ________的建筑物(自有、协议中相关辅助服务不重大、能够单独计量和出售)

注意：①该部分应为企业自有，且为经营租赁；经营租入后转租不在此范围；②按租赁协议向承租人提供的相关辅助服务在整个协议中不重大的，可确认为投资性房地产；③某项房地产部分用于出租或资本增值，部分自用，用于出租或资本增值部分不能够单独计量和出售的，不确认为投资性房地产。

**（二）投资性房地产的确认与计量**

1. 投资性房地产的确认

(1) 确认条件

① 相关经济利益很可能流入企业；②成本能够可靠地计量。

(2) 确认时点

① 已出租房地产的确认时点为：______________；

② 未出租的房地产的确认时点为：作出__________，经营出租意图短期内不变时；

③ 持有准备增值转让的房地产的确认时点为：______自用、准备增值转让的日期。

2. 投资性房地产的计量

(1) 成本模式

投资性房地产__________应采用__________进行计量。

成本计量模式下，投资性房地产比照__________或__________的核算方式进行核算，即初始与后续计量均为实际成本。

(2) 公允价值模式

只有存在确凿证据表明投资性房地产的公允价值能够__________取得时，才可以采用公允价值模式。

一旦采用公允价值模式，企业所有投资性房地产均应采用该模式，不得______采用成本模式和公允模式。企业房地产的计量模式可以从__________转换为______________，但不可以从公允价值模式转换为成本模式。

① 初始计量：按取得时发生的__________(含买价及相关费用)入账。

② 后续计量：按资产负债表日的__________进行调整。

3. 投资性房地产的科目设置

| 核算阶段 | 成本模式 | 公允价值模式 |
|---|---|---|
| 初始核算 | ____________：实际成本及其变化 | 投资性房地产——_____：实际成本及其变化 |
| 后续核算 | 投资性房地产累计折旧<br>投资性房地产累计摊销<br>投资性房地产减值准备 | 投资性房地产——____________<br>公允价值变动损益<br>其他综合收益 |
| 处置核算 | 通过其他业务收入、其他业务成本。若投资性房地产为企业主营业务，则通过“主营业务收入”和“主营业务成本”核算 | |

### （三）投资性房地产的账务处理

1. 取得投资性房地产

| （1）外购 | 借：______________<br>应交税费——应交增值税（进项税额）<br>贷：银行存款 |
|---|---|
| （2）自行建造 | 借：______________<br>贷：__________ 【实际造价成本】 |
| （3）自用房地产或存货转换为采用成本模式计量的投资性房地产 | 借：______________<br>累计折旧/累计摊销<br>固定资产减值准备/无形资产减值准备/存货跌价准备<br>贷：固定资产/无形资产/开发产品<br>投资性房地产累计摊销（摊销）<br>投资性房地产减值准备 |
| （4）自用房地产或存货转换为采用公允价值模式计量的投资性房地产 | 借：______________ 【转换日的公允价值】<br>累计折旧/累计摊销<br>固定资产减值准备/无形资产减值准备/存货跌价准备<br>______________ 【转换日公允价值低于账面价值部分】<br>贷：固定资产/无形资产/开发产品<br>__________________ 【转换日公允价值高于账面价值部分】 |

2. 投资性房地产后续计量

| （1）成本模式比照固定资产、无形资产进行核算 | 其收益、成本计入其他业务收入和其他业务成本<br>① 计提折旧或摊销时<br>借：______________<br>贷：投资性房地产累计折旧/投资性房地产累计摊销<br>② 确认租金收入时<br>借：其他应收款<br>贷：______________ |
|---|---|
| （2）公允价值模式 | 比照交易性金融资产进行核算<br>① 资产负债表日，发生公允价值升高时<br>借：投资性房地产——公允价值变动<br>贷：公允价值变动损益<br>② 资产负债表日，发生公允价值降低时<br>借：公允价值变动损益<br>贷：投资性房地产——公允价值变动 |

3. 投资性房地产处置的核算

| | |
|---|---|
| (1) 出售成本模式核算的投资性房地产 | ① 确认出售收入<br>借：银行存款<br>　　贷：__________<br>② 结转出售的投资性房地产的账面价值<br>借：__________<br>　　投资性房地产累计折旧/累计摊销<br>　　投资性房地产减值准备<br>　　贷：投资性房地产 |
| (2) 出售公允价值模式核算的投资性房地产 | ① 确认出售收入<br>借：银行存款<br>　　贷：其他业务收入<br>② 结转出售的投资性房地产的账面余额<br>借：其他业务成本<br>　　投资性房地产——公允价值变动 【___方余额】<br>　　贷：投资性房地产——成本<br>　　　　　　　　——公允价值变动 【___方余额】 |

**通关分析：**

通关掌握程度________% 通关用时________分钟 最大专注时长________分钟 微笑比率________%

## 且试我剑——进化先锋锻造营

| 我的团队：__________ | | 团队成员 | ___人 | 实到人数 | ___人 |
|---|---|---|---|---|---|
| 团队通关策略： | 本关领队：________。“萌新战士”领先成员：____________<br>结对共进：______&______ ______&______ ______&______ | | | | |
| 商定团队通关掌握程度自设______% 商定团队通关拟用时______分钟 | | | | | |

庄重签名：________ 翘起嘴角 锻造开始

1.

2.

(1) 确认建筑物为投资性房地产

(2) 确认土地使用权为投资性房地产

(3) 确认应收租金时

(4) 计提折旧和摊销时

3.

(1) 购入时

(2) 公允价值变动时

4.

(1) 确认收入

(2) 结转账面价值

5.

(1) 确认收入

(2) 结转账面价值

**团队通关分析：**

| | |
|---|---|
| | 团队人均掌握程度______% 团队人均用时______分钟 |
| 通关策略有效性评价： | |

队长签名：______

## 敢于亮剑——巅峰掌控者乐园

巅峰时刻,你应已尽在掌握。
冲关历年初级会计师试题吧,昂扬你的自信!

## 华山论剑——笑谈天下，煮酒论英雄

核心战力状态测评表

<table>
<tr><th rowspan="2">序号</th><th rowspan="2">成长维度</th><th rowspan="2">序号</th><th rowspan="2">成长因子</th><th rowspan="2">测评内容</th><th>优</th><th>良</th><th>中</th><th>差</th></tr>
<tr><th>5</th><th>4</th><th>3</th><th>2</th></tr>
<tr><td colspan="9">Ⅰ 自评(认真根据任务完成过程及课堂表现，逐项评价)</td></tr>
<tr><td rowspan="6">1</td><td rowspan="6">知识技能维度</td><td rowspan="4">1</td><td rowspan="4">知识层面</td><td>熟悉投资性房地产的概念和核算范围</td><td></td><td></td><td></td><td></td></tr>
<tr><td>熟悉不同类型的投资性房地产确认的时点</td><td></td><td></td><td></td><td></td></tr>
<tr><td>熟悉投资性房地产的计量模式及其相关要求</td><td></td><td></td><td></td><td></td></tr>
<tr><td>熟悉不同计量模式下应设置的会计账户</td><td></td><td></td><td></td><td></td></tr>
<tr><td rowspan="2">2</td><td rowspan="2">技能层面</td><td>掌握投资性房地产取得、持有与处置的核算</td><td></td><td></td><td></td><td></td></tr>
<tr><td>掌握银行存款余额调节表的编制</td><td></td><td></td><td></td><td></td></tr>
<tr><td>2</td><td colspan="3">职业素质专项</td><td>培养同理心，能够理解和感受他人的情绪和需求</td><td></td><td></td><td></td><td></td></tr>
<tr><td colspan="9">Ⅱ 互评(团队其他成员根据自评人实际表现，综合评议以上自评符合度)</td></tr>
<tr><td colspan="2">完全符合□</td><td colspan="2">基本符合□</td><td>不符合□</td><td colspan="4">组长签名：__________</td></tr>
</table>

# 任务3-11　核算债权投资

## 一切准备——由心开始

| 态度准备 | | | | | 自律准备 | | | | | 专注准备 | | | | | 快乐准备 | | | | |
|---|---|---|---|---|---|---|---|---|---|---|---|---|---|---|---|---|---|---|---|
| E | D | C | B | A | E | D | C | B | A | E | D | C | B | A | E | D | C | B | A |

## 任务来了

首先了解任务，以现有能力尝试完成，并在此页面上进行标注，据以分析任务难度和能力缺口，为战力储备阶段指明方向。

任务要求：A、B、C小企业会计核算执行《小企业会计准则》，发生下列债权投资相关经济业务，请根据资料进行账务处理。

1. A小企业于1月4日购入甲公司该年度1月1日发行的3年期债券200 000元，年利率为5%，债券采取每年付息一次、到期还本方式发行。企业实际支付价款197 000元。编制该企业购入债券、确认投资收益、收到利息以及债券到期的会计分录。

2. B小企业于1月4日以每张1 050元的价格购入乙企业当日发行的2年期债券100张，票面年利率为10%，债券面值1 000元，另支付有关税费1 000元。该债券为分期付息、到期还本的债券，每年年末付息一次。企业对债券溢折价采用直线法进行摊销。编制该企业购入债券、确认投资收益、收到利息以及债券到期的会计分录。

3. 12月31日，C小企业持有的丙公司3年期债券到期，该债券面值1 000 000元，票面年利率为8%，到期一次还本付息。该债券的账面余额为1 160 000元(面值1 000 000元，应计利息160 000元)。但是由于丙公司在当年11月因遭遇台风致使其无法全额支付到期债券金额，只能支付应付款项980 000元。

## 战力储备——无非是尽全力做好准备

### 一、核心战力需求

**(一) 初阶 · 知识需求**

1. 了解长期投资的类型；
2. 了解长期债权投资后续计量的两种方法；
3. 熟悉长期债权投资的实际利率法和直线法下的账户设置；

**(二) 中阶 · 技能需求**

4. 掌握长期债权投资成本的构成与摊余成本的计算；
5. 掌握小企业购入债券、计算利息、收到利息以及债券到期等业务的账务处理；

**(三) 高阶 · 素质专项养成**

6. 培养面对新任务或新环境时的适应能力。

### 二、探寻藏经阁

| [QR] | [QR] | [QR] | [QR] |
|---|---|---|---|
| 看头条秘籍 | 研经典案例 | 赏思维导图 | 析会计准则 |

### 三、剑来！——萌新战士养成计划

| 通关策略： | 先探阁熟悉后填写☐　填写后再理解掌握☐　其他方式：________ |
|---|---|
| 通关掌握程度自设________%　通关拟用时________分钟 | |

庄重签名：________　☛ 翘起嘴角 ☺ 计划开始

**(一) 长期投资的概念**

长期投资，是指企业投资期限在________的对外投资。

**(二) 长期投资的内容**

长期投资类型包括：(1)________________(2)__________________(3)__________________(4)__________________。

1. 债权投资

债权投资是指以__________计量的金融资产中的债权投资，包括：

(1) 一般企业投资的__________；

(2) __________准备长期(在 1 年以上)持有的债券投资(按照小企业会计准则的相关规定归类为长期债券投资进行核算和管理)。

2. 其他债权投资

既以收取合同现金流量为目标又以某个特定日期出售金融资产为目标管理的金融资产投资，其性质属于以__________计量且其变动计入______________的金融资产。

3. 长期股权投资

(1) 符合______________准则规范的股权投资

根据投资方在获取投资后能够对被投资单位施加影响程度划分确定，包括对__________、__________和__________的投资。

(2) __________准备长期持有的权益性投资

除此之外的股权投资划分为__________准则规范的以公允价值计量且其变动计入当期损益的金融资产进行核算与管理(__________金融资产)。

4. 其他权益性投资

权益投资中除投资于__________以外的各种权益金融工具投资分类为其他权益工具投资，如，对优先股的投资等。

**(三) 债权投资的确认与计量**

1. 取得时债权投资

企业取得符合债权投资定义的金融资产应当确认为债权投资，取得时应当按照__________和__________作为成本核算。

实际支付价款中包含的已到付息期，但尚未领取的债券利息应当单独确认为__________，不计入债券投资的成本。

2. 持有债权投资期间

(1) 持有期间的摊余成本

持有期间的摊余成本应当以其初始确认金额扣除已偿还的本金加上或减去采用实际利率法将该初始确认金额与到期日金额之间的差额进行摊销形成的累计摊销额，扣除计提的累计信用减值准备计算确定。

摊余成本＝______________－______________－______________－______________

(2) 持有期间的应收利息

在实际利率法下考虑溢折价摊销等利息调整以后，确认为投资收益。

即投资收益＝__________－______________＋______________。

（3）后续计量的方法

① 实际利率法。实际利率法是指计算金融资产的摊余成本以及将利息收入分摊计入各会计期间的方法。

优点：对债权投资后续确认与计量时考虑市场实际利率的波动影响，计量与确认的__________和__________比较准确。

缺点：市场实际利息率的计算确定及相应的会计处理较为复杂。

适用：应用______________的企业，应当采用实际利率法。

② 直线法。直线法是指债券投资的折价或者溢价在债券存续期间于确认相关债券利息时采用直线法进行摊销。

优点：会计处理简便易行。

缺点：不考虑市场实际利率，不够准确。

适用：应用小企业会计准则的企业，应当采用直线法。

3. 处置时

处置债权投资时，处置价款扣除其账面价值、相关税费后的净额，应当计入投资收益。

处置收益＝__________－__________－__________。

对于债权投资，预期发生信用减值损失的还应计提__________________。

**（四）债权投资的账务处理**

1. 会计账户

（1）一般企业

① 债权投资——__________ **【核算面值】**

② 债权投资——__________ **【核算溢折价及其摊销额】**

③ 债权投资——__________ **【核算一次还本付息的未收利息】**

（2）小企业

① 长期债权投资——______ **【核算面值】**

② 长期债权投资——________ **【核算溢折价及其摊销额】**

③ 长期债权投资——应计利息 **【核算一次还本付息的未收利息】**

溢折价＝__________与实际支付的__________________的差额

2. 账务处理(以小企业为例)

| | |
|---|---|
| （1）购入时 | 借：长期债券投资——__________ **【债券面值】**<br>——__________ **【倒挤】**（或贷方）<br>__________ **【价款包含中的应收利息】**<br>贷：__________ **【支付的价款及相关税费】** |
| （2）确认投资收益时 | 借：__________ **【确认的利息】**<br>长期债券投资——溢折价 **【__________的摊销额】**<br>贷：长期债券投资——溢折价 **【__________的摊销额】**<br>投资收益 **【倒挤】** |

续表

| (3) 收到利息时(持有期间确认的利息) | 借：________<br>　　贷：________ |
|---|---|
| (4) 到期收到本息时 | 借：________<br>　　贷：______________<br>　　　　________ |

对于确认无法收回的长期债权投资，小企业应按其账面余额减除可收回的金额后确认的无法收回的长期债券投资，作为长期债券投资损失处理，应当于实际发生时计入________，同时冲减长期债券投资账面余额。

**通关分析：**

通关掌握程度_______%　通关用时_______分钟　最大专注时长_______分钟

微笑比率_______%

## 且试我剑——进化先锋锻造营

| 我的团队：__________ | | 团队成员 | ___人 | 实到人数 | ___人 |
|---|---|---|---|---|---|
| 团队通关策略： | 本关领队：________。“萌新战士”领先成员：______________<br>结对共进：________&________　________&________　________&________ | | | | |
| 商定团队通关掌握程度自设______%　商定团队通关拟用时______分钟 | | | | | |

庄重签名：________　翘起嘴角　锻造开始

1. A 小企业

(1) 购入债券时

(2) 每年末确认投资收益时

(3) 实际收到利息时

(4) 债券到期时

2. B 小企业

(1) 购入债券时：

(2) 每年末确认投资收益时

(3) 实际收到利息时

(4) 债券到期时

3. C小企业

(1) 计提当期利息

(2) 确认实际发生的长期债券投资损失

团队通关分析：

| 团队人均掌握程度________% 团队人均用时________分钟 | |
|---|---|
| 通关策略有效性评价： | |

队长签名：__________

## 敢于亮剑——巅峰掌控者乐园

巅峰时刻,你应已尽在掌握。
冲关历年初级会计师试题吧,昂扬你的自信!

## 华山论剑——笑谈天下,煮酒论英雄

核心战力状态测评表

| 序号 | 成长维度 | 序号 | 成长因子 | 测评内容 | 优 5 | 良 4 | 中 3 | 差 2 |
|---|---|---|---|---|---|---|---|---|
| Ⅰ 自评(认真根据任务完成过程及课堂表现,逐项评价) | | | | | | | | |
| 1 | 知识技能维度 | 1 | 知识层面 | 了解长期投资的类型 | | | | |
| | | | | 了解长期债权投资后续计量的两种方法 | | | | |
| | | | | 熟悉长期债权投资的实际利率法和直线法下的账户设置 | | | | |
| | | 2 | 技能层面 | 掌握长期债权投资成本的构成与摊余成本的计算 | | | | |
| | | | | 掌握小企业购入债券、计算利息、收到利息以及债券到期等业务的账务处理 | | | | |
| 2 | 职业素质专项 | | | 培养面对新任务或新环境时的适应能力 | | | | |
| Ⅱ 互评(团队其他成员根据自评人实际表现,综合评议以上自评符合度) | | | | | | | | |
| 完全符合□ | 基本符合□ | 不符合□ | 组长签名：__________ | | | | | |

# 任务3-12　核算长期股权投资

## 一切准备——由心开始

| 态度准备 | | | | | 自律准备 | | | | | 专注准备 | | | | | 快乐准备 | | | | |
|---|---|---|---|---|---|---|---|---|---|---|---|---|---|---|---|---|---|---|---|
| E | D | C | B | A | E | D | C | B | A | E | D | C | B | A | E | D | C | B | A |

## 任务来了

首先了解任务，以现有能力尝试完成，并在此页面上进行标注，据以分析任务难度和能力缺口，为战力储备阶段指明方向。

任务要求：轩辕公司为增值税一般纳税人。请根据以下业务做出相应的账务处理，如有计算，要写出计算过程。

A、B、C小企业会计核算执行《小企业会计准则》，发生下列债权投资相关经济业务，请根据资料进行账务处理。

1. 2022年1月，轩辕公司以11 000万元购入非同一控制下的乙公司有表决权股份的80%，能够对乙公司实施控制。取得投资时，乙公司所有者权益的账面价值为15 000万元。

2. 2022年1月，轩辕公司以9 000万元取得丙公司有表决权股份的30%，能够对丙公司施加重大影响。投资时，丙公司可辨认净资产的公允价值为25 000万元。

3. 2022年度，乙公司实现净利润4 000万元，丙公司实现净利润3 000万元。

4. 2023年3月，乙公司和丙公司分别宣告分派现金股利，轩辕公司按其持股比例可分得乙公司现金股利200万元、丙公司现金股利100万元。

5. 2023年10月，丙公司其他资本公积增加1 000万元。

6. 2023年12月，轩辕公司将其持有的丙公司股份全部出售，取得价款11 000万元。

## 战力储备——无非是尽全力做好准备

### 一、核心战力需求

**（一）初阶·知识需求**

1. 熟悉长期股权投资确认与计量的范围；
2. 熟悉以合并方式取得长期股权投资的初始计量；
3. 熟悉以非合并方式取得长期股权投资的初始计量；
4. 熟悉小企业长期股权投资的初始计量；

**（二）中阶·技能需求**

5. 掌握成本法下长期股权投资的账户设置与账务处理；
6. 掌握权益法下长期股权投资的账户设置与账务处理；

**（三）高阶·素质专项养成**

7. 理解学习与生活中的广义投资，深刻认识努力与成果的关系。

## 二、探寻藏经阁

| 看头条秘籍 | 研经典案例 | 赏思维导图 | 析会计准则 |
| --- | --- | --- | --- |

## 三、剑来！——萌新战士养成计划

| 通关策略： | 先探阁熟悉后填写□ 填写后再理解掌握□ 其他方式：__________ |
| --- | --- |
| 通关掌握程度自设______% 通关拟用时______分钟 | |

庄重签名：________ 翘起嘴角 计划开始

**（一）长期股权投资的确认与计量**

1. 长期股权投资确认与计量的范围

(1)能实施______：对子公司；(2)能______控制：对合营企业；(3)能实施__________：对联营企业；(4)小企业准备长期持有(______及__________的权益性投资)。

2. 长期股权投资的初始计量

(1) 以合并方式取得长期股权投资

① 同一控制下的合并

合并方以支付现金、转让非现金资产或者承担债务方式作为合并对价的，应在合并日按取得__________________在__________合并财务报表中的______________作为初始投资成本计量。初始投资成本与支付的现金、转让的非现金资产及所承担债务账面价值之间的差额，应当调整__________、__________和______________。

② 非同一控制下的合并

购买方以支付现金、转让非现金资产或者承担债务方式等作为合并对价的，按照支付现金、转让非现金资产或者承担债务的______________进行初始计量；购买方以发行权益性证券作为合并对价的，应在购买日按照发行的权益性证券的__________作为初始投资成本计量。

提示：企业为企业合并发生的审计法律服务、评估、咨询等中介费用以及其他相关管理费用应作为当期损益计入__________。

(2) 以非合并方式取得

购买方以支付现金、转让非现金资产或者承担债务方式取得长期股权投资，应按现金、非现金货币性资产的__________或按照非货币性资产交换或债务重组准则确定的初始投资成本作为初始投资成本计量；购买方以发行权益性证券取得长期股权投资的，应当按照发行的权益性证券的__________作为初始投资成本计量。

(3) 小企业的长期股权投资

小企业的长期股权投资，应当按照______进行计量。以支付现金取得长期股权投资，应当按照__________和__________作为成本进行计量，实际支付价款中包含的已宣告但尚未发放的现金股利，应当单独确认为__________。通过非货币性资产交换取得长期股权投资的，应当按照换出非货币性资产的__________和__________作为成本进行计量。

3. 长期股权投资的后续计量

对长期股权投资的后续计量方法有两种：(1)________；(2)________。

(1) 成本法

成本法是指长期股权投资的日常核算按初始投资成本计价的一种方法。除追加投资或收回投资外，长期股权投资的账面价值一般应当__________；投资企业应当按照被投资单位宣告发放的现金股利或利润中应享有的份额确认__________。

适用于：①能够对被投资单位实施______的长期股权投资；②________的长期股权投资。

(2) 权益法

权益法是指取得长期股权投资以初始投资成本计价，后续根据投资企业享有被投资单位所有者权益份额的变动，相应对其投资的账面价值进行调整的一种方法。长期股权投资的账面价值随______________________的变动而变动；因被投资单位发生________而调整账面价值同时确认__________。

适用于：①对__________企业的投资；②对__________企业的投资。

**(二) 长期股权投资的账务处理**

1. 账户设置

成本法下和权益法下，均设置“长期股权投资”账户(资产类)。

“长期股权投资”账户在__________法下另设四个二级账户：“长期股权投资——__________”“长期股权投资——__________”“长期股权投资——______________”“长期股权投资——______________”。

2. 企业合并形成长期股权投资的账务处理

(1) 同一控制下企业合并

| ① 支付现金、转让非现金资产或承担债务方式 | 以支付现金为例：<br>借：________ 【最终控制方报表中账面价值的份额】<br>______________________ 【所占份额小于资产账面价值】<br>________ 【资本公积不足冲减时】<br>___________________ 【前两者不足以冲减时】<br>贷：银行存款<br>______________________ 【所占份额大于资产账面价值】 |
|---|---|

续表

| | |
|---|---|
| ② 发行权益性证券方式 | 借：____________ 【在最终控制方报表中账面价值的份额】<br>______________________ 【所占份额小于股本】<br>________ 【资本公积不足冲减时】<br>__________________ 【前两者不足以冲减时】<br>贷：股本 【面值】<br>______________________ 【所占份额大于股本】 |

（2）非同一控制下企业合并

| | |
|---|---|
| ① 支付现金、转让非现金资产或承担债务方式 | 转让固定资产、无形资产等：<br>借：____________ 【转让资产的公允价值】<br>累计摊销<br>无形资产减值准备<br>____________ 【公允价值小于账面价值】<br>贷：无形资产/固定资产清理等<br>____________ 【公允价值大于账面价值】<br>若现金支付，则差额计入投资收益；若转让存货，则“视同销售”。 |
| ② 发行权益性证券方式 | 取得时：<br>借：________ 【权益性证券的公允价值】<br>贷：股本 【面值】<br>__________________________ 【公允价值大于面值】<br>支付发行相关税费时：<br>借：__________________________<br>贷：银行存款 |

3. 以非企业合并方式取得长期股权投资的账务处理

| | |
|---|---|
| （1）一般企业的账务处理 | 借：________ 【转让资产的公允价值】<br>累计摊销 【转让无形资产相关摊销额】<br>无形资产减值准备 【转让无形资产相关减值准备】<br>____________ 【转让资产公允价值小于账面价值】<br>贷：银行存款<br>无形资产/__________ 等<br>____________ 【转让资产公允价值大于账面价值】<br>若转让存货，则“视同销售”。 |

续表

<table>
<tr><td>(2) 小企业的账务处理</td><td>借：长期股权投资　【评估价值及相关税费】<br>　　累计摊销<br>　　无形资产减值准备<br>　　________　【转让资产评估价值小于账面价值】<br>　　贷：银行存款<br>　　　　无形资产/__________等<br>　　　　__________　【转让资产公允价值大于账面价值】</td></tr>
</table>

4. 成本法下长期股权投资的账务处理

<table>
<tr><td>(1) 被投资方宣告发放股利或利润时</td><td>借：________<br>　　贷：________</td></tr>
<tr><td>(2) 收到被投资方发放的股利或利润时</td><td>借：________<br>　　贷：________</td></tr>
</table>

5. 权益法下长期股权投资的账务处理

<table>
<tr><td rowspan="2">(1) 被投资单位可辨认净资产公允价值发生变动</td><td colspan="3">① 长期股权投资的初始投资成本________投资时应享有被投资单位可辨认净资产公允价值份额的，不调整已确认的初始投资成本，即________</td></tr>
<tr><td colspan="2">② 长期股权投资的初始投资成本________投资时应享有被投资单位可辨认净资产公允价值份额时</td><td>借：__________<br>　　贷：__________</td></tr>
<tr><td rowspan="2">(2) 被投资单位实现盈利或者发生亏损的会计处理</td><td colspan="2">① 资产负债表日，被投资单位实现净利润时</td><td>借：____________<br>　　贷：________</td></tr>
<tr><td>② 资产负债表日，被投资单位发生亏损时</td><td colspan="2">借：________<br>　　贷：______________　【以账面价值为限】<br>　　　　________　【以账面价值为限】<br>　　　　________　【按合同约定】</td></tr>
<tr><td rowspan="2">(3) 被投资单位分配股利或利润的会计处理</td><td colspan="2">① 宣告发放现金股利或利润</td><td>借：________<br>　　贷：__________</td></tr>
<tr><td colspan="3">② 宣告发放________，不做账务处理</td></tr>
</table>

续表

| (4) 被投资单位除________、________以外的________变动或________的其他变动 | 借：长期股权投资——________<br>——________<br>贷：________<br>资本公积——________<br>或相反会计分录 |
|---|---|

6. 长期股权投资减值的账务处理

| (1) 一般企业长期股权投资发生减值时 | 借：________<br>贷：________ |
|---|---|
| (2) 小企业实际发生损失时 | 借：银行存款等 【收回的金额】<br>________ 【差额】<br>贷：长期股权投资 【账面余额】 |

7. 处置长期股权投资的会计处理

(1) 成本法下的账务处理

| 结转长期股权投资账面价值及相关的应收股利时 | 借：银行存款等 【收到的价款】<br>长期股权投资减值准备 【账面余额】<br>________ 【损失金额】<br>贷：长期股权投资 【账面余额】<br>________ 【未领取的股利】<br>________ 【收益金额】 |
|---|---|

(2) 权益法下的账务处理

| ① 结转长期股权投资账面价值及相关的应收股利 | 借：银行存款等 【收到的价款】<br>长期股权投资减值准备 【账面余额】<br>贷：长期股权投资——________<br>长期股权投资——________ 【也可能在借方】<br>长期股权投资——________ 【也可能在借方】<br>长期股权投资——________ 【也可能在借方】<br>应收股利 【未领取的股利】<br>投资收益 【收益金额】 |
|---|---|

续表

| | |
|---|---|
| ② 按结转的长期股权投资的投资成本比例，结转原计入其他综合收益科目的金额 | 借：__________<br>　　贷：______________<br>或相反的会计分录 |
| ③ 按结转的长期股权投资的投资成本比例，结转原计入“资本公积——其他资本公积”科目的金额 | 借：__________<br>　　贷：__________________<br>或相反的会计分录 |

**通关分析：**

通关掌握程度________% 通关用时________分钟 最大专注时长________分钟
微笑比率________%

## 且试我剑——进化先锋锻造营

| 我的团队：________________ | | 团队成员 | ___人 | 实到人数 | ___人 |
|---|---|---|---|---|---|
| 团队通关策略： | 本关领队：__________。“萌新战士”领先成员：______________________________<br>结对共进：________&__________ __________&__________ __________&__________ | | | | |
| 商定团队通关掌握程度自设________% 商定团队通关拟用时________分钟 | | | | | |

庄重签名：__________ 翘起嘴角 锻造开始

1. 2022 年 1 月，购入乙公司股份时

2. 2022 年 1 月，购入丙公司股份时

3. 2022 年度被投资公司实现净利润时
对乙公司：

对丙公司：

4. 2023 年 3 月，被投资公司宣告分派股利时
对乙公司：

对丙公司

5. 2023 年 10 月，丙公司资本变动时

6. 2023 年 12 月，出售丙公司股份时

同时：

**团队通关分析：**

<table>
<tr><td colspan="2">团队人均掌握程度________% 团队人均用时________分钟</td></tr>
<tr><td>通关策略<br>有效性评价：</td><td></td></tr>
</table>

队长签名：__________

## 敢于亮剑——巅峰掌控者乐园

巅峰时刻，你应已尽在掌握。
冲关历年初级会计师试题吧，昂扬你的自信！

## 华山论剑——笑谈天下，煮酒论英雄

**核心战力状态测评表**

<table>
<tr><th rowspan="2">序号</th><th rowspan="2">成长维度</th><th rowspan="2">序号</th><th rowspan="2">成长因子</th><th rowspan="2">测 评 内 容</th><th>优</th><th>良</th><th>中</th><th>差</th></tr>
<tr><th>5</th><th>4</th><th>3</th><th>2</th></tr>
<tr><td colspan="9">Ⅰ 自评（认真根据任务完成过程及课堂表现，逐项评价）</td></tr>
<tr><td rowspan="6">1</td><td rowspan="6">知识技能维度</td><td rowspan="4">1</td><td rowspan="4">知识层面</td><td>熟悉长期股权投资确认与计量的范围</td><td></td><td></td><td></td><td></td></tr>
<tr><td>熟悉以合并方式取得长期股权投资的初始计量</td><td></td><td></td><td></td><td></td></tr>
<tr><td>熟悉以非合并方式取得长期股权投资的初始计量</td><td></td><td></td><td></td><td></td></tr>
<tr><td>熟悉小企业长期股权投资的初始计量</td><td></td><td></td><td></td><td></td></tr>
<tr><td rowspan="2">2</td><td rowspan="2">技能层面</td><td>掌握成本法下长期股权投资的账户设置与账务处理</td><td></td><td></td><td></td><td></td></tr>
<tr><td>掌握权益法下长期股权投资的账户设置与账务处理</td><td></td><td></td><td></td><td></td></tr>
<tr><td>2</td><td colspan="3">职业素质专项</td><td>理解学习与生活中的广义投资，深刻认识努力与成果的关系</td><td></td><td></td><td></td><td></td></tr>
<tr><td colspan="9">Ⅱ 互评（团队其他成员根据自评人实际表现，综合评议以上自评符合度）</td></tr>
<tr><td colspan="2">完全符合□</td><td colspan="2">基本符合□</td><td>不符合□</td><td colspan="4">组长签名：__________</td></tr>
</table>

## 深省自勉 助力荣耀之路

多维成长增值测评表——成就你的“六边形战士”

| 序号 | 成长维度 | 序号 | 成长因子 | 测评内容 | M01 | M02 | M03 | M04 | M05 | M06 | M07 | M08 | M09 | M10 | M11 | M12 |
|---|---|---|---|---|---|---|---|---|---|---|---|---|---|---|---|---|
| | | | | | 10 | 10 | 10 | 10 | 10 | 10 | 10 | 10 | 10 | 10 | 10 | 10 |
| 1 | 态度品质维度 | 1 | 诚实守信 | 不抄袭、不作弊,学习不弄虚作假 | | | | | | | | | | | | |
| | | 2 | 尊重他人 | 认真听课,倾听和尊重同学的观点 | | | | | | | | | | | | |
| | | 3 | 勇担责任 | 对自己学习负责,成为团队正能量 | | | | | | | | | | | | |
| | | 4 | 公正公平 | 在课堂互评等活动中不偏袒、不歧视 | | | | | | | | | | | | |
| | | 5 | 遵守规则 | 遵守课堂纪律,无旷课、迟到、早退 | | | | | | | | | | | | |
| 2 | 创造创新维度 | 1 | 创新思维 | 提出新颖的观点或解决问题的方法 | | | | | | | | | | | | |
| | | 2 | 独立思考 | 运用所学,静心思考,提出解决方案 | | | | | | | | | | | | |
| | | 3 | 探索精神 | 愿意主动预习,对新任务有求知欲 | | | | | | | | | | | | |
| | | 4 | 批判思维 | 对教师或同学的方案不盲从,合理质疑 | | | | | | | | | | | | |
| 3 | 情感认知维度 | 1 | 自我认知 | 能够对课堂表现自我反思并加以改进 | | | | | | | | | | | | |
| | | 2 | 情绪管理 | 能够享受学习过程,快乐学习 | | | | | | | | | | | | |
| | | 3 | 自爱自信 | 接受自己,敢于表达,敢于尝试 | | | | | | | | | | | | |
| | | 4 | 换位思考 | 能感受他人,倾心同学的观点和感受 | | | | | | | | | | | | |

续表

| 序号 | 成长维度 | 序号 | 成长因子 | 测评内容 | M01 | M02 | M03 | M04 | M05 | M06 | M07 | M08 | M09 | M10 | M11 | M12 |
|---|---|---|---|---|---|---|---|---|---|---|---|---|---|---|---|---|
| | | | | | 10 | 10 | 10 | 10 | 10 | 10 | 10 | 10 | 10 | 10 | 10 | 10 |
| 4 | 社交合作维度 | 1 | 互动交流 | 积极参与讨论，主动发起讨论 | | | | | | | | | | | | |
| | | 2 | 团队合作 | 合作完成任务，有领导力与团队精神 | | | | | | | | | | | | |
| | | 3 | 解决冲突 | 理性解决分歧，尊重他人，寻求共识 | | | | | | | | | | | | |
| | | 4 | 社交礼仪 | 尊重教师和同学，注重课堂仪表 | | | | | | | | | | | | |
| 5 | 知识技能维度 | 1 | 知识层面 | 该任务“核心战力需求”中“知识需求”的达成情况 | | | | | | | | | | | | |
| | | 2 | 技能层面 | 该任务“核心战力需求”中“技能需求”的达成情况 | | | | | | | | | | | | |
| 6 | 职业素质养成专项 | | | 该任务“核心战力需求”中“素质专项需求”的达成情况 | | | | | | | | | | | | |

测评说明：(1)测评类型：学生自评；(2)测评时间：每个任务完成后；(3)测评方式：教师引导学生逐项判断，逐项打分；(4)分值确定：M01－M12 表示项目一的 12 个任务，每个任务的每个成长因子都按实际表现给予分值(1≤分值≤10)。希望同学对每个任务按同样的标准进行评分，以此感受和激励个人不断成长。

# 项目 4
# 核算负债 1

负债是指企业过去的交易或者事项形成的，预期会导致经济利益流出企业的现时义务。负债按其偿还期限可以分为流动负债和非流动负债两类。流动负债包括短期借款、交易性金融负债、衍生金融负债、应付票据、应付账款、预收款项、合同负债、应付职工薪酬、应交税费、应付股利、应付利息、其他应付款、持有待售负债、一年内到期的非流动负债、其他流动负债等；非流动负债包括长期借款、应付债券、租赁负债、长期应付款、预计负债、递延收益、递延所得税负债、其他流动负债等。

本项目主要训练掌握负债要素中短期借款以及应付预收款项各部分内容的确认计量等核算技能。

## 项目全图

- 4. 核算负债 1
  - 4.1 核算短期借款
  - 4.2 核算应付预收款项
    - 4.2.1 核算应付票据
    - 4.2.2 核算应付账款
    - 4.2.3 核算预收账款
    - 4.2.4 核算应付股利、应付利息
    - 4.2.5 核算其他应付款

## 善阅静思　悟道修心

### 恒大集团破产事件中的“失信失责”

恒大集团，作为中国曾经的第二大房地产开发商，自成立之初便凭借其大规模的土地储备和项目开发，迅速崛起于房地产行业。然而，随着市场环境的变化和企业经营策略的调整，恒大集团逐渐陷入了严重的债务危机。

1. 过度扩张与高风险运营（2010—2020 年）

这一时期，恒大集团为了维持其市场地位，进行了大规模的扩张计划。企业不仅在国内多个城市大肆购买土地，还进军海外市场，进行了一系列高成本的项目开发。为了支持这些扩张计划，恒大集团大量举债，并采取了高风险的经营策略。然而，这种盲目追求规模的做法使得企业在市场环境变化时资金链变得异常脆弱。

2. 债务危机的初现与恶化（2021—2023 年）

2021 年上半年，恒大集团的债务问题开始逐渐暴露出来。多地项目因拖欠款项而停工，引发了社会的广泛关注。同年 8 月，许家印辞去恒大地产董事长一职，而中国金融监管部门也开始约谈恒大高管。9 月，恒大集团旗下的“恒大财富”暴雷，成为恒大债务危机的标志性事件。此后，恒大集团的债务问题不断恶化，尽管企业多次尝试通过各种方式缓解债务压力，但始终未能摆脱困境。

2022 年 3 月，3 只恒大系股票在港停牌，进一步加剧了市场对恒大集团的担忧。同年 6 月，恒大债权人向中国香港法院申请清盘，此后恒大多次申请聆讯延期，希望全社会给自己机会，让解决问题。然而，随着债务问题的不断恶化，恒大集团最终未能避免破产的命运。

3. 破产宣告与责任逃避（2023—2024 年）

2023 年 8 月 17 日，恒大集团在美国纽约申请破产保护，这一事件标志着恒大集团正式进入破产程序。然而，在破产后的处理过程中，恒大集团并未展现出应有的责任感。企业未能积极与债权人沟通，制定有效的债务重组方案，反而出现了责任逃避的现象。一些高层管理人员甚至通过转移资产、藏匿财产等方式逃避责任，进一步加剧了社会的不满和信任危机。

2024 年 1 月，中国香港高等法院对恒大下达了清盘令，正式对恒大进行清盘处理。清盘作为一种常见的解散公司的方式，意味着停止公司运营、梳理债务关系、分配公司资产，并最终解散公司。对于资不抵债的恒大来说，面临的是强制清盘。

恒大集团的破产事件是一个深刻的反面案例。它告诉我们，失信失责不仅会导致企业的失败，也会给社会带来负面影响。因此，我们要从中吸取教训，坚守诚信底线，勇于承担责任，为未来的成功奠定坚实的基础。

## 畅谈倾听　论道明理

阅读思考案例以后，和同学们讨论交流以下问题：

1. 为什么说恒大的过度扩张是高风险运营？

2. 恒大集团在债务危机出现以后是如何逃避责任的？

3. 作为企业的领导者，在面对企业困境时，应该具备哪些品质和能力？

4. 作为学生，如何在学习过程中体现“诚实守信，责任担当”？

最后，请你将对第 4 个问题的思考写在下面。

# 任务 4-1　核算短期借款

## 一切准备——由心开始

| 态度准备 | | | | | 自律准备 | | | | | 专注准备 | | | | | 快乐准备 | | | | |
|---|---|---|---|---|---|---|---|---|---|---|---|---|---|---|---|---|---|---|---|
| E | D | C | B | A | E | D | C | B | A | E | D | C | B | A | E | D | C | B | A |

## 任务来了

首先了解任务，以现有能力尝试完成，并在此页面上进行标注，据以分析任务难度和能力缺口，为战力储备阶段指明方向。

任务要求：轩辕公司为增值税一般纳税人。请根据以下业务做相应的账务处理，如有计算，要写出计算过程。

1 月 1 日，从银行取得 6 个月期限的借款 60 000 元，年利率为 6%。根据与银行签署的借款协议，该项借款的本金到期后一次归还，利息按季支付，则 1 月初到 6 月末应如何编写相关会计分录？

## 战力储备——无非是尽全力做好准备

### 一、核心战力需求

**(一) 初阶 · 知识需求**

1. 熟悉核算短期借款应设置的会计账户；

**(二) 中阶 · 技能需求**

2. 掌握短期借款本金的确认与计量；

3. 掌握短期借款利息的确认与计量；

**（三）高阶·素质专项养成**

4. 培养协调各方利益的沟通协调能力。

## 二、探寻藏经阁

| | | | |
|---|---|---|---|
| 看头条秘籍 | 研经典案例 | 赏思维导图 | 析会计准则 |

## 三、剑来！——萌新战士养成计划

| 通关策略： | 先探阁熟悉后填写□ 填写后再理解掌握□ 其他方式：________ |
|---|---|
| 通关掌握程度自设______% 通关拟用时______分钟 | |

庄重签名：________ 翘起嘴角 计划开始

**（一）短期借款概述**

短期借款的期限：________年。

**（二）短期借款核算的账务处理**

| （1）借入和归还短期借款 | （2）________或______<br>________________ | （3）________或______________<br>______ | |
|---|---|---|---|
| 借：________<br>贷：________<br>【归还时相反】 | 借：________<br>贷：________ | ① 预提利息时<br>借：________<br>贷：________ | ② 支付利息时<br>借：________<br>贷：________ |

**通关分析：**

通关掌握程度______% 通关用时______分钟 最大专注时长______分钟 微笑比率______%

## 且试我剑——进化先锋锻造营

| 我的团队：__________ | 团队成员 | ____人 | 实到人数 | ____人 |
|---|---|---|---|---|
| 团队通关策略： | 本关领队：________。"萌新战士"领先成员：____________<br>结对共进：________&________ ________&________ ________&________ | | | |
| 商定团队通关掌握程度自设______% 商定团队通关拟用时______分钟 | | | | |

庄重签名：________ 翘起嘴角 锻造开始

1. 1月1日，取得短期借款时：

2. 每月末计提短期借款利息时：

3. 每季末支付计提的利息时：

4. 到期归还借款本金时：

**团队通关分析：**

| 团队人均掌握程度________% 团队人均用时________分钟 | |
|---|---|
| 通关策略有效性评价： | |

队长签名：________

## 敢于亮剑——巅峰掌控者乐园

巅峰时刻，你应已尽在掌握。
冲关历年初级会计师试题吧，昂扬你的自信！

## 华山论剑——笑谈天下，煮酒论英雄

**核心战力状态测评表**

| 序号 | 成长维度 | 序号 | 成长因子 | 测评内容 | 优 5 | 良 4 | 中 3 | 差 2 |
|---|---|---|---|---|---|---|---|---|
| Ⅰ 自评（认真根据任务完成过程及课堂表现，逐项评价） | | | | | | | | |
| 1 | 知识技能维度 | 1 | 知识层面 | 熟悉核算短期借款应设置的会计账户 | | | | |
| | | 2 | 技能层面 | 掌握短期借款本金的确认与计量 | | | | |
| | | | | 掌握短期借款利息的确认与计量 | | | | |
| 2 | 职业素质专项 | | | 培养协调各方利益的沟通协调能力 | | | | |
| Ⅱ 互评（团队其他成员根据自评人实际表现，综合评议以上自评符合度） | | | | | | | | |
| 完全符合□ | | 基本符合□ | | 不符合□ | 组长签名：________ | | | |

# 任务 4-2　核算应付票据

## 一切准备——由心开始

| 态度准备 | | | | | 自律准备 | | | | | 专注准备 | | | | | 快乐准备 | | | | |
|---|---|---|---|---|---|---|---|---|---|---|---|---|---|---|---|---|---|---|---|
| E | D | C | B | A | E | D | C | B | A | E | D | C | B | A | E | D | C | B | A |

## 任务来了

首先了解任务，以现有能力尝试完成，并在此页面上进行标注，据以分析任务难度和能力缺口，为战力储备阶段指明方向。

任务要求：轩辕公司为增值税一般纳税人，原材料按实际成本核算。请根据以下业务做相应的账务处理，如有计算，要写出计算过程。

3 月 16 日，购入原材料一批，增值税专用发票上注明的价款为 90 000 元，增值税税额为 11 700 元，原材料验收入库。开出并经开户银行承兑的商业汇票一张，面值为 101 700 元、期限为 3 个月。交纳银行承兑手续费 50.85 元，其中增值税税额为 2.88 元。6 月 16 日，商业汇票到期，通知其开户银行以银行存款支付票款，另分别考虑以下两种情况：(1)到期无力支付该商业汇票；(2)假定该商业汇票由该公司开出并承兑，到期无力支付。以上经济业务如何编写相关会计分录?

## 战力储备——无非是尽全力做好准备

### 一、核心战力需求

**(一) 初阶・知识需求**

1. 熟悉商业汇票及其分类；
2. 熟悉核算商业汇票应设置的会计账户；

**(二) 中阶・技能需求**

3. 掌握商业汇票的开出承兑、手续费的支付、到期付款及转销的账务处理；

**(三) 高阶・素质专项养成**

4. 培养信用价值意识。

### 二、探寻藏经阁

| | | | |
|---|---|---|---|
| 看头条秘籍 | 研经典案例 | 赏思维导图 | 析会计准则 |

## 三、剑来！——萌新战士养成计划

<table>
<tr><td>通关策略：</td><td>先探阁熟悉后填写□　填写后再理解掌握□　其他方式：________________</td></tr>
<tr><td colspan="2">通关掌握程度自设______%　通关拟用时______分钟</td></tr>
</table>

庄重签名：________　翘起嘴角　计划开始

**（一）应付票据概述**

1. 应付票据的概念

应付票据是企业______________和______________等而开出、承兑的商业汇票。

2. 应付票据的分类

根据承兑方式分为__________汇票和__________汇票。

3. 商业汇票的付款期限

商业汇票的付款期限一般不超过____个月。

4. 应付票据的入账价值

应付票据的入账价值为__________。

**（二）应付票据的账务处理**

| | |
|---|---|
| 1. 开出、承兑商业汇票时 | 借：在途物资等<br>　应交税费——应交增值税（进项税额）<br>　贷：__________ |
| 2. 商业汇票到期支付时 | 借：__________<br>　贷：__________ |
| 3. 商业承兑汇票到期无力支付时 | 借：__________<br>　贷：__________ |
| 4. 银行承兑汇票到期无力支付时 | 借：__________<br>　贷：__________ |

**通关分析：**

通关掌握程度________%　通关用时________分钟　最大专注时长________分钟

微笑比率________%

## 且试我剑——进化先锋锻造营

<table>
<tr><td colspan="2">我的团队：________</td><td>团队成员</td><td>____人</td><td>实到人数</td><td>____人</td></tr>
<tr><td>团队通关策略：</td><td colspan="5">本关领队：________。“萌新战士”领先成员：________________<br>结对共进：________&________ ________&________ ________&________</td></tr>
<tr><td colspan="6">商定团队通关掌握程度自设______% 商定团队通关拟用时______分钟</td></tr>
</table>

庄重签名：________ 翘起嘴角 锻造开始

1. 3 月 16 日开出并承兑商业汇票时

2. 3 月 16 日支付手续费时

3. 6 月 16 日支付商业汇票款时

4. 若 6 月 16 日无力支付该商业汇票款时

5. 若该商业汇票由企业承兑且到期无力支付时

**团队通关分析：**

<table>
<tr><td colspan="2">团队人均掌握程度______% 团队人均用时______分钟</td></tr>
<tr><td>通关策略有效性评价：</td><td></td></tr>
</table>

队长签名：________

## 敢于亮剑——巅峰掌控者乐园

巅峰时刻，你应已尽在掌握。
冲关历年初级会计师试题吧，昂扬你的自信！

## 华山论剑——笑谈天下，煮酒论英雄

**核心战力状态测评表**

| 序号 | 成长维度 | 序号 | 成长因子 | 测评内容 | 优 | 良 | 中 | 差 |
|---|---|---|---|---|---|---|---|---|
| | | | | | 5 | 4 | 3 | 2 |
| Ⅰ 自评（认真根据任务完成过程及课堂表现，逐项评价） | | | | | | | | |
| 1 | 知识技能维度 | 1 | 知识层面 | 熟悉商业汇票及其分类 | | | | |
| | | | | 熟悉核算商业汇票应设置的会计账户 | | | | |
| | | 2 | 技能层面 | 掌握商业汇票的开出承兑、手续费的支付、到期付款及转销的账务处理 | | | | |
| 2 | 职业素质专项 | | | 培养信用价值意识 | | | | |
| Ⅱ 互评（团队其他成员根据自评人实际表现，综合评议以上自评符合度） | | | | | | | | |
| 完全符合□ | 基本符合□ | | 不符合□ | 组长签名：＿＿＿＿ | | | | |

# 任务 4-3　核算应付账款

## 一切准备——由心开始

| 态度准备 | | | | | 自律准备 | | | | | 专注准备 | | | | | 快乐准备 | | | | |
|---|---|---|---|---|---|---|---|---|---|---|---|---|---|---|---|---|---|---|---|
| E | D | C | B | A | E | D | C | B | A | E | D | C | B | A | E | D | C | B | A |

## 任务来了

首先了解任务，以现有能力尝试完成，并在此页面上进行标注，据以分析任务难度和能力缺口，为战力储备阶段指明方向。

任务要求：轩辕公司为增值税一般纳税人，原材料按实际成本核算。请根据以下业务做相应的账务处理，如有计算，要写出计算过程。

8 月 12 日，公司从蚩尤公司购入一批原材料并验收入库。增值税专用发票上注明的该批原材料的价款为 2 000 000 元，增值税税额为 260 000 元。8 月 20 日，用银行存款付清了所欠蚩尤公司的货款。

## 战力储备——无非是尽全力做好准备

### 一、核心战力需求

#### （一）初阶 · 知识需求

1. 理解应付账款概念；

2. 熟悉核算应付账款应设置的会计账户；

**(二) 中阶·技能需求**

3. 掌握应付账款的发生、偿还的账务处理；

**(三) 高阶·素质专项养成**

4. 培养诚信意识，树立诚信形象。

## 二、探寻藏经阁

| 看头条秘籍 | 研经典案例 | 赏思维导图 | 析会计准则 |
|---|---|---|---|

## 三、剑来！——萌新战士养成计划

| 通关策略： | 先探阁熟悉后填写□　填写后再理解掌握□　其他方式：________ |
|---|---|
| 通关掌握程度自设______%　通关拟用时______分钟 | |

庄重签名：________　翘起嘴角　计划开始

**(一) 应付账款概述**

1. 应付账款的概念

企业因__________或__________等经营活动而应付给供应单位的款项。

2. 应付账款在实务中的确认时点

材料、商品和发票账单同时到达情况下材料物资验收入库后。

**(二) 应付账款会计分录**

| | |
|---|---|
| 1. 购入材料、商品未付款时 | 借：在途物资等<br>　应交税费——应交增值税(进项税额)<br>　贷：________ |
| 2. 接受劳务未付款时 | 借：生产成本、管理费用等<br>　应交税费——应交增值税(进项税额)<br>　贷：________ |
| 3. 支付前欠应付账款时 | 借：________<br>　贷：________ |

续表

| 4. 无法支付予以转销时 | 借：________<br>贷：__________ |
|---|---|

**通关分析：**

通关掌握程度________%　通关用时________分钟　最大专注时长________分钟　微笑比率________%

## 且试我剑——进化先锋锻造营

<table>
<tr><td colspan="2">我的团队：____________</td><td>团队成员</td><td>___人</td><td>实到人数</td><td>___人</td></tr>
<tr><td>团队通关策略：</td><td colspan="5">本关领队：________。“萌新战士”领先成员：____________________<br>结对共进：________&________　________&________　________&________</td></tr>
<tr><td colspan="6">商定团队通关掌握程度自设_______%　商定团队通关拟用时_______分钟</td></tr>
</table>

庄重签名：________　翘起嘴角　锻造开始

1. 8月12日购入时

2. 8月20日支付款项时

**团队通关分析：**

<table>
<tr><td colspan="2">团队人均掌握程度_______%　团队人均用时_______分钟</td></tr>
<tr><td>通关策略有效性评价：</td><td></td></tr>
</table>

队长签名：________

## 敢于亮剑——巅峰掌控者乐园

巅峰时刻，你应已尽在掌握。
冲关历年初级会计师试题吧，昂扬你的自信！

## 华山论剑——笑谈天下，煮酒论英雄

核心战力状态测评表

<table>
<tr><th rowspan="2">序号</th><th rowspan="2">成长维度</th><th rowspan="2">序号</th><th rowspan="2">成长因子</th><th rowspan="2">测 评 内 容</th><th>优</th><th>良</th><th>中</th><th>差</th></tr>
<tr><th>5</th><th>4</th><th>3</th><th>2</th></tr>
<tr><td colspan="9">Ⅰ 自评(认真根据任务完成过程及课堂表现，逐项评价)</td></tr>
<tr><td rowspan="3">1</td><td rowspan="3">知识技能维度</td><td rowspan="2">1</td><td rowspan="2">知识层面</td><td>理解应付账款的概念</td><td></td><td></td><td></td><td></td></tr>
<tr><td>熟悉核算应付账款应设置的会计账户</td><td></td><td></td><td></td><td></td></tr>
<tr><td>2</td><td>技能层面</td><td>掌握应付账款的发生、偿还的账务处理</td><td></td><td></td><td></td><td></td></tr>
<tr><td>2</td><td colspan="3">职业素质专项</td><td>培养诚信意识，树立诚信形象</td><td></td><td></td><td></td><td></td></tr>
<tr><td colspan="9">Ⅱ 互评(团队其他成员根据自评人实际表现，综合评议以上自评符合度)</td></tr>
<tr><td colspan="2">完全符合□</td><td colspan="2">基本符合□</td><td>不符合□</td><td colspan="4">组长签名：__________</td></tr>
</table>

# 任务 4-4 核算预收账款

## 一切准备——由心开始

<table>
<tr><th colspan="5">态度准备</th><th colspan="5">自律准备</th><th colspan="5">专注准备</th><th colspan="5">快乐准备</th></tr>
<tr><td>E</td><td>D</td><td>C</td><td>B</td><td>A</td><td>E</td><td>D</td><td>C</td><td>B</td><td>A</td><td>E</td><td>D</td><td>C</td><td>B</td><td>A</td><td>E</td><td>D</td><td>C</td><td>B</td><td>A</td></tr>
</table>

## 任务来了

首先了解任务，以现有能力尝试完成，并在此页面上进行标注，据以分析任务难度和能力缺口，为战力储备阶段指明方向。

任务要求：轩辕公司为增值税一般纳税人。请根据以下业务做相应的账务处理，如有计算，要写出计算过程。

3 月 1 日，与清源公司签订经营租赁(非主营业务)挖掘机合同，向清源公司出租挖掘机 3 台，期限为 5 个月，3 台吊车租金(含税)共计 33 900 元。合同约定，合同签订日预付租金(含税)6 780 元，合同到期结清全部租金余款。合同签订日，收到租金并存入银行，开具的增值税专用发票注明租金 6 000 元、增值税 780 元。租赁期满日，收到租金余款及相应的增值税。

## 战力储备——无非是尽全力做好准备

## 一、核心战力需求

**(一) 初阶 · 知识需求**

1. 理解预收账款的概念;
2. 熟悉核算预收账款应设置的会计账户;

**(二) 中阶 · 技能需求**

3. 掌握预收款项、确认收入、收到补付款项以及退还多余款等业务的账务处理;

**(三) 高阶 · 素质专项养成**

4. 结合对预收款业务可能产生纳税义务知识的了解,养成依法纳税的意识。

## 二、探寻藏经阁

| [QR] | [QR] | [QR] | [QR] |
|---|---|---|---|
| 看头条秘籍 | 研经典案例 | 赏思维导图 | 析会计准则 |

## 三、剑来! ——萌新战士养成计划

| 通关策略: | 先探阁熟悉后填写□　填写后再理解掌握□　其他方式:________ |
|---|---|
| 通关掌握程度自设______%　通关拟用时______分钟 | |

庄重签名:________　翘起嘴角 计划开始

**(一) 预收账款概述**

1. 预收账款概念

预收账款是企业按照合同规定向购货单位预收的款项。

2. 预收账款不多的情况

如果企业预收账款不多,则可并入"________"账户核算。

**(二) 预收账款会计分录**

| 1. 预收款项时 | 借:________　【全部预收款项】<br>　贷:________　【差额】<br>　　应交税费——应交增值税(销项税额)　【按规定需要确认的增值税】 |
|---|---|

续表

| | |
|---|---|
| 2. 确认收入冲抵预收款项时 | 借：________<br>贷：主营业务收入等 |
| 3. 补收预收款项时 | 比照“1. 预收款项时”的会计分录 |
| 4. 退回多余预收款项时 | 借：________<br>贷：银行存款<br>【涉及增值税的，还应进行相应的处理】 |

**通关分析：**

通关掌握程度________% 通关用时________分钟 最大专注时长________分钟 微笑比率________%

## 且试我剑——进化先锋锻造营

| 我的团队：____________ | | 团队成员 | ___人 | 实到人数 | ___人 |
|---|---|---|---|---|---|
| 团队通关策略： | 本关领队：________。“萌新战士”领先成员：____________________<br>结对共进：________&________ ________&________ ________&________ | | | | |
| 商定团队通关掌握程度自设______% 商定团队通关拟用时______分钟 | | | | | |

庄重签名：________ 翘起嘴角 锻造开始

1. 3 月 1 日收到含税租金时

2. 租赁期满收到含税余款时

3. 每月末确认收入时

**团队通关分析：**

| 团队人均掌握程度______% 团队人均用时______分钟 | |
|---|---|
| 通关策略有效性评价： | |

队长签名：________

## 敢于亮剑——巅峰掌控者乐园

巅峰时刻，你应已尽在掌握。
冲关历年初级会计师试题吧，昂扬你的自信！

## 华山论剑——笑谈天下，煮酒论英雄

**核心战力状态测评表**

| 序号 | 成长维度 | 序号 | 成长因子 | 测评内容 | 优 5 | 良 4 | 中 3 | 差 2 |
|---|---|---|---|---|---|---|---|---|
| Ⅰ 自评（认真根据任务完成过程及课堂表现，逐项评价） | | | | | | | | |
| 1 | 知识技能维度 | 1 | 知识层面 | 理解预收账款的概念 | | | | |
| | | | | 熟悉核算预收账款应设置的会计账户 | | | | |
| | | 2 | 技能层面 | 掌握预收款项、确认收入、收到补付款项以及退还多余款等业务的账务处理 | | | | |
| 2 | 职业素质专项 | | | 结合对预收款业务可能产生纳税义务知识的了解，养成依法纳税的意识 | | | | |
| Ⅱ 互评（团队其他成员根据自评人实际表现，综合评议以上自评符合度） | | | | | | | | |
| 完全符合□ | 基本符合□ | 不符合□ | 组长签名：＿＿＿＿ | | | | | |

# 任务4-5　核算其他应付款项

## 一切准备——由心开始

| 态度准备 | | | | | 自律准备 | | | | | 专注准备 | | | | | 快乐准备 | | | | |
|---|---|---|---|---|---|---|---|---|---|---|---|---|---|---|---|---|---|---|---|
| E | D | C | B | A | E | D | C | B | A | E | D | C | B | A | E | D | C | B | A |

## 任务来了

首先了解任务，以现有能力尝试完成，并在此页面上进行标注，据以分析任务难度和能力缺口，为战力储备阶段指明方向。

任务要求：轩辕公司为增值税一般纳税人。请根据以下业务做相应的账务处理，如有计算，要写出计算过程。

1. 轩辕公司有A、B两个股东，其出资分别占注册资本的51%和49%。202×年度该公司实现净利润 9 000 000 元，经过股东会批准，决定 202×年分配股利 5 000 000 元。股利已用银行存款支付。试编写轩辕公司(1)股东会批准分配股利；(2)以银行存款支付股利的会计分录。

2. 轩辕公司 202×年 1 月 9 日借入 3 年期到期还本、每年付息的长期借款 6 000 000 元，合同约定年利率为 6%。借款费用未满足资本化条件，不考虑其他因素。试编写轩辕公司(1)每年确认长期借款利息费用的会计分录；(2)支付长期借款利息费用的会计分录。

3. 202×年 1 月 1 日短期租入管理用办公设备一批，月租金为 2 000 元(不含税)，每季度末支付本季度租金 6 000 元及增值税 780 元。试编写轩辕公司(1)每月末计提租入设备租金的会计分录；(2)每季末支付本季度已计提租金的会计分录。

## 战力储备——无非是尽全力做好准备

### 一、核心战力需求

**(一) 初阶 · 知识需求**

1. 理解应付股利和应付利息的概念；
2. 熟悉核算应付股利、应付利息应设置的会计账户；
3. 理解其他应付款的概念，熟悉其核算内容；

**(二) 中阶 · 技能需求**

4. 掌握应付股利确认、支付的账务处理；
5. 掌握应付利息确认、支付的账务处理；
6. 掌握其他应付款确认与支付时的账务处理；

**(三) 高阶 · 素质专项养成**

7. 培养注重合同履行，共同维护市场公平交易秩序的意识。

### 二、探寻藏经阁

| [QR] | [QR] | [QR] | [QR] |
|---|---|---|---|
| 看头条秘籍 | 研经典案例 | 赏思维导图 | 析会计准则 |

### 三、剑来！——萌新战士养成计划

| 通关策略： | 先探阁熟悉后填写□ 填写后再理解掌握□ 其他方式：________ |
|---|---|
| 通关掌握程度自设______% 通关拟用时______分钟 | |

庄重签名：________ 翘起嘴角 计划开始

**(一) 应付股利概述**

1. 应付股利概念

企业根据__________或类似机构审议批准的利润分配方案确定分配给投资者的__________或______。

2. 要点提示

(1) __________股利不做账务处理。

(2) 企业__________或类似机构通过的利润分配方案中拟分配的现金股利或利润,不需要进行账务处理,但应在附注中披露。

**(二) 应付股利的账务处理**

| | |
|---|---|
| 1. 宣告发放现金股利时 | 借:____________________<br>　　贷:_________ |
| 2. 发放现金股利时 | 借:_________<br>　　贷:_________ |

**(三) 应付利息概述**

1. 应付利息的概念

企业按照合同约定应支付的利息。

2. 应付利息核算内容

(1)__________借款利息;(2)__________付息到期还本的长期借款、企业__________等应支付的利息。

**(四) 应付利息的账务处理**

| | |
|---|---|
| 1. 计提应付利息时 | 借:_________等<br>　　贷:_________ |
| 2. 支付应付利息时 | 借:_________<br>　　贷:_________ |

**(五) 其他应付款核算的内容**

其他应付款是指企业除应付票据、应付账款、预收账款、应付职工薪酬、应交税费、应付利息、应付股利等经营活动以外的其他各项应付、暂收的款项,如__________________、______________、______________等。

**(六) 其他应付款的账务处理**

| | |
|---|---|
| 1. 确认其他应付款时 | 借:_____________<br>　　贷:_____________ |

续表

| 2. 冲销其他应付款时 | 借：________<br>贷：________ |
| --- | --- |

**通关分析：**

通关掌握程度________% 通关用时________分钟 最大专注时长________分钟 微笑比率________%

## 且试我剑——进化先锋锻造营

| 我的团队：__________ | 团队成员 | ___人 | 实到人数 | ___人 |
| --- | --- | --- | --- | --- |
| 团队通关策略： | 本关领队：________。"萌新战士"领先成员：________________<br>结对共进：________&________ ________&________ ________&________ | | | |
| 商定团队通关掌握程度自设________% 商定团队通关拟用时________分钟 | | | | |

庄重签名：________ 翘起嘴角 锻造开始

1.

（1）股东会批准分配股利时

（2）以银行存款支付股利时

2.

（1）每年计算确认长期借款利息费用时

（2）每年支付长期借款利息费用时

3.

（1）每月末计提租入设备租金时

（2）每季末支付本季度已计提租金时

团队通关分析：

| 团队人均掌握程度______% 团队人均用时______分钟 | |
|---|---|
| 通关策略有效性评价： | |

队长签名：__________

## 敢于亮剑——巅峰掌控者乐园

巅峰时刻，你应已尽在掌握。
冲关历年初级会计师试题吧，昂扬你的自信！

## 华山论剑——笑谈天下，煮酒论英雄

核心战力状态测评表

| 序号 | 成长维度 | 序号 | 成长因子 | 测评内容 | 优 5 | 良 4 | 中 3 | 差 2 |
|---|---|---|---|---|---|---|---|---|
| Ⅰ 自评（认真根据任务完成过程及课堂表现，逐项评价） | | | | | | | | |
| 1 | 知识技能维度 | 1 | 知识层面 | 理解应付股利和应付利息的概念 | | | | |
| | | | | 熟悉核算应付股利、应付利息应设置的会计账户 | | | | |
| | | | | 理解其他应付款的概念，熟悉其核算内容 | | | | |
| | | 2 | 技能层面 | 掌握应付股利、应付利息、其他应付款确认、支付的账务处理 | | | | |
| 2 | 职业素质专项 | | | 培养注重合同履行，共同维护市场公平交易秩序的意识 | | | | |
| Ⅱ 互评（团队其他成员根据自评人实际表现，综合评议以上自评符合度） | | | | | | | | |
| 完全符合□ | 基本符合□ | | 不符合□ | 组长签名：__________ | | | | |

## 深省自勉　助力荣耀之路

**多维成长增值测评表——成就你的“六边形战士”**

| 序号 | 成长维度 | 序号 | 成长因子 | 测评内容 | M01 | M02 | M03 | M04 | M05 |
|---|---|---|---|---|---|---|---|---|---|
| | | | | | 10 | 10 | 10 | 10 | 10 |
| 1 | 态度品质维度 | 1 | 诚实守信 | 不抄袭、不作弊,学习不弄虚作假 | | | | | |
| | | 2 | 尊重他人 | 认真听课,倾听和尊重同学的观点 | | | | | |
| | | 3 | 勇担责任 | 对自己学习负责,成为团队正能量 | | | | | |
| | | 4 | 公正公平 | 在课堂互评等活动中不偏袒、不歧视 | | | | | |
| | | 5 | 遵守规则 | 遵守课堂纪律,无旷课、迟到、早退 | | | | | |
| 2 | 创造创新维度 | 1 | 创新思维 | 提出新颖的观点或解决问题的方法 | | | | | |
| | | 2 | 独立思考 | 运用所学,静心思考,提出解决方案 | | | | | |
| | | 3 | 探索精神 | 愿意主动预习,对新任务有求知欲 | | | | | |
| | | 4 | 批判思维 | 对教师或同学的方案不盲从,合理质疑 | | | | | |
| 3 | 情感认知维度 | 1 | 自我认知 | 能够对课堂表现自我反思并加以改进 | | | | | |
| | | 2 | 情绪管理 | 能够享受学习过程,快乐学习 | | | | | |
| | | 3 | 自爱自信 | 接受自己,敢于表达,敢于尝试 | | | | | |
| | | 4 | 换位思考 | 能感受他人,倾心同学的观点和感受 | | | | | |
| 4 | 社交合作维度 | 1 | 互动交流 | 积极参与讨论,主动发起讨论 | | | | | |
| | | 2 | 团队合作 | 合作完成任务,有领导力与团队精神 | | | | | |
| | | 3 | 解决冲突 | 理性解决分歧,尊重他人,寻求共识 | | | | | |
| | | 4 | 社交礼仪 | 尊重教师和同学,注重课堂仪表 | | | | | |
| 5 | 知识技能维度 | 1 | 知识层面 | 该任务“核心战力需求”中“知识需求”的达成情况 | | | | | |
| | | 2 | 技能层面 | 该任务“核心战力需求”中“技能需求”的达成情况 | | | | | |
| 6 | 职业素质养成专项 | | | 该任务“核心战力需求”中“素质专项需求”的达成情况 | | | | | |

测评说明:(1)测评类型:学生自评;(2)测评时间:每个任务完成后;(3)测评方式:教师引导学生逐项判断,逐项打分;(4)分值确定:M01－M05 表示项目 1 的 5 个任务,每个任务的每个成长因子都按实际表现给予分值(1≤分值≤10)。希望同学对每个任务按同样的标准进行评分,以此感受和激励个人不断成长。

# 项目 5
# 核算负债 2

本项目是负债核算的第 2 部分，主要训练掌握应付职工薪酬、应交税费以及长期借款、应付债券和长期应付款等内容的核算。

## 项目全图

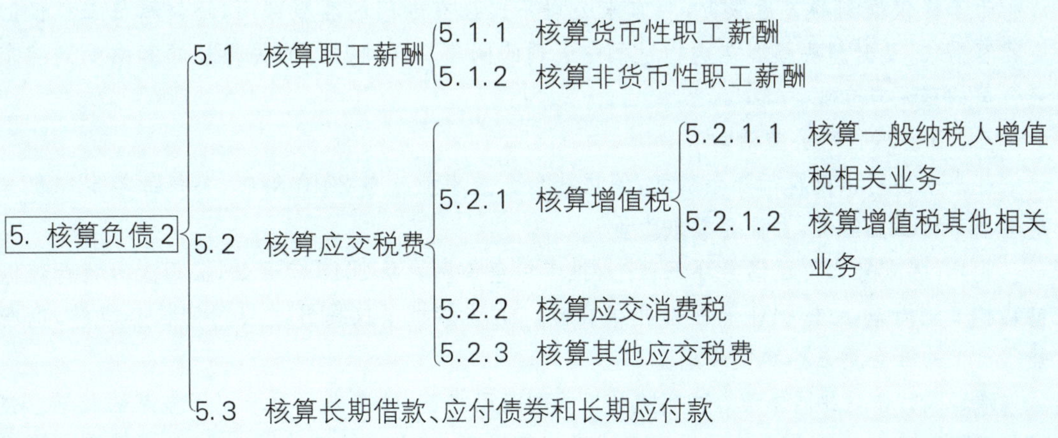

## 善阅静思　悟道修心

### 胖东来公司的管理智慧——命运共同体理念的生动实践

胖东来公司，作为中国零售业的佼佼者，以其独特的管理理念和企业文化，赢得了广泛的赞誉。其中，命运共同体理念是胖东来公司管理的核心，也是其取得成功的关键所在。这一理念强调企业与员工、顾客、社会之间的紧密联系和相互依存，体现了企业的社会责任和人文关怀。

一、员工关怀与共同成长

胖东来公司视员工为企业的重要财富，注重员工的成长与发展。早在2000年，胖东来公司就提出了“高薪养廉”的理念，为员工提供高于行业平均水平的薪酬待遇。这一举措不仅吸引了大量优秀人才，更激发了员工的工作热情和创造力。

到2005年，胖东来进一步完善薪酬体系，推出与业绩挂钩的绩效奖金制度，确保员工的收入与公司的发展同步增长。这一制度大大提升了员工的工作积极性和忠诚度。

除了物质待遇，胖东来公司还关注员工的精神需求。公司定期组织员工培训和团建活动，提升员工的技能水平，增强团队凝聚力。同时，公司还为员工提供了舒适的工作环境和丰富的福利待遇，让员工感受到家的温暖。

二、顾客至上与优质服务

胖东来公司始终坚持顾客至上的原则，致力于为顾客提供优质的购物体验。公司注重商品的质量和品种，确保顾客能够买到满意的商品。

为了提供周到的售后服务，胖东来公司不仅设有专门的客服部门，还鼓励员工积极回应顾客需求，及时解决顾客在购物过程中遇到的问题。这种贴心的关怀让顾客感受到胖东来公司的真诚与专业。

三、社会责任与公益活动

胖东来公司积极履行社会责任，关注社会公益事业。自2010年起，公司每年定期参与慈善捐赠和公益活动，为社会贡献力量。

此外，胖东来公司还倡导环保理念，推广绿色消费。从2015年开始，公司大力推行环保包装和节能措施，为保护环境做出积极贡献。这些举措不仅提升了公司的社会声誉，也增强了员工的社会责任感和使命感。

通过践行命运共同体理念和实施员工薪酬激励措施，胖东来公司取得了显著的成果。公司业绩稳步增长，员工满意度和顾客忠诚度持续提高，社会声誉日益提升，这些成果充分证明了命运共同体理念在企业管理中的重要作用以及员工薪酬激励对于企业发展的积极影响。

## 畅谈倾听　论道明理

阅读思考案例以后，和同学们讨论交流以下问题：

1. 胖东来公司实施的高薪养廉政策，在会计处理上应如何体现？高薪是否会导致员工薪酬的会计处理更加复杂？

2. 胖东来公司为员工提供了丰富的福利待遇，这些福利在会计上应如何分类和计量？

3. 胖东来公司积极履行社会责任，参与慈善捐赠和公益活动。这些活动在会计上应如何记录？是否应计入当期费用？

4. 作为学生，如何在学习、工作和生活中实践“命运共同体”理念？

最后，请你将对第4个问题的思考写在下面。

# 任务5-1 核算货币性职工薪酬

## 一切准备——由心开始

| 态度准备 | | | | | 自律准备 | | | | | 专注准备 | | | | | 快乐准备 | | | | |
|---|---|---|---|---|---|---|---|---|---|---|---|---|---|---|---|---|---|---|---|
| E | D | C | B | A | E | D | C | B | A | E | D | C | B | A | E | D | C | B | A |

## 任务来了

首先了解任务，以现有能力尝试完成，并在此页面上进行标注，据以分析任务难度和能力缺口，为战力储备阶段指明方向。

任务要求：轩辕公司为增值税一般纳税人。请根据以下业务做相应的账务处理，如有计算，要写出计算过程。

1. 3日，结算上月应付职工工资80万元，其中：企业代垫职工房租3万元，代扣职工个人所得税2万元，职工个人缴纳的社会保险费1.6万元和住房公积金8.8万元，以银行存款实际发放职工工资64.6万元。

2. 缴纳上月工会经费1.6万元、职工教育经费6.4万元、企业承担的社会保险费(不含基本养老保险费和失业保险费)9.6万元和住房公积金8.8万元，代扣职工的个人所得税2万元、社会保险费1.6万元和住房公积金8.8万元。

3. 31日，当月“工资费用分配汇总表”中列示的产品生产人员工资32万元、车间管理人员工资8万元、行政管理人员工资20万元、销售人员工资10万元。根据有关规定，企业分别按照职工工资总额的2%和8%计提工会经费和职工教育经费，按照工资总额的12%和11%计提应由企业承担的社会保险费(不含基本养老保险费和失业保险费)和住房公积金。

4. 该公司累计带薪缺勤制度规定：每个职工每年可享受5个工作日带薪年休假，未使用的年休假只能向后结转一个日历年度，超过1年未使用的权利作废，不能在职工离开公司时获得现金支付；职工休年假以后进先出为基础，即首先从当年可享受的权利中扣除，再从上年结转的带薪年休假中扣除。2023年12月31日，每个职工当年平均未使用带薪年休假为2天。预计2024年甲公司1 000名职工中有950名职工将享受不超过5天的带薪年休假，不需要考虑带薪缺勤。剩余50名职工每人将平均享受6天半年休假，假定这50名职工全部为总部各部门经理，平均每名职工每个工作日工资为300元。

5. 企业下设一所职工食堂，每月根据在岗职工数量及岗位分布情况、相关历史经验数据等计算需要补贴食堂的金额，从而确定企业每期因补贴职工食堂需要承担的福利费金额。9月份，企业在岗职工共计200人，其中，管理部门30人，生产车间生产人员170人。企业的历史经验数据表明，每个职工每月需补贴食堂150元。

6. 根据所在地政府规定，按照职工工资总额的16%计提基本养老保险费，缴存当地社会保险经办机构。7月份，甲企业缴存的基本养老保险费，应计入生产成本的金额为76 800元，应计入制造费用的金额为16 800元，应计入管理费用的金额为14 496元，应计入销售费用的金额为2 784元。

## 战力储备——无非是尽全力做好准备

### 一、核心战力需求

**(一) 初阶·知识需求**

1. 理解职工薪酬的含义，熟悉职工薪酬与工资的区别和联系；
2. 熟悉职工薪酬包括的内容，熟悉短期职工薪酬、长期职工薪酬的含义与内容；

**(二) 中阶·技能需求**

3. 掌握工资、福利费、工会经费、职工教育经费分配与支付的账务处理；
4. 掌握为职工代垫费用扣除的账务处理；
5. 掌握企业承担的社会保险费、住房公积金计提与支付的账务处理；
6. 掌握个人承担的社会保险费、住房公积金代扣与支付的账务处理；
7. 掌握辞退福利、基本养老保险、累积带薪缺勤的账务处理；

**(三) 高阶·素质专项养成**

8. 培养作为员工的法律意识和维权能力以及企业合法合规管理的意识。

### 二、探寻藏经阁

| | | | |
|---|---|---|---|
| 看头条秘籍 | 研经典案例 | 赏思维导图 | 析会计准则 |

## 三、剑来！——萌新战士养成计划

| 通关策略： | 先探阁熟悉后填写□ 填写后再理解掌握□ 其他方式：______ |
|---|---|
| 通关掌握程度自设______% 通关拟用时______分钟 | |

庄重签名：______ 翘起嘴角 计划开始

**(一) 应付职工薪酬的“职工”范围**

(1)______的人员；(2)______的管理层、治理层；(3)订立协议单位对本单位的______人员。

**(二) 应付职工薪酬核算内容**

1. 短期薪酬

(1) 短期薪酬的概念

年度报告期间结束后12个月内需要全部予以支付的职工薪酬。______除外。

(2) 短期薪酬的内容

①职工工资、奖金、津贴和补贴；②职工福利费；③医疗保险、工伤保险；④住房公积金；⑤工会经费和职工教育经费；⑥短期带薪缺勤；⑦短期利润分享计划；⑧其他短期薪酬。

2. 离职后福利

(1) 离职后福利的概念

企业为获得职工提供的服务而在职工______或与企业______后，提供的各种形式的报酬和福利。短期薪酬、辞退福利除外。

(2) 离职后福利的内容

① 设定提存计划：______保险费、______保险费等。

② 设定受益计划。

3. 辞退福利

企业在职工劳动合同______解除与职工的劳动关系，或者为鼓励职工自愿接受裁减而给予职工的补偿。

4. 其他长期福利

(1) 其他长期福利的概念

除短期薪酬、离职后福利、辞退福利之外所有的职工薪酬。

(2) 其他长期福利的内容

①长期奖金计划；②长期带薪酬缺勤；③长期残疾福利；④长期利润分享计划。

**(三) 货币性短期薪酬的账务处理**

1. 工资、奖金、津贴、补贴的账务处理

| (1) 计算确认工资、奖金、津贴、补贴时 | 借：生产成本等<br>贷：应付职工薪酬——______ |
|---|---|

续表

| | |
|---|---|
| (2) 支付工资、奖金、津贴、补贴时 | 借：应付职工薪酬——______<br>　　贷：银行存款<br>　　　　____________　【代付扣回】<br>　　　　____________　【代扣】<br>　　　　__________________　【代扣个税】 |

2. 职工福利费的账务处理

| | |
|---|---|
| (1) 分配职工福利费时 | 借：生产成本等<br>　　贷：应付职工薪酬——____________ |
| (2) 支付职工福利费时 | 借：应付职工薪酬——____________<br>　　贷：银行存款 |

3. 工会经费、职工教育经费的账务处理

| | |
|---|---|
| (1) 计提工会经费、职工教育经费时 | 借：生产成本等<br>　　贷：应付职工薪酬——________<br>　　　　　　　　　　——____________ |
| (2) 支付工会经费、职工教育经费时 | 借：应付职工薪酬——________<br>　　　　　　　　——____________<br>　　贷：银行存款等 |

4. 社保和住房公积金的账务处理

| | |
|---|---|
| (1) 计提企业承担部分 | 借：生产成本等<br>　　贷：应付职工薪酬——____________<br>　　　　　　　　　　——____________ |
| (2) 代扣个人承担部分 | 借：应付职工薪酬——________<br>　　贷：其他应付款 |
| (3) 缴付社保和住房公积金时 | 借：应付职工薪酬——____________　【企业承担部分】<br>　　　　　　　　——____________　【企业承担部分】<br>　　其他应付款　【个人承担部分】<br>　　贷：银行存款 |

5. 短期带薪缺勤的账务处理

| | |
|---|---|
| (1) 在职工提供了服务从而增加了其未来享有的带薪缺勤权利时 | 借：管理费用等<br>贷：________________ |
| (2) 非累积带薪酬缺勤 | 不做额外核算 |

**(四) 离职后福利的账务处理**

| | |
|---|---|
| 计提养老保险、失业保险时 | 借：生产成本等<br>贷：应付职工薪酬——设定提存计划 |

**(五) 辞退福利的账务处理**

| | |
|---|---|
| 确认辞退福利时 | 借：管理费用<br>贷：应付职工薪酬——辞退福利 |

**通关分析：**

通关掌握程度______% 通关用时______分钟 最大专注时长______分钟 微笑比率______%

## 且试我剑——进化先锋锻造营

| 我的团队：__________ | 团队成员 | ___人 | 实到人数 | ___人 |
|---|---|---|---|---|
| 团队通关策略： | 本关领队：______。"萌新战士"领先成员：____________<br>结对共进：______&______ ______&______ ______&______ | | | |
| 商定团队通关掌握程度自设______% 商定团队通关拟用时______分钟 | | | | |

庄重签名：______ 翘起嘴角 锻造开始

(1) 3日，结算上月应付职工工资时

(2) 缴纳相关费用时

(3) 31日，分配工资并按规定计提时

(4) 核算累积带薪缺勤时

② 支付福利费时

(5) 分配与支付福利费时

① 分配时

(6) 计提基本养老保险时

**团队通关分析:**

| 团队人均掌握程度________% 团队人均用时________分钟 | |
|---|---|
| 通关策略有效性评价: | |

队长签名:________

## 敢于亮剑——巅峰掌控者乐园

巅峰时刻,你应已尽在掌握。
冲关历年初级会计师试题吧,昂扬你的自信!

## 华山论剑——笑谈天下,煮酒论英雄

**核心战力状态测评表**

| 序号 | 成长维度 | 序号 | 成长因子 | 测 评 内 容 | 优 5 | 良 4 | 中 3 | 差 2 |
|---|---|---|---|---|---|---|---|---|
| Ⅰ 自评(认真根据任务完成过程及课堂表现,逐项评价) | | | | | | | | |
| 1 | 知识技能维度 | 1 | 知识层面 | 理解职工薪酬的含义,熟悉职工薪酬与工资的区别和联系 | | | | |
| | | | | 熟悉职工薪酬包括的内容,熟悉短期职工薪酬、长期职工薪酬的含义与内容 | | | | |
| | | 2 | 技能层面 | 掌握工资、福利费、工会经费、职工教育经费分配与支付的账务处理 | | | | |
| | | | | 掌握为职工代垫费用扣除的账务处理 | | | | |
| | | | | 掌握企业承担的社会保险费、住房公积金计提与支付的账务处理 | | | | |

续表

| 序号 | 成长维度 | 序号 | 成长因子 | 测评内容 | 优 5 | 良 4 | 中 3 | 差 2 |
|---|---|---|---|---|---|---|---|---|
| 1 | 知识技能维度 | 2 | 技能层面 | 掌握个人承担的社会保险费、住房公积金代扣与支付的账务处理 | | | | |
| | | | | 掌握辞退福利、基本养老保险、累积带薪缺勤的账务处理 | | | | |
| 2 | 职业素质专项 | | | 培养作为员工的法律意识和维权能力以及企业合法合规管理的意识 | | | | |
| Ⅱ 互评(团队其他成员根据自评人实际表现,综合评议以上自评符合度) | | | | | | | | |
| 完全符合□ | 基本符合□ | 不符合□ | 组长签名:________ | | | | | |

## 任务5-2 核算非货币性职工薪酬

### 一切准备——由心开始

| 态度准备 | | | | | 自律准备 | | | | | 专注准备 | | | | | 快乐准备 | | | | |
|---|---|---|---|---|---|---|---|---|---|---|---|---|---|---|---|---|---|---|---|
| E | D | C | B | A | E | D | C | B | A | E | D | C | B | A | E | D | C | B | A |

### 任务来了

首先了解任务,以现有能力尝试完成,并在此页面上进行标注,据以分析任务难度和能力缺口,为战力储备阶段指明方向。

任务要求:轩辕公司为增值税一般纳税人。请根据以下业务做相应的账务处理,如有计算,要写出计算过程。

2023年12月初,“应付职工薪酬——工资”科目的贷方余额为320万元。12月份,该企业发生有关职工薪酬业务如下:

1. 7日,结算并发放上月应付职工薪酬320万元,其中,代扣职工个人应缴纳的住房公积金25万元,代扣职工个人应缴纳的社会保险费30万元(不含基本养老保险费和失业保险费),通过银行转账发放货币性职工薪酬265万元。

2. 28日,以其生产的一批取暖器作为非货币性福利发放给行政管理人员,该批取暖器的生产成本为25万元,市场不含税售价为40万元,企业销售取暖器适用的增值税税率为13%。

3. 31日,计提专设销售机构主管人员免费使用汽车的折旧费1万元,计提车间管理人员免费使用汽车的折旧费4万元。

4. 31 日，分配本月货币性职工薪酬 300 万元，其中，车间生产工人 140 万元，车间管理人员 50 万元，行政管理人员 60 万元，专设销售机构人员 50 万元。

5. 计算该企业 12 月 31 日资产负债表中“应付职工薪酬”项目“期末余额”栏应填列的金额。

## 战力储备——无非是尽全力做好准备

### 一、核心战力需求

**（一）初阶·知识需求**

1. 熟悉非货币性职工薪酬的常见类型；

**（二）中阶·技能需求**

2. 掌握用自产产品给职工发福利的账务处理；

3. 掌握把企业拥有的房屋或租赁的房屋等资产无偿提供给职工使用的账务处理；

**（三）高阶·素质专项养成**

4. 培养重视人才的思想和善于进行人才管理的能力。

### 二、探寻藏经阁

| 看头条秘籍 | 研经典案例 | 赏思维导图 | 析会计准则 |
|---|---|---|---|

### 三、剑来！——萌新战士养成计划

| 通关策略： | 先探阁熟悉后填写□　填写后再理解掌握□　其他方式：________________ |
|---|---|
| 通关掌握程度自设________% 通关拟用时________分钟 | |

庄重签名：__________ 翘起嘴角 计划开始

**（一）自产产品作为福利的账务处理**

| （1）确认要发放自产产品作为福利时 | 借：生产成本等<br>　贷：应付职工薪酬——非货币性福利 【__________价】 |
|---|---|
| （2）发放自产产品作为福利时 | 借：应付职工薪酬<br>　贷：______________ 【__________价】<br>　　应交税费——______________ |

续表

| | |
|---|---|
| (3) 结转已发放自产产品福利的成本时 | 借：__________<br>　贷：__________等 |

## (二) 购入的原材料转变用途作为福利的账务处理

| | |
|---|---|
| (1) 购入原材料作为福利发放的说明 | 需要进项税额转出 |
| (2) 确认以购入原材料作为福利时 | 借：生产成本等<br>　贷：应付职工薪酬——非货币性福利　【成本+__________】 |
| (3) 发放购入原材料作为福利时 | 借：应付职工薪酬——非货币性福利<br>　贷：原材料<br>　　应交税费——__________ |

## (三) 购入商品作为福利的账务处理

| | |
|---|---|
| (1) 购入商品作为福利时 | 借：库存商品<br>　应交税费——__________<br>　贷：银行存款等 |
| (2) 购入商品作为福利的进项税额认证为不可抵扣时 | 借：应交税费——__________<br>　贷：应交税费——__________ |
| (3) 购入商品作为福利的进项税额转出时 | 借：__________<br>　贷：__________ |
| (4) 确认发放购入商品作为福利时 | 借：生产成本等<br>　贷：__________ |
| (5) 发放购入商品为福利时 | 借：应付职工薪酬——非货币性福利<br>　贷：__________ |

## (四) 自有固定资产供职工免费使用的账务处理

| | |
|---|---|
| 自有固定资产给职工免费使用的说明 | 每期__________计入应付职工薪酬 |
| (1) 分配给职工使用的自有固定资产的折旧费用 | 借：生产成本等<br>　贷：__________ |

续表

| （2）计提免费给职工使用的固定资产的折旧时 | 借：应付职工薪酬——非货币性福利<br>贷：________ |
| --- | --- |

**（五）租入固定资产供职工使用的账务处理**

| 租入固定资产给职工使用的说明 | 每期________计入应付职工薪酬 |
| --- | --- |
| （1）分配租入固定资产给职工使用的费用时 | 借：生产成本等<br>贷：应付职工薪酬——__________ |
| （2）支付租入固定资产给职工使用的租赁费时 | 借：应付职工薪酬——__________<br>贷：银行存款 |

**通关分析：**

通关掌握程度________% 通关用时________分钟 最大专注时长________分钟 微笑比率________%

## 且试我剑——进化先锋锻造营

| 我的团队：__________ | | 团队成员 | ___人 | 实到人数 | ___人 |
| --- | --- | --- | --- | --- | --- |
| 团队通关策略： | 本关领队：________。"萌新战士"领先成员：__________________<br>结对共进：________&________ ________&________ ________&________ | | | | |
| 商定团队通关掌握程度自设_______% 商定团队通关拟用时_______分钟 | | | | | |

庄重签名：________ 翘起嘴角 锻造开始

1. 7 日，发放上月工资时

2. 28 日，发放取暖器时

（1）将非货币性福利确认为费用时

（2）确认收入

（3）结转成本

3. 31 日，计提折旧时

（1）计提时

(2) 将该部分薪酬确认为成本费用时

4. 分配本月货币性职工薪酬时

5. 资产负债表项目“应付职工薪酬”的期末余额为：

**团队通关分析：**

| 团队人均掌握程度______% 团队人均用时______分钟 | |
|---|---|
| 通关策略有效性评价： | |

队长签名：______

## 敢于亮剑——巅峰掌控者乐园

巅峰时刻，你应已尽在掌握。
冲关历年初级会计师试题吧，昂扬你的自信！

## 华山论剑——笑谈天下，煮酒论英雄

**核心战力状态测评表**

<table>
<tr><th rowspan="2">序号</th><th rowspan="2">成长维度</th><th rowspan="2">序号</th><th rowspan="2">成长因子</th><th rowspan="2">测评内容</th><th>优</th><th>良</th><th>中</th><th>差</th></tr>
<tr><th>5</th><th>4</th><th>3</th><th>2</th></tr>
<tr><td colspan="9">Ⅰ 自评(认真根据任务完成过程及课堂表现，逐项评价)</td></tr>
<tr><td rowspan="3">1</td><td rowspan="3">知识技能维度</td><td>1</td><td>知识层面</td><td>熟悉非货币性职工薪酬的常见类型</td><td></td><td></td><td></td><td></td></tr>
<tr><td rowspan="2">2</td><td rowspan="2">技能层面</td><td>掌握用自产产品给职工发福利的账务处理</td><td></td><td></td><td></td><td></td></tr>
<tr><td>掌握把企业拥有的房屋或租赁的房屋等资产无偿提供给职工使用的账务处理</td><td></td><td></td><td></td><td></td></tr>
<tr><td>2</td><td colspan="3">职业素质专项</td><td>培养重视人才的思想和善于进行人才管理的能力</td><td></td><td></td><td></td><td></td></tr>
<tr><td colspan="9">Ⅱ 互评(团队其他成员根据自评人实际表现，综合评议以上自评符合度)</td></tr>
<tr><td colspan="3">完全符合□</td><td colspan="2">基本符合□</td><td>不符合□</td><td colspan="3">组长签名：______</td></tr>
</table>

# 任务5-3　核算一般纳税人增值税相关业务

## 一切准备——由心开始

| 态度准备 | | | | | 自律准备 | | | | | 专注准备 | | | | | 快乐准备 | | | | |
|---|---|---|---|---|---|---|---|---|---|---|---|---|---|---|---|---|---|---|---|
| E | D | C | B | A | E | D | C | B | A | E | D | C | B | A | E | D | C | B | A |

## 任务来了

首先了解任务，以现有能力尝试完成，并在此页面上进行标注，据以分析任务难度和能力缺口，为战力储备阶段指明方向。

任务要求：轩辕公司为增值税一般纳税人。请根据以下业务做相应的账务处理，如有计算，要写出计算过程。

1. 购入原材料一批，增值税发票上注明的货款为20 000元，增值税税额为1 300元。支付运费取得了增值税专用发票，注明的运费1 000元和增值税90元(增值税税率为9%)。货款和运费通过银行存款支付。增值税专用发票在取得当月通过认证，材料验收入库，材料按实际成本计价。编制购买材料的分录。

2. 购进1台不需要安装设备作为固定资产用于产品生产，价格为490 000元，增值税税率为13%，款项以银行存款支付，增值税专用发票在取得当月未去认证，在次月进行了认证。编制购入设备及增值税专用发票认证的分录。

3. 企业生产车间委托外单位修理机器设备，对方开来的增值税专用发票上注明修理费用为10 000元，增值税税额为1 300元，增值税专用发票在取得当月通过了认证，款项已通过银行存款支付。编制支付修理费的分录。

4. 购进农产品作为原材料，实际支付价款为100万元，农产品验收入库，款项已经支付。增值税率为9%，该企业按实际成本进行原材料日常核算。编制采购农产品的分录。

5. 库存材料因管理不善发生火灾，材料全部毁损，其实际成本为10 000元(此前未确认存货跌价损失)，相关增值税专用发票上注明的增值税税额为1 300元(已抵扣)。编制该业务相关会计分录。

6. 销售一批产品，开具的增值税专用发票上注明价款为100 000元，增值税税额为13 000元，增值税专用发票在取得当月通过了认证，款项已收到并存入银行。编制该业务的分录。

7. 将其生产的一批产品作为非货币性福利发放给直接从事生产活动的职工，该批产品市场售价总额为70 000元(不含增值税)，实际成本总额为30 000元。编制该业务相关会计分录。

8. 该月份发生销项税额合计261 000元，进项税额转出为12 000元，进项税额合计为83 000元。本月以银行存款缴纳本月增值税130 000元。计算当月应交增值税，编制当月缴纳增值税和月末结转尚未缴纳增值税的分录。

9. 下月初，企业以银行存款缴纳上月份未交增值税。编制该业务相关会计分录。

## 战力储备——无非是尽全力做好准备

### 一、核心战力需求

**（一）初阶·知识需求**

1. 了解增值税纳税人的分类，熟悉不同计税方法的计算；

**（二）中阶·技能需求**

2. 掌握一般购进业务增值税进项税额的账务处理；
3. 掌握农产品购进时增值税进项税额的账务处理；
4. 掌握增值税进项税额转出的账务处理；
5. 掌握一般销售业务增值税销项税额的账务处理；
6. 掌握视同销售业务的账务处理；
7. 掌握当月交应增值税的计算；
8. 掌握应交增值税的缴纳、结转的账务处理；

**（三）高阶·素质专项养成**

9. 理解税收的意义，培养依法纳税的意识。

### 二、探寻藏经阁

| 看头条秘籍 | 研经典案例 | 赏思维导图 | 析会计准则 |
|---|---|---|---|

### 三、剑来！——萌新战士养成计划

| 通关策略： | 先探阁熟悉后填写□　填写后再理解掌握□　其他方式：________ |
|---|---|
| 通关掌握程度自设______% 　通关拟用时______分钟 | |

庄重签名：________ 　翘起嘴角 计划开始

**（一）应交增值税概述**

增值税是以商品（含应税劳务、应税行为）在流转过程中实现的增值额作为计税依据而征收的一种流转税。

1. 增值税纳税人分类

按照经营规模大小及会计核算水平健全程度，增值税纳税人分为________和________。

2. 应交增值税的计税方法

(1) 一般计税方法适用于一般纳税人

应纳税额计算公式为：应纳税额＝__________税额－__________税额。

(2) 简易计税方法适用于小规模纳税人和一般纳税人的某些业务

应纳税额计算公式为：应纳税额＝__________×__________。

**(二)一般纳税人的账务处理**

1. 一般纳税人购进货物、加工修理修配劳务、服务、无形资产、不动产应交增值税的核算

| | |
|---|---|
| (1) 一般纳税人购进货物、加工修理修配劳务、服务、无形资产、不动产的核算 | 借：在途物资等<br>应交税费——________________ 【已认证】<br>应交税费——______________ 【未认证】<br>贷：银行存款等 |
| (2) 一般纳税人购进货物、加工修理修配劳务、服务、无形资产、不动产发生退货时 | 根据______________做与购进相反的会计分录；<br>如果进项发票尚未认证，则可以退回给销售方 |
| (3) 一般纳税人购进农产品 | 按收购发票或销售发票的______和相应的________，计算进项税额。<br>农产品入账成本＝______－__________ |

2. 一般纳税人进项税额转出

| | |
|---|---|
| (1) 一般纳税人购进原材料事后改变用途 | 参照应付职工薪酬：购入的原材料发福利部分 |
| (2) 一般纳税人购入存货用于非应税项目 | 参照应付职工薪酬：购入商品发福利部分 |
| (3) 一般纳税人的存货、固定资产发生非正常损失(企业管理责任) | 借：______________<br>贷：原材料等<br>______________________ |

3. 一般纳税人发生销售业务

| | |
|---|---|
| (1) 销售：货物、加工修理修配劳务、服务、无形资产或不动产 | 借：银行存款等<br>贷：主营业务收入等<br>应交税费——应交增值税(__________)<br>应交税费——______________ 【纳税义务尚未发生】<br>应交税费——__________ 【适用简易计税】 |

续表

<table>
<tr><td rowspan="4">(2) 视同销售</td><td>Ⅰ. 自产、委托加工存货用于集体福利、个人消费</td><td>参照应付职工薪酬部分的“自产产品发福利”</td></tr>
<tr><td>Ⅱ. 自产、委托加工、购入存货用于投资</td><td>确认收入时：<br>借：__________<br>　贷：主营业务收入等<br>　　应交税费——应交增值税（__________）<br>结转成本时：<br>借：主营业务成本等<br>　贷：库存商品/原材料</td></tr>
<tr><td>Ⅲ. 自产、委托加工、购入存货用于利润分配</td><td>确认收入时：<br>借：__________<br>　贷：主营业务收入等<br>　　应交税费——应交增值税（销项税额）<br>结转成本时：<br>借：主营业务成本等<br>　贷：__________/原材料</td></tr>
<tr><td>Ⅳ. 自产、委托加工、购入存货用于捐赠</td><td>借：营业外支出<br>　贷：库存商品/__________<br>　　应交税费——应交增值税（销项税额）<br>【销项税额按__________价计算】</td></tr>
</table>

4. 一般纳税人缴纳增值税

| | |
|---|---|
| (1) 一般纳税人缴纳当期的应交增值税时 | 借：__________________<br>　贷：银行存款 |
| (2) 一般纳税人缴纳前期的增值税时 | 借：__________________<br>　贷：银行存款 |

5. 一般纳税人转出增值税

| | |
|---|---|
| (1) 一般纳税人转出未交增值税时 | 借：应交税费——__________________<br>　贷：应交税费——__________ |
| (2) 一般纳税人转出多交增值税时 | 借：应交税费——__________<br>　贷：应交税费——__________________ |

**通关分析：**

通关掌握程度________% 通关用时________分钟 最大专注时长________分钟 微笑比率________%

## 且试我剑——进化先锋锻造营

| 我的团队：______________ | 团队成员 | ____人 | 实到人数 | ____人 |
|---|---|---|---|---|
| 团队通关策略： | 本关领队：_________。"萌新战士"领先成员：____________________<br>结对共进：_________&_________ _________&_________ _________&_________ | | | |
| 商定团队通关掌握程度自设_______% 商定团队通关拟用时_______分钟 | | | | |

庄重签名：_________ 翘起嘴角 锻造开始

1.

2.

(1) 未认证时

(2) 认证通过后

3.

4.

5.

(1) 审批前

(2) 审批后

6.

7.

(1) 确定发放时

(2) 实际发放时

(3) 结转成本

8.

(1) 交纳当月增值税

(2) 转出当月未交增值税

9.

团队通关分析：

| 团队人均掌握程度________%　团队人均用时________分钟 | |
|---|---|
| 通关策略<br>有效性评价： | |

队长签名：________

## 敢于亮剑——巅峰掌控者乐园

巅峰时刻，你应已尽在掌握。
冲关历年初级会计师试题吧，昂扬你的自信！

## 华山论剑——笑谈天下，煮酒论英雄

核心战力状态测评表

| 序号 | 成长维度 | 序号 | 成长因子 | 测评内容 | 优<br>5 | 良<br>4 | 中<br>3 | 差<br>2 |
|---|---|---|---|---|---|---|---|---|
| Ⅰ 自评（认真根据任务完成过程及课堂表现，逐项评价） | | | | | | | | |
| 1 | 知识技能维度 | 1 | 知识层面 | 了解增值税纳税人的分类，熟悉不同计税方法的计算 | | | | |
| | | 2 | 技能层面 | 掌握银行存款相关经济业务的账务处理 | | | | |
| | | | | 掌握农产品购进时增值税进项税额的账务处理 | | | | |
| | | | | 掌握增值税进项税额转出的账务处理 | | | | |
| | | | | 掌握一般销售业务增值税销项税额的账务处理 | | | | |
| | | | | 掌握视同销售业务的账务处理 | | | | |
| | | | | 掌握当月应交增值税的计算 | | | | |
| | | | | 掌握应交增值税的缴纳、结转的账务处理 | | | | |
| 2 | 职业素质专项 | | | 理解税收的意义，培养依法纳税的意识 | | | | |
| Ⅱ 互评（团队其他成员根据自评人实际表现，综合评议以上自评符合度） | | | | | | | | |
| 完全符合□ | 基本符合□ | | 不符合□ | 组长签名：________ | | | | |

# 任务5-4 核算增值税其他相关业务

## 一切准备——由心开始

| 态度准备 | | | | | 自律准备 | | | | | 专注准备 | | | | | 快乐准备 | | | | |
|---|---|---|---|---|---|---|---|---|---|---|---|---|---|---|---|---|---|---|---|
| E | D | C | B | A | E | D | C | B | A | E | D | C | B | A | E | D | C | B | A |

## 任务来了

首先了解任务，以现有能力尝试完成，并在此页面上进行标注，据以分析任务难度和能力缺口，为战力储备阶段指明方向。

一、某小规模纳税人企业发生下列增值税相关经济业务，请根据资料进行账务处理。

1. 购入原材料一批，取得的增值税专用发票上注明的货款为22 600元(含增值税税额2 600元)，支付运费1 000元，取得运费结算单据。货款和运费均以银行存款支付，材料已验收入库，且按实际成本计价。编制购买材料的分录。

2. 销售产品一批，开出的普通发票中注明的价款(含税)为3 090元，增值税征收率为3%，款项已存入银行。计算增值税并编制确认收入的分录。

3. 月末以银行存款缴纳共发生的应交增值税350元。编制缴纳增值税的分录。

二、某旅行社为增值税一般纳税人，应交增值税采用差额征税方式核算。

旅行社为A公司提供职工境内旅游服务，向A公司收取含税价款212万元，其中增值税12万元，全部款项已收妥入账。旅行社以银行存款支付其他接团旅游企业的旅游费用和其他单位相关费用共计106万元，其中，因允许扣减销售额而减少的销项税额为6万元。试编制该旅行社确认收入、支付旅游费用与抵减销项税额的会计分录。

三、乙公司发生下列经济业务，请根据资料进行账务处理。

2024年3月1日，乙公司购入B公司发行的公司债券，支付价款260 000元(其中包含已到付息期但尚未领取的债券利息5 000元)，另支付交易费用3 000元，取得的增值税专用发票上注明的增值税税额为180元，公司将该债券划分为交易性金融资产。2024年9月15日，乙公司出售了所持有的全部B公司债券，售价为355 000元，另支付交易费用3 000元，取得的增值税专用发票上注明的增值税税额为180元。试编制转让该金融商品相关会计分录。

## 战力储备——无非是尽全力做好准备

### 一、核心战力需求

#### (一) 初阶 · 知识需求

1. 熟悉小规模纳税人增值税核算的账户设置；

**(二)中阶·技能需求**

2. 掌握小规模纳税人购进与销售时增值税的账务处理;

3. 掌握采用差额征税方式时增值税的账务处理;

4. 掌握转让金融商品应交增值税的计算与账务处理;

**(三)高阶·素质专项养成**

5. 理解税收的意义,培养依法纳税的意识。

## 二、探寻藏经阁

| | | | |
|---|---|---|---|
| 看头条秘籍 | 研经典案例 | 赏思维导图 | 析会计准则 |

## 三、剑来!——萌新战士养成计划

| 通关策略: | 先探阁熟悉后填写□ 填写后再理解掌握□ 其他方式:______ |
|---|---|
| 通关掌握程度自设____% 通关拟用时____分钟 | |

庄重签名:______ 翘起嘴角 计划开始

### (一)小规模纳税人购进核算

| | |
|---|---|
| 1. 小规模纳税人购进核算说明 | 支付的增值税计入______。 |
| 2. 购进时 | 借:______等<br>贷:银行存款等 |

### (二)小规模纳税人销售核算

| | |
|---|---|
| 1. 小规模纳税人销售核算说明 | 以______和______计算应纳税额 |
| 2. 销售时 | 借:银行存款等<br>贷:主营业务收入/其他业务收入等<br>应交税费——______ |

**(三) 差额征税**

1. 差额征税(按规定的相关成本费用扣减销售额)

|  |  |
| --- | --- |
| (1) 差额征税(按规定的相关成本费用扣减销售额)确认成本时 | 借:____________等<br>贷:银行存款等 |
| (2) 差额征税(按规定的相关成本费用扣减销售额)允许抵扣时 | 借:应交税费——应交增值税(____________)<br>贷:____________ |

以上两个会计分录可以合并。

2. 差额征税(转让金融商品盈亏相抵后的余额)

|  |  |
| --- | --- |
| (1) 让金融商品当期产生转让收益,计算增值税时 | 借:____________<br>贷:应交税费——____________ |
| (2) 转让金融商品当期产生转让损失,计算增值税时 | 借:应交税费——转让金融商品应交增值税<br>贷:____________ |
| (3) 年末不允许抵扣转让金融商品应交增值税时 | 借:____________<br>贷:应交税费——转让金融商品应交增值税 |

转让金额商品应交增值税的计算方法:

金融商品转让按照____________(____________扣除已宣告未发放现金股利和已到付息期未领取的利息)后的余额作为销售额计算增值税。

转让金额商品应交增值税=____________

**(四) 税控设备及技术维护费用**

1. 税控设备及技术维护费用抵减应纳增值税额核算说明

初次购买专用税控系统设备及每期技术维护费用,可全额在增值税____________中抵减。

2. 会计分录

|  |  |
| --- | --- |
| (1) 初次购入税控设备时 | 借:____________<br>贷:____________等 |
| (2) 支付税控设备的技术维护费时 | 借:____________<br>贷:____________等 |
| (3) 初次购入税控设备及支付税控设备的技术维护费抵减应纳增值税额时 | 借:应交税费——应交增值税(____________) 【一般纳税人】<br>应交税费——____________ 【小规模纳税人】<br>贷:____________ |

**通关分析：**

通关掌握程度________% 通关用时________分钟 最大专注时长________分钟 微笑比率________%

## 且试我剑——进化先锋锻造营

<table>
<tr><td>我的团队：______________</td><td>团队成员</td><td>___人</td><td>实到人数</td><td>___人</td></tr>
<tr><td>团队通关策略：</td><td colspan="4">本关领队：________。“萌新战士”领先成员：____________________<br>结对共进：________&________ ________&________ ________&________</td></tr>
<tr><td colspan="5">商定团队通关掌握程度自设______% 商定团队通关拟用时______分钟</td></tr>
</table>

庄重签名：________ 翘起嘴角 锻造开始

一、

1.

2.

3.

二、

1. 确认收入时

2. 支付费用时

3. 抵减销项税额时

三、

1. 购入时

2. 销售时

3. 计算转让金融商品应交增值税时

**团队通关分析：**

<table>
<tr><td colspan="2">团队人均掌握程度______% 团队人均用时______分钟</td></tr>
<tr><td>通关策略有效性评价：</td><td></td></tr>
</table>

队长签名：________

## 敢于亮剑——巅峰掌控者乐园

巅峰时刻,你应已尽在掌握。
冲关历年初级会计师试题吧,昂扬你的自信!

## 华山论剑——笑谈天下,煮酒论英雄

核心战力状态测评表

<table>
<tr><th rowspan="2">序号</th><th rowspan="2">成长维度</th><th rowspan="2">序号</th><th rowspan="2">成长因子</th><th rowspan="2">测评内容</th><th>优</th><th>良</th><th>中</th><th>差</th></tr>
<tr><th>5</th><th>4</th><th>3</th><th>2</th></tr>
<tr><td colspan="9">Ⅰ 自评(认真根据任务完成过程及课堂表现,逐项评价)</td></tr>
<tr><td rowspan="4">1</td><td rowspan="4">知识技能维度</td><td>1</td><td>知识层面</td><td>熟悉小规模纳税人增值税核算的账户设置</td><td></td><td></td><td></td><td></td></tr>
<tr><td rowspan="3">2</td><td rowspan="3">技能层面</td><td>掌握小规模纳税人购进与销售时增值税的账务处理</td><td></td><td></td><td></td><td></td></tr>
<tr><td>掌握采用差额征税方式时增值税的账务处理</td><td></td><td></td><td></td><td></td></tr>
<tr><td>掌握转让金融商品应交增值税的计算与账务处理</td><td></td><td></td><td></td><td></td></tr>
<tr><td>2</td><td colspan="3">职业素质专项</td><td>理解税收的意义,培养依法纳税的意识</td><td></td><td></td><td></td><td></td></tr>
<tr><td colspan="9">Ⅱ 互评(团队其他成员根据自评人实际表现,综合评议以上自评符合度)</td></tr>
<tr><td colspan="2">完全符合□</td><td colspan="2">基本符合□</td><td>不符合□</td><td colspan="4">组长签名:__________</td></tr>
</table>

# 任务5-5 核算应交消费税

## 一切准备——由心开始

<table>
<tr><td colspan="5">态度准备</td><td colspan="5">自律准备</td><td colspan="5">专注准备</td><td colspan="5">快乐准备</td></tr>
<tr><td>E</td><td>D</td><td>C</td><td>B</td><td>A</td><td>E</td><td>D</td><td>C</td><td>B</td><td>A</td><td>E</td><td>D</td><td>C</td><td>B</td><td>A</td><td>E</td><td>D</td><td>C</td><td>B</td><td>A</td></tr>
</table>

## 任务来了

首先了解任务,以现有能力尝试完成,并在此页面上进行标注,据以分析任务难度和能力缺口,为战力储备阶段指明方向。

任务要求：轩辕公司为增值税一般纳税人。请根据以下业务做相应的账务处理，如有计算，要写出计算过程。

1. 销售所生产的高档化妆品，不含增值税的价款为500 000元，消费税税率为15%。计算应交消费税并编制分录。

2. 销售一批应税消费品，不含增值税的价款为50 000元，消费税税率为30%，随同销售的包装物单独计价，不含税价格为600元。计算应交消费税并编制分录。

3. 为在建工程领用自产柴油2吨，成本价为4 400元/吨，销售价为5 440元/吨，柴油1吨=1 176升，当前消费税税率为0.8元/升，增值税税率为13%。编制领用柴油的分录。

4. 企业下设的职工食堂享受公司提供的补贴，领用自产应税消费品一批，该消费品的账面价值为30 000元，不含增值税的市场价格为50 000元，适用的消费税税率为10%，增值税税率为13%。计算应交消费税和增值税，并编制有关会计分录。

5. 委托乙企业加工材料一批，发出材料成本为50 000元，支付加工费20 000元，提供加工劳务的增值税税率为13%，适用的消费税税率为30%。按乙方同类商品价格确定的销售总价格为99 800元，收回后用于继续加工应税消费品。要求计算消费税税额，并编制支付给乙方消费税和收回委托加工物资的分录(其他分录略)。

6. 假定该批商品收回后直接对外销售。要求计算消费税税额，并编制支付给乙方加工费、增值税和消费税的分录(其他分录略)。

7. 进口一辆小汽车供业务使用，小汽车的到岸价格折合人民币400 000元，应纳关税200 000元，适用消费税税率为5%，增值税税率为13%。计算进口小汽车应交的增值税和消费税，编制以银行存款支付价款和各种税费的分录。

## 战力储备——无非是尽全力做好准备

### 一、核心战力需求

**(一) 初阶·知识需求**

1. 了解消费税的含义与征收方法；

**(二) 中阶·技能需求**

2. 掌握销售应税消费品时的账务处理；
3. 掌握在建工程领用自产应税消费品的账务处理；
4. 掌握自产应税消费品用于企业职工福利的账务处理；
5. 掌握委托加工物资相关消费税的账务处理；
6. 掌握进口应税消费品的账务处理；

**(三) 高阶·素质专项养成**

7. 理解税收的意义，培养依法纳税的意识。

## 二、探寻藏经阁

| 看头条秘籍 | 研经典案例 | 赏思维导图 | 析会计准则 |
|---|---|---|---|

## 三、剑来！——萌新战士养成计划

| 通关策略： | 先探阁熟悉后填写□ 填写后再理解掌握□ 其他方式：________ |
|---|---|
| 通关掌握程度自设______% 通关拟用时______分钟 | |

庄重签名：________ 翘起嘴角 计划开始

### (一) 应交消费税概述

消费税的征收方法包括从价定率、从量定额、复合计税。

### (二) 应交消费税的账务处理

| | |
|---|---|
| 1. 销售消费税应税消费品，计算消费税时 | 借：________<br>贷：________ |
| 2. 自产应税消费品用于在建工程，结转成本时 | 借：________<br>贷：________<br>________ |
| 3. 自产应税消费品用于职工福利，计算消费税时 | 比照“销售应税消费品的核算” |
| 4. 委托加工消费税应税消费品时 | 参照“存货”委托加工物资部分 |
| 5. 进口应税消费品，入账时 | 进口应税消费品的增值税组成计税价格＝____＋____＋____，进口商品入账价值＝________<br>进项税额＝增值税组成计税价格×税率<br>消费税＝________<br>会计分录：<br>借：________等<br>________<br>贷：银行存款 |

**通关分析：**

通关掌握程度________%　通关用时________分钟　最大专注时长________分钟　微笑比率________%

## 且试我剑——进化先锋锻造营

| 我的团队：______________ | | 团队成员 | ___人 | 实到人数 | ___人 |
|---|---|---|---|---|---|
| 团队通关策略： | 本关领队：________。“萌新战士”领先成员：______________<br>结对共进：________ & ________　________ & ________　________ & ________ | | | | |
| 商定团队通关掌握程度自设________%　商定团队通关拟用时________分钟 | | | | | |

庄重签名：________　翘起嘴角　锻造开始

1. 销售所生产的高档化妆品时

2. 销售一批应税消费品时

3. 在建工程领用自产柴油时

4. 食堂领用自产应税消费品

(1) 领用消费品时

(2) 计算消费税时

(3) 结转成本

5. 委托加工物资

(1) 发出材料

(2) 支付加工费

(3) 支付消费税

(4) 收回

6. 假定该批商品收回后直接对外销售

(1) 支付消费税

(2) 收回

7. 进口 1 辆小汽车供业务使用

**团队通关分析：**

<table>
<tr><td colspan="2">团队人均掌握程度________% 团队人均用时________分钟</td></tr>
<tr><td>通关策略<br>有效性评价：</td><td></td></tr>
</table>

队长签名：________

## 敢于亮剑——巅峰掌控者乐园

巅峰时刻，你应已尽在掌握。
冲关历年初级会计师试题吧，昂扬你的自信！

## 华山论剑——笑谈天下，煮酒论英雄

**核心战力状态测评表**

<table>
<tr><th rowspan="2">序号</th><th rowspan="2">成长维度</th><th rowspan="2">序号</th><th rowspan="2">成长因子</th><th rowspan="2">测评内容</th><th>优</th><th>良</th><th>中</th><th>差</th></tr>
<tr><th>5</th><th>4</th><th>3</th><th>2</th></tr>
<tr><td colspan="9">Ⅰ 自评（认真根据任务完成过程及课堂表现，逐项评价）</td></tr>
<tr><td rowspan="6">1</td><td rowspan="6">知识技能维度</td><td>1</td><td>知识层面</td><td>了解消费税的含义与征收方法</td><td></td><td></td><td></td><td></td></tr>
<tr><td rowspan="5">2</td><td rowspan="5">技能层面</td><td>掌握销售应税消费品时的账务处理</td><td></td><td></td><td></td><td></td></tr>
<tr><td>掌握在建工程领用自产应税消费品的账务处理</td><td></td><td></td><td></td><td></td></tr>
<tr><td>掌握自产应税消费品用于企业职工福利的账务处理</td><td></td><td></td><td></td><td></td></tr>
<tr><td>掌握委托加工物资相关消费税的账务处理</td><td></td><td></td><td></td><td></td></tr>
<tr><td>掌握进口应税消费品的账务处理</td><td></td><td></td><td></td><td></td></tr>
<tr><td>2</td><td colspan="3">职业素质专项</td><td>理解税收的意义，培养依法纳税的意识</td><td></td><td></td><td></td><td></td></tr>
<tr><td colspan="9">Ⅱ 互评（团队其他成员根据自评人实际表现，综合评议以上自评符合度）</td></tr>
<tr><td colspan="2">完全符合□</td><td colspan="2">基本符合□</td><td>不符合□</td><td colspan="4">组长签名：________</td></tr>
</table>

# 任务5-6　核算其他应交税费

## 一切准备——由心开始

| 态度准备 | | | | | 自律准备 | | | | | 专注准备 | | | | | 快乐准备 | | | | |
|---|---|---|---|---|---|---|---|---|---|---|---|---|---|---|---|---|---|---|---|
| E | D | C | B | A | E | D | C | B | A | E | D | C | B | A | E | D | C | B | A |

## 任务来了

首先了解任务，以现有能力尝试完成，并在此页面上进行标注，据以分析任务难度和能力缺口，为战力储备阶段指明方向。

任务要求：轩辕公司为增值税一般纳税人。请根据以下业务做相应的账务处理，如有计算，要写出计算过程。

1. 某企业本月实际缴纳增值税440 000元、消费税252 000元。适用的城市维护建设税税率为7%、教育费附加为3%。计算应交的城市维护建设税和教育费附加，编制计提与缴纳税金的分录。

2. 乙企业本期外销资源税应税矿产品共4 800吨、自产自用于企业非资源税产品的生产共1 000吨。税法规定，该产品资源税每吨5元。计算应纳资源税税额并编制分录。

3. 某企业转让一栋办公楼，根据税法计算应缴纳的土地增值税为52 000元。假如土地使用权与办公楼一并在“固定资产”账户核算，编制计提和缴纳土地增值税的分录。

4. 某企业2024年度自用经营用房10栋，原值共12 600万元，房产税税率为1.2%，当地规定的减除比例为20%。出租房5栋，年租金共200万元，税率为12%。计算应纳房产税并编制计提税金的分录。

5. 某厂位于大城市，实际占用土地面积10 000平方米，核定单位税额为10元/平方米。计算年应纳城镇土地使用税，并编制计提税金的分录。

6. 某企业经计算全年应纳车船税为3 280元。编制计提车船税的分录。

## 战力储备——无非是尽全力做好准备

### 一、核心战力需求

**(一) 初阶 · 知识需求**

1. 了解城市维护建设税与教育费附加的计税依据。

**(二) 中阶 · 技能需求**

2. 掌握城市维护建设税和教育费附加的计算和账务处理；
3. 掌握资源税应税产品外销与自用的账务处理；
4. 掌握土地增值税计提和缴纳的账务处理；
5. 掌握房产税计提与缴纳的账务处理；

6. 掌握城镇土地使用税计提与缴纳的账务处理；

7. 掌握车船税计算与缴纳的账务处理。

**（三）高阶·素质专项养成**

8. 理解税收的意义，培养依法纳税的意识。

## 二、探寻藏经阁

| 看头条秘籍 | 研经典案例 | 赏思维导图 | 析会计准则 |
|---|---|---|---|

## 三、剑来！——萌新战士养成计划

| 通关策略： | 先探阁熟悉后填写□　填写后再理解掌握□　其他方式：________ |
|---|---|
| 通关掌握程度自设______%　通关拟用时______分钟 | |

庄重签名：________　翘起嘴角　计划开始

**（一）应交资源税的账务处理**

| 1. 销售资源税应税产品时 | 借：________<br>贷：应交税费——________ |
|---|---|
| 2. 自产自用资源税应税产品时 | 借：______/______等<br>贷：应交税费——应交资源税 |

**（二）应交城市维护建设税的账务处理**

| 1. 应交城市维护建设税计算 | 以________应纳税额为计税依据乘以相应的税率（1%—7%） |
|---|---|
| 2. 计算应交城市维护建设税时 | 借：________<br>贷：应交税费——应交城市维护建设税 |

**（三）应交教育费附加的账务处理**

| 1. 应交教育费附加计算 | 以________应纳税额为计税依据乘以相应的征收率 |
|---|---|
| 2. 计算应交教育费附加时 | 借：________<br>贷：应交税费——应交教育费附加 |

**(四) 应交土地增值税的账务处理**

1. 应交土地增值税计算

转让房地产增值额(收入－相应扣除项目)结合四级超率累进税率。

2. 应交土地增值税的账务处理

| | |
|---|---|
| (1) 在"固定资产"核算[无法单独计价(与附着建筑物一并取得)] | 借：__________<br>　　贷：应交税费——应交土地增值税 |
| (2) 土地使用权在"无形资产"核算(单独计价) | 借：累计摊销<br>　　无形资产减值准备<br>　　贷：无形资产<br>　　　　应交税费——应交土地增值税<br>　　　　__________ |
| (3) 房地产企业销售商品(单独计价的土地使用权,房地产企业以存货进行核算) | 借：__________<br>　　贷：应交税费——应交土地增值税<br>另：企业持有准备增值转让或者已出租的土地使用权,属于投资性房地产。 |

**(五) 房产税、城镇土地使用税、车船税的账务处理**

| | |
|---|---|
| 计算应交房产税、城镇土地使用税、车船税 | 借：__________<br>　　贷：应交税费——应交×××× |

**(六) 代扣代缴个人所得税的账务处理**

| | |
|---|---|
| 1. 代扣时 | 借：________________<br>　　贷：________________ |
| 2. 代缴时 | 借：应交税费——应交个人所得税<br>　　贷：银行存款 |

**通关分析：**

通关掌握程度________% 通关用时________分钟 最大专注时长________分钟 微笑比率________%

## 且试我剑——进化先锋锻造营

| 我的团队：________________ | | 团队成员 | ____人 | 实到人数 | ____人 |
|---|---|---|---|---|---|
| 团队通关策略： | 本关领队：__________。"萌新战士"领先成员：______________________________<br>结对共进：__________&__________ __________&__________ __________&__________ | | | | |
| 商定团队通关掌握程度自设________% 商定团队通关拟用时________分钟 | | | | | |

庄重签名：__________ 翘起嘴角 锻造开始

1. 计算与缴纳城建税与教育费附加

应交城市维护建设税＝

应交教育附加费＝

(1) 计提

(2) 缴纳

2. 销售和自用资源税应税消费品

3. 计提缴纳土地增值税

(1) 计提

(2) 缴纳

4. 计算房产税

5. 计算城镇土地使用税

6. 计提车船税

**团队通关分析：**

| 团队人均掌握程度________% 团队人均用时________分钟 | |
|---|---|
| 通关策略有效性评价： | |

队长签名：__________

## 敢于亮剑——巅峰掌控者乐园

巅峰时刻，你应已尽在掌握。

冲关历年初级会计师试题吧，昂扬你的自信！

## 华山论剑——笑谈天下，煮酒论英雄

核心战力状态测评表

<table>
<tr><th rowspan="2">序号</th><th rowspan="2">成长维度</th><th rowspan="2">序号</th><th rowspan="2">成长因子</th><th rowspan="2">测 评 内 容</th><th>优</th><th>良</th><th>中</th><th>差</th></tr>
<tr><th>5</th><th>4</th><th>3</th><th>2</th></tr>
<tr><td colspan="9">Ⅰ 自评(认真根据任务完成过程及课堂表现，逐项评价)</td></tr>
<tr><td rowspan="7">1</td><td rowspan="7">知识技能维度</td><td>1</td><td>知识层面</td><td>了解城市维护建设税与教育费附加的计税依据</td><td></td><td></td><td></td><td></td></tr>
<tr><td rowspan="6">2</td><td rowspan="6">技能层面</td><td>掌握城市维护建设税和教育费附加的计算和账务处理</td><td></td><td></td><td></td><td></td></tr>
<tr><td>掌握资源税应税产品外销与自用的账务处理</td><td></td><td></td><td></td><td></td></tr>
<tr><td>掌握土地增值税计提和缴纳的账务处理</td><td></td><td></td><td></td><td></td></tr>
<tr><td>掌握房产税计提与缴纳的账务处理</td><td></td><td></td><td></td><td></td></tr>
<tr><td>掌握城镇土地使用税计提与缴纳的账务处理</td><td></td><td></td><td></td><td></td></tr>
<tr><td>掌握车船税计算与缴纳的账务处理</td><td></td><td></td><td></td><td></td></tr>
<tr><td>2</td><td colspan="3">职业素质专项</td><td>理解税收的意义，培养依法纳税的意识</td><td></td><td></td><td></td><td></td></tr>
<tr><td colspan="9">Ⅱ 互评(团队其他成员根据自评人实际表现，综合评议以上自评符合度)</td></tr>
<tr><td colspan="2">完全符合□</td><td colspan="2">基本符合□</td><td>不符合□</td><td colspan="4">组长签名：__________</td></tr>
</table>

# 任务5-7　核算长期借款、应付债券和长期应付款

## 一切准备——由心开始

| 态度准备 | | | | | 自律准备 | | | | | 专注准备 | | | | | 快乐准备 | | | | |
|---|---|---|---|---|---|---|---|---|---|---|---|---|---|---|---|---|---|---|---|
| E | D | C | B | A | E | D | C | B | A | E | D | C | B | A | E | D | C | B | A |

## 任务来了

首先了解任务，以现有能力尝试完成，并在此页面上进行标注，据以分析任务难度和能力缺口，为战力储备阶段指明方向。

任务要求：轩辕公司为增值税一般纳税人。请根据以下业务做相应的账务处理，如有计算，要写出计算过程。

(一) 长期借款相关业务

2023年11月30日，从银行借入资金3 000 000元，借款期限为3年，年利率为4.8%(到期一次还本付息，不计复利)。所借款项已存入银行。公司用该借款于当日购买不需安装的设备一台，价款为2 000 000元，增值税税额为260 000元，另支付保险等费用100 000元，设备已于当日投入使用。

（二）应付债券相关业务

1. 公司于2021年7月1日按面值发行3年期、到期时一次还本付息、票面年利率为8%（不计复利）、面值总额为30 000 000元的债券，并于当日收到款项30 000 000元。假定票面年利率等于实际利率。

2. 公司发行债券所筹资金于当日用于建造固定资产，至2021年12月31日工程尚未完工，计提本年长期债券利息。

3. 2024年7月1日，公司以银行存款偿还债券本金和利息（假定利息已全部计提）。

##  战力储备——无非是尽全力做好准备

### 一、核心战力需求

**（一）初阶·知识需求**

1. 熟悉长期借款、应付债券、长期应付款的账户设置；
2. 熟悉长期借款、应付债券的利息费用计入有关成本费用的原则；
3. 熟悉长期债券发行的三种方式；

**（二）中阶·技能需求**

4. 掌握长期借款借入、计息与偿还的账务处理；
5. 掌握长期债券发行、计息与偿还的账务处理；
6. 掌握企业具有融资性质延期支付购入固定资产时各账户发生金额的计算；

**（三）高阶·素质专项养成**

7. 基于拓展融资形式培养守正创新的意识。

### 二、探寻藏经阁

| [二维码] | [二维码] | [二维码] | [二维码] |
|---|---|---|---|
| 看头条秘籍 | 研经典案例 | 赏思维导图 | 析会计准则 |

### 三、剑来！——萌新战士养成计划

| 通关策略： | 先探阁熟悉后填写□　填写后再理解掌握□　其他方式：________ |
|---|---|
| 通关掌握程度自设______%　通关拟用时______分钟 | |

庄重签名：________　☛ 翘起嘴角 ☺ 计划开始

**（一）长期借款概述**

长期借款是指企业向银行或其他金融机构借入的期限在________的各种借款。

### （二）长期借款的账务处理

| | |
|---|---|
| 1. 取得长期借款 | 借：银行存款 【实收金额】<br>长期借款——__________ 【差额】<br>贷：长期借款——__________ 【确认的借款额】 |
| 2. 发生长期借款利息 | 借：__________ 【筹建期间】<br>__________ 【生产经营期间】<br>__________ 【购建固定资产期间】<br>__________ 【无形资产研发期间】<br>贷：__________ 【分期付息】<br>长期借款——__________ 【到期一次还本付息】 |
| 3. 分期支付长期借款利息 | 借：__________<br>贷：银行存款 |
| 4. 归还长期借款本息 | 借：长期借款——__________<br>——__________ 【到期一次还本付息】<br>贷：银行存款 |

### （三）应付债券概述

企业为筹集长期资金而发行的、期限在1年以上的债券为应付债券。债券发行有____________________三种情况。

### （四）应付债券的账务处理

| | |
|---|---|
| 1. 发行债券时 | 借：银行存款<br>应付债券——__________ 【折价发行】<br>贷：应付债券——__________<br>——__________ 【溢价发行】 |
| 2. 每期计提利息时 | 借：__________ 【购建固定资产期间】<br>__________ 【无形资产研发期间】<br>__________ 【用于产品生产】<br>__________ 【用于生产经营管理】<br>应付债券——__________ 【溢价摊销】<br>贷：__________ 【分期付息】<br>应付债券——__________ 【到期一次还本付息】<br>——__________ 【折价摊销】 |
| 3. 每期付息时 | 借：__________<br>贷：银行存款 |
| 4. 到期支付债券本息时 | 借：应付债券——__________<br>——__________<br>贷：银行存款 |

**(五) 长期应付款概述**

长期应付款是指企业除长期借款和应付债券以外的______________________,如以分期付款方式购入固定资产发生的应付款项等。

**(六) 长期应付款账务处理**

| 企业购入资产超过正常信用条件延期付款,实质上具有融资性质时 | 借:__________/__________等 【购买价款的现值之和】<br>______________ 【差额】<br>贷:______________ 【应支付价款总额】 |
|---|---|

**通关分析:**

通关掌握程度________% 通关用时________分钟 最大专注时长________分钟 微笑比率________%

## 且试我剑——进化先锋锻造营

| 我的团队:________________ | 团队成员 | ____人 | 实到人数 | ____人 |
|---|---|---|---|---|
| 团队通关策略: | 本关领队:__________。"萌新战士"领先成员:______________________________<br>结对共进:__________&__________ __________&__________ __________&__________ | | | |
| 商定团队通关掌握程度自设________% 商定团队通关拟用时________分钟 | | | | |

庄重签名:__________ 翘起嘴角 锻造开始

1. 长期借款相关业务

(1) 借入资金,购入设备

① 取得借款时

② 支付设备款及保险费用时

(2) 2023 年 12 月 31 日计提长期借款利息时

2023 年 12 月 31 日计提的长期借款利息=

(3) 到期偿还本息(假定利息已计提)时

2. 应付债券相关业务

(1) 发行债券时

(2) 2021 年 12 月 31 日计提本年长期债券利息时

(3) 2024年7月1日偿还债券本息时

**团队通关分析：**

| 团队人均掌握程度________% 团队人均用时________分钟 | |
|---|---|
| 通关策略有效性评价： | |

队长签名：________

## 敢于亮剑——巅峰掌控者乐园

巅峰时刻，你应已尽在掌握。
冲关历年初级会计师试题吧，昂扬你的自信！

## 华山论剑——笑谈天下，煮酒论英雄

**核心战力状态测评表**

| 序号 | 成长维度 | 序号 | 成长因子 | 测评内容 | 优 5 | 良 4 | 中 3 | 差 2 |
|---|---|---|---|---|---|---|---|---|
| Ⅰ 自评（认真根据任务完成过程及课堂表现，逐项评价） | | | | | | | | |
| 1 | 知识技能维度 | 1 | 知识层面 | 熟悉长期借款、应付债券、长期应付款的账户设置 | | | | |
| | | | | 熟悉长期借款、应付债券的利息费用计入有关成本费用的原则 | | | | |
| | | | | 熟悉长期债券发行的三种方式 | | | | |
| | | 2 | 技能层面 | 掌握长期借款借入、计息与偿还的账务处理 | | | | |
| | | | | 掌握长期债券发行、计息与偿还的账务处理 | | | | |
| | | | | 掌握企业具有融资性质延期支付购入固定资产时各账户发生金额的计算 | | | | |
| 2 | 职业素质专项 | | | 基于拓展融资形式培养守正创新的意识 | | | | |
| Ⅱ 互评（团队其他成员根据自评人实际表现，综合评议以上自评符合度） | | | | | | | | |
| 完全符合□ | | 基本符合□ | | 不符合□ | 组长签名：________ | | | |

## 深省自勉　助力荣耀之路

**多维成长增值测评表——成就你的“六边形战士”**

| 序号 | 成长维度 | 序号 | 成长因子 | 测评内容 | M01 | M02 | M03 | M04 | M05 | M06 | M07 |
|---|---|---|---|---|---|---|---|---|---|---|---|
| | | | | | 10 | 10 | 10 | 10 | 10 | 10 | 10 |
| 1 | 态度品质维度 | 1 | 诚实守信 | 不抄袭、不作弊，学习不弄虚作假 | | | | | | | |
| | | 2 | 尊重他人 | 认真听课，倾听和尊重同学的观点 | | | | | | | |
| | | 3 | 勇担责任 | 对自己学习负责，成为团队正能量 | | | | | | | |
| | | 4 | 公正公平 | 在课堂互评等活动中不偏袒、不歧视 | | | | | | | |
| | | 5 | 遵守规则 | 遵守课堂纪律，无旷课、迟到、早退 | | | | | | | |
| 2 | 创造创新维度 | 1 | 创新思维 | 提出新颖的观点或解决问题的方法 | | | | | | | |
| | | 2 | 独立思考 | 运用所学，静心思考，提出解决方案 | | | | | | | |
| | | 3 | 探索精神 | 愿意主动预习，对新任务有求知欲 | | | | | | | |
| | | 4 | 批判思维 | 对教师或同学的方案不盲从，合理质疑 | | | | | | | |
| 3 | 情感认知维度 | 1 | 自我认知 | 能够对课堂表现自我反思并加以改进 | | | | | | | |
| | | 2 | 情绪管理 | 能够享受学习过程，快乐学习 | | | | | | | |
| | | 3 | 自爱自信 | 接受自己，敢于表达，敢于尝试 | | | | | | | |
| | | 4 | 换位思考 | 能感受他人，倾心同学的观点和感受 | | | | | | | |

续表

| 序号 | 成长维度 | 序号 | 成长因子 | 测评内容 | M01 | M02 | M03 | M04 | M05 | M06 | M07 |
|---|---|---|---|---|---|---|---|---|---|---|---|
| | | | | | 10 | 10 | 10 | 10 | 10 | 10 | 10 |
| 4 | 社交合作维度 | 1 | 互动交流 | 积极参与讨论，主动发起讨论 | | | | | | | |
| | | 2 | 团队合作 | 合作完成任务，有领导力与团队精神 | | | | | | | |
| | | 3 | 解决冲突 | 理性解决分歧，尊重他人，寻求共识 | | | | | | | |
| | | 4 | 社交礼仪 | 尊重教师和同学，注重课堂仪表 | | | | | | | |
| 5 | 知识技能维度 | 1 | 知识层面 | 该任务“核心战力需求”中“知识需求”的达成情况 | | | | | | | |
| | | 2 | 技能层面 | 该任务“核心战力需求”中“技能需求”的达成情况 | | | | | | | |
| 6 | 职业素质养成专项 | | | 该任务“核心战力需求”中“素质专项需求”的达成情况 | | | | | | | |

测评说明：(1)测评类型：学生自评；(2)测评时间：每个任务完成后；(3)测评方式：教师引导学生逐项判断，逐项打分；(4)分值确定：M01－M07 表示项目 1 的 7 个任务，每个任务的每个成长因子都按实际表现给予分值(1≤分值≤10)。希望同学对每个任务按同样的标准进行评分，以此感受和激励个人不断成长。

# 项目 6
# 核算所有者权益

所有者权益是指企业资产扣除负债后，由所有者享有的剩余权益。所有者权益通常由实收资本（或股本）、其他权益工具、资本公积、其他综合收益、专项储备、留存收益构成。所有者权益的来源包括所有者投入的资本、直接计入所有者权益的利得和损失、留存收益等。其中，直接计入所有者权益的利得和损失是指不应计入当期损益、会导致所有者权益发生增减变动的、与所有者投入资本或者向所有者分配利润无关的利得或者损失。

本项目主要训练掌握所有者权益中实收资本（或股本）、资本公积、其他综合收益以及留存收益等部分的核算技能。

## 项目全图

6. 核算所有者权益
- 6.1 核算实收资本（或股本）
- 6.2 核算资本公积和其他综合收益
- 6.3 核算留存收益

## 善阅静思　悟道修心

### 华为公司的股权激励计划——因时制宜、不断创新的典范

华为公司作为中国乃至全球的科技巨头，自 1987 年创立以来，凭借其前瞻性的战略视野和不断创新的管理理念，实现了企业的跨越式发展。其中，华为数次大型股权激励计划的推出与实施，不仅反映了华为对激励机制的深刻理解和灵活运用，更彰显了其因时制宜、不断创新的管理智慧。

1. 早期员工持股与内部融资计划

华为在早期推出员工持股计划，允许员工以较低的价格购买公司股份，实现内部融资。股权分红设定为税后利润的 15%，将员工利益与公司发展紧密相连，增强了员工的归属感和忠诚度。

2. 虚拟受限股计划

随着公司规模扩大，华为推出虚拟受限股计划，既保证员工分享公司成长红利，又避免股权过度分散，通过设定期权行使期限和逐年兑现额度，确保激励的长期性和稳定性。

3. 自愿降薪运动与进一步股权激励

面对市场挑战和产权官司，华为发起自愿降薪运动，与员工共渡难关，同时通过进一步进行股权激励，稳住员工队伍，展现公司管理层与员工共患难的决心。

4. 饱和配股制与时间单位计划

饱和配股制设定持股上限，为新员工提供更多持股机会，平衡新老员工利益。时间单位计划解决外籍员工和基层员工的激励问题，确保他们也能享受公司发展的成果。

通过这一系列股权激励计划的实施，华为成功地将员工的个人利益与公司的发展目标紧密结合，激发了员工的积极性和创造力。这不仅促进了公司的持续发展和壮大，也使华为在全球科技领域树立了良好的企业形象。

## 畅谈倾听　论道明理

阅读思考案例以后，和同学们讨论交流以下问题：

1. 华为公司是如何因时制宜制定政策的？
2. 华为公司创新的激励机制起到了什么样的效果？
3. 作为学生，你在团队学习的过程中如何进行团队激励和自我激励？

最后，请你将对第 3 个问题的思考写在下面。

______________________________

______________________________

______________________________

______________________________

______________________________

# 任务6-1 核算实收资本(或股本)

## 一切准备——由心开始

| 态度准备 | | | | | 自律准备 | | | | | 专注准备 | | | | | 快乐准备 | | | | |
|---|---|---|---|---|---|---|---|---|---|---|---|---|---|---|---|---|---|---|---|
| E | D | C | B | A | E | D | C | B | A | E | D | C | B | A | E | D | C | B | A |

## 任务来了

**首先了解任务,以现有能力尝试完成,并在此页面上进行标注,据以分析任务难度和能力缺口,为战力储备阶段指明方向。**

任务要求:轩辕公司为增值税一般纳税人。请根据以下业务做相应的账务处理,如有计算,要写出计算过程。

1. 甲、乙、丙共同设立S有限责任公司,注册资本为4 000 000元。甲、乙、丙持股比例分别为55%、25%、20%。按章程规定,甲、乙、丙投入资本分别为2 200 000元、1 000 000元、800 000元,存入银行。

2. 为扩大经营规模,经批准,S公司注册资本扩大为6 000 000元。甲、乙、丙按照原出资比例分别追加投资1 100 000元、500 000元、400 000元。

3. A股份有限公司发行普通股10 000 000股,每股面值为1元,每股发行价格为4元。发行成功,发行过程中相关税费为5 000元。款项已存入银行。

4. A有限责任公司于设立时收到B公司作为资本投入的不需要安装的机器设备一台,合同约定设备的价值为1 000 000元,进项税额为130 000元,当月通过认证。合同约定的固定资产价值与公允价值相符,不考虑其他因素。

5. B有限责任公司于设立时收到C公司作为资本投入的原材料一批,投资合同或协议约定不含增值税的价值为200 000元,取得发票注明的增值税进项税额为26 000元,并通过了认证。合同约定的价值与公允价值相符,不考虑其他因素,原材料按实际成本核算。

6. C有限责任公司设立时,接受E公司投入一项非专利技术,投资合同约定价值为80 000元;同时收到E公司投入的一项土地使用权,投资合同约定价值为500 000元。合同约定价值与公允价值相符,不考虑税费等其他因素。

7. 为扩大经营规模,经批准,S公司按原出资比例将资本公积1 000 000元转增资本。

8. 经批准,S公司按原出资比例将盈余公积1 000 000元转增资本。

9. 甲公司2023年12月31日的股本为100 000 000股,面值为1元,资本公积(股本溢价)为28 000 000元,盈余公积为30 000 000元。经股东大会批准,甲公司以现金回购本公司股票 10 000 000 股并注销。假定甲公司按每股 4 元回购,不考虑其他因素。

10. 假定甲公司上述回购股票业务每股以 0.9 元回购,其他条件不变。

## 战力储备——无非是尽全力做好准备

### 一、核心战力需求

**(一) 初阶 · 知识需求**

1. 熟悉股份公司与其他企业的账户设置;

**(二) 中阶 · 技能需求**

2. 掌握企业接受投资、追加投资业务的账务处理;
3. 掌握企业发行股票的账务处理;
4. 掌握企业接受固定资产、材料物资、无形资产等投资的账务处理;
5. 掌握企业以资本公积、盈余公积转增资本金的账务处理;
6. 掌握企业股票回购的账务处理;

**(三) 高阶 · 素质专项养成**

7. 培养对企业员工激励机制创新的管理智慧。

### 二、探寻藏经阁

| | | | |
|---|---|---|---|
| 看头条秘籍 | 研经典案例 | 赏思维导图 | 析会计准则 |

### 三、剑来!——萌新战士养成计划

| 通关策略: | 先探阁熟悉后填写□ 填写后再理解掌握□ 其他方式:________ |
|---|---|
| 通关掌握程度自设________% 通关拟用时________分钟 | |

庄重签名:________ 翘起嘴角 计划开始

**(一) 接受现金投资的账务处理**

| 1. 非股份有限公司 | 借:银行存款 【收到的金额】<br>贷:________ 【在注册资本中所占份额】<br>________________ 【超出部分】 |
|---|---|

续表

| | |
|---|---|
| 2. 股份有限公司<br>注意：我国不允许折价发行股票 | 借：银行存款<br>　贷：__________ 【面值】<br>　　______________________ 【超出面值部分】 |

**(二) 接受固定资产、材料物资、无形资产投资的账务处理**

| | |
|---|---|
| 被投资方接受投资时<br>(对于投资方，应按“__________”核算。) | 借：固定资产/原材料/无形资产 【公允价】<br>　应交税费——应交增值税(进项税额) 【接受存货投资时】<br>　贷：__________ 【在注册资本中所占份额】<br>　　__________ 【超出部分】 |

注意：还要考虑增值税是否由接受投资方承担。

**(三) 实收资本(股本)增减变动的账务处理**

<table>
<tr><td>1. 追加投资</td><td colspan="2">借：银行存款等<br>　贷：实收资本/股本<br>　　__________ 【投资金额超出确认为资本金部分】</td></tr>
<tr><td>2. 资本公积转增</td><td colspan="2">借：__________<br>　贷：__________/__________</td></tr>
<tr><td>3. 盈余公积转增</td><td colspan="2">借：__________<br>　贷：实收资本/股本</td></tr>
<tr><td rowspan="3">4. 回购股票减资</td><td>(1) 回购时</td><td>借：__________ 【支付的金额】<br>　贷：银行存款</td></tr>
<tr><td>(2) 注销库存股时(溢价回购的情况)</td><td>借：__________ 【面值】<br>　__________________ 【超出部分】<br>　__________/______________________ 【股本溢价不足冲减部分】<br>　贷：__________</td></tr>
<tr><td>(3) 注销库存股时(折价回购的情况)</td><td>借：__________ 【面值】<br>　贷：__________<br>　　______________________ 【面值超出回购价部分】</td></tr>
</table>

**通关分析：**

通关掌握程度________% 通关用时________分钟 最大专注时长________分钟
微笑比率________%

## 且试我剑——进化先锋锻造营

| 我的团队：______________ | 团队成员 | ___人 | 实到人数 | ___人 |
|---|---|---|---|---|
| 团队通关策略： | 本关领队：________。“萌新战士”领先成员：________________<br>结对共进：________&________ ________&________ ________&________ | | | |
| 商定团队通关掌握程度自设_______% 商定团队通关拟用时_______分钟 | | | | |

庄重签名：_________ 翘起嘴角 锻造开始

1. S公司接受投资时

2. S公司收到追加投资款时

3. A股份有限公司发行股票时

4. A有限责任公司收到设备投资时

5. B有限责任公司取得材料投资时

6. C有限责任公司取得非专利技术和土地使用权投资时

7. S公司资本公积转增资本时

8. S公司盈余公积转增资本时

9. 甲公司回购股票并注销时
(1) 回购

(2) 注销

10. 甲公司回购股票并注销时

(1) 回购

(2) 注销

**团队通关分析：**

<table>
<tr><td colspan="2">团队人均掌握程度________% 团队人均用时________分钟</td></tr>
<tr><td>通关策略<br>有效性评价：</td><td></td></tr>
</table>

队长签名：__________

## 敢于亮剑——巅峰掌控者乐园

巅峰时刻，你应已尽在掌握。
冲关历年初级会计师试题吧，昂扬你的自信！

## 华山论剑——笑谈天下，煮酒论英雄

**核心战力状态测评表**

<table>
<tr><th rowspan="2">序号</th><th rowspan="2">成长维度</th><th rowspan="2">序号</th><th rowspan="2">成长因子</th><th rowspan="2">测 评 内 容</th><th>优</th><th>良</th><th>中</th><th>差</th></tr>
<tr><th>5</th><th>4</th><th>3</th><th>2</th></tr>
<tr><td colspan="9">Ⅰ 自评（认真根据任务完成过程及课堂表现，逐项评价）</td></tr>
<tr><td rowspan="6">1</td><td rowspan="6">知识技能维度</td><td>1</td><td>知识层面</td><td>熟悉股份公司与其他企业的账户设置</td><td></td><td></td><td></td><td></td></tr>
<tr><td rowspan="5">2</td><td rowspan="5">技能层面</td><td>掌握企业接受投资、追加投资业务的账务处理</td><td></td><td></td><td></td><td></td></tr>
<tr><td>掌握企业发行股票的账务处理</td><td></td><td></td><td></td><td></td></tr>
<tr><td>掌握企业接受固定资产、材料物资、无形资产等投资的账务处理</td><td></td><td></td><td></td><td></td></tr>
<tr><td>掌握企业以资本公积、盈余公积转增资本金的账务处理</td><td></td><td></td><td></td><td></td></tr>
<tr><td>掌握企业股票回购的账务处理</td><td></td><td></td><td></td><td></td></tr>
</table>

续表

| 序号 | 成长维度 | 序号 | 成长因子 | 测评内容 | 优 | 良 | 中 | 差 |
|---|---|---|---|---|---|---|---|---|
| | | | | | 5 | 4 | 3 | 2 |
| 2 | 职业素质专项 | | | 培养对企业员工激励机制创新的管理智慧 | | | | |
| Ⅱ 互评(团队其他成员根据自评人实际表现,综合评议以上自评符合度) | | | | | | | | |
| 完全符合□ | 基本符合□ | | 不符合□ | 组长签名:__________ | | | | |

# 任务6-2 核算资本公积和其他综合收益

## 一切准备——由心开始

| 态度准备 | | | | | 自律准备 | | | | | 专注准备 | | | | | 快乐准备 | | | | |
|---|---|---|---|---|---|---|---|---|---|---|---|---|---|---|---|---|---|---|---|
| E | D | C | B | A | E | D | C | B | A | E | D | C | B | A | E | D | C | B | A |

## 任务来了

首先了解任务,以现有能力尝试完成,并在此页面上进行标注,据以分析任务难度和能力缺口,为战力储备阶段指明方向。

任务要求:请根据以下业务做相应的账务处理,如有计算,要写出计算过程。

(1) C有限责任公司于2023年1月1日向F公司投资8 000 000元,拥有该公司20%的股份,并对该公司有重大影响,对F公司长期股权投资采用权益法核算。2023年12月31日,F公司除净损益、其他综合收益和利润分配之外的所有者权益增加了1 000 000元。假定除此以外,F公司的所有者权益没有变化,C有限责任公司的持股比例没有变化,F公司资产的账面价值与公允价值一致,不考虑其他因素。

(2) 甲公司为一家上市公司。2020年1月1日,甲公司向其管理人员授予股票期权,并要求该部分管理人员自2020年1月1日起在公司连续服务3年,但每年均有管理人员离职。甲公司对此在2020—2022年每年末根据管理人员离职情况,以对可行权权益工具数量的最佳估计为基础,确认了股票期权的公允价值分别为96 000元、108 000元和75 000元。2023年12月31日,未离职的管理人员均行权购买股票,甲公司对此收到银行存款77 500元,并确认股本15 500元。

## 战力储备——无非是尽全力做好准备

### 一、核心战力需求

#### (一) 初阶·知识需求

1. 熟悉资本公积和其他综合收益核算的内容;

**(二) 中阶·技能需求**

2. 掌握资本溢价及其他资本公积相关经济业务的账务处理；

**(三) 高阶·素质专项养成**

3. 培养团队协作精神，学会在团队中发挥自己的优势，共同完成任务。

## 二、探寻藏经阁

| 看头条秘籍 | 研经典案例 | 赏思维导图 | 析会计准则 |
|---|---|---|---|

## 三、剑来！——萌新战士养成计划

| 通关策略： | 先探阁熟悉后填写□ 填写后再理解掌握□ 其他方式：________ |
|---|---|
| 通关掌握程度自设______% 通关拟用时______分钟 | |

庄重签名：________ 翘起嘴角 计划开始

**(一) 资本公积的来源**

1. 资本溢价/股本溢价

2. 其他资本公积

核算除________________________外所有者权益的其他变动。

**(二) 资本溢价/股本溢价**

1. 资本溢价说明

发行佣金要从______扣除；不足扣除的，或无溢价发行的，则按________、________顺序扣除。

2. 资本溢价(股本溢价)的账务处理

| 接受投资并发生股本溢价时 | 借：银行存款等<br>________/________【不足以扣除部分】<br>贷：________【发行股票的面值】<br>________【溢价扣除佣金后】 |
|---|---|

**(三) 其他资本公积的账务处理**

| 权益法下被投资单位除净损益、其他综合收益及利润分配之外的其他所有者权益变动时 | 借：长期股权投资——________<br>贷：________ |
|---|---|

### （四）资本公积转增资本

见“实收资本”部分。

### （五）其他综合收益核算的内容

其他综合收益，是指企业根据其他会计准则规定未在当期损益中确认的各项利得和损失，包括以后会计期间____________进损益的其他综合收益和以后会计期间满足规定条件时将________进损益的其他综合收益两类。

1. 以后会计期间不能重分类进损益的其他综合收益

（1）重新计量____________净负债或净资产变动导致的变动；

（2）按权益法核算因被投资单位重新计量____________净负债或净资产变动导致的权益变动，投资企业按持股比例计算确认的该部分其他综合收益项目；

（3）在初始确认时，企业可以将__________权益工具指定为以公允价值计量且其变动计入其他综合收益的金融资产，该指定后不得撤销。

2. 以后会计期间满足规定条件时将重分类进损益的其他综合收益

（1）________________________的金融资产终止确认时，之前计入其他综合收益的累计利得或损失应当从其他综合收益中转出，计入当期损益。

（2）按照金融工具准则规定，将以公允价值计量且其变动计入其他综合收益的_____________重分类为以摊余成本计量的金融资产的，或重分类为以公允价值计量且其变动计入当期损益的金融资产的，按规定可以将原计入其他综合收益的利得或损失转入当期损益的部分。

（3）采用______法核算的长期股权投资处置时，将原计入其他综合收益的金额转入当期损益。

（4）自用房地产或存货转换为采用公允价值模式计量的投资性房地产，转换日的公允价值______原账面价值的，其差额作为其他综合收益核算。处置该项投资性房地产时，原计入其他综合收益的部分应当转入当期损益。

**通关分析：**

通关掌握程度________%　通关用时________分钟　最大专注时长________分钟

微笑比率________%

## 且试我剑——进化先锋锻造营

<table>
<tr><td>我的团队：____________</td><td>团队成员</td><td>___人</td><td>实到人数</td><td>___人</td></tr>
<tr><td>团队通关策略：</td><td colspan="4">本关领队：________。“萌新战士”领先成员：____________________<br>结对共进：________&________　________&________　________&________</td></tr>
<tr><td colspan="5">商定团队通关掌握程度自设_______%　商定团队通关拟用时_______分钟</td></tr>
</table>

庄重签名：________　翘起嘴角　锻造开始

1. F公司除净损益、其他综合收益和利润分配之外的所有者权益增加时

2. 甲公司相关业务核算

(1) 2020 年 12 月 31 日

(2) 2021 年 12 月 31 日

(3) 2022 年 12 月 31 日

(4) 2023 年 12 月 31 日

**团队通关分析：**

| 团队人均掌握程度________% 团队人均用时________分钟 | |
|---|---|
| 通关策略有效性评价： | |

队长签名：________

## 敢于亮剑——巅峰掌控者乐园

巅峰时刻，你应已尽在掌握。
冲关历年初级会计师试题吧，昂扬你的自信！

## 华山论剑——笑谈天下，煮酒论英雄

**核心战力状态测评表**

| 序号 | 成长维度 | 序号 | 成长因子 | 测评内容 | 优 5 | 良 4 | 中 3 | 差 2 |
|---|---|---|---|---|---|---|---|---|
| Ⅰ 自评（认真根据任务完成过程及课堂表现，逐项评价） | | | | | | | | |
| 1 | 知识技能维度 | 1 | 知识层面 | 熟悉资本公积和其他综合收益核算的内容 | | | | |
| | | 2 | 技能层面 | 掌握资本溢价及其他资本公积相关经济业务的账务处理 | | | | |
| 2 | 职业素质专项 | | | 培养团队协作精神，学会在团队中发挥自己的优势，共同完成任务 | | | | |
| Ⅱ 互评（团队其他成员根据自评人实际表现，综合评议以上自评符合度） | | | | | | | | |
| 完全符合□ | 基本符合□ | 不符合□ | 组长签名：________ | | | | | |

# 任务6-3　核算留存收益

## 一切准备——由心开始

| 态度准备 | | | | | 自律准备 | | | | | 专注准备 | | | | | 快乐准备 | | | | |
|---|---|---|---|---|---|---|---|---|---|---|---|---|---|---|---|---|---|---|---|
| E | D | C | B | A | E | D | C | B | A | E | D | C | B | A | E | D | C | B | A |

## 任务来了

首先了解任务，以现有能力尝试完成，并在此页面上进行标注，据以分析任务难度和能力缺口，为战力储备阶段指明方向。

任务要求：请根据以下业务做相应的账务处理，如有计算，要写出计算过程。

1. A股份有限公司本年实现净利润为3 000 000元，年初未分配利润为1 000 000元。经股东大会批准，乙股份有限公司按当年净利润的10%提取法定盈余公积。假定不考虑其他因素。

2. 经股东大会批准，B股份有限公司用以前年度提取的盈余公积弥补当年亏损，当年弥补亏损的金额为200 000元。假定不考虑其他因素。

3. C股份有限公司因扩大经营规模需要，经股东大会批准，将盈余公积400 000元转增股本。假定不考虑其他因素。

4. A股份有限公司2023年12月31日股本为20 000 000元(每股面值1元)，可供投资者分配的利润为6 000 000元，盈余公积为30 000 000元。2024年3月20日，股东大会批准了2023年度的利润分配方案，按每10股4元发放现金股利。该公司共需要分派8 000 000元现金股利，其中动用可供投资者分配的利润6 000 000元、盈余公积2 000 000元。假定不考虑其他因素。

## 战力储备——无非是尽全力做好准备

### 一、核心战力需求

**(一) 初阶·知识需求**

1. 熟悉留存收益、未分配利润核算的内容；
2. 熟悉盈余公积的分类与作用；
3. 熟悉利润分配的过程；

**(二) 中阶·技能需求**

4. 掌握可分配利润的计算；
5. 掌握盈余公积提取、补亏、转增资本、发放现金股利和利润等的账务处理；
6. 掌握本年利润结转及利润分配各明细科目余额转入“未分配利润”的账务处理；

### (三) 高阶·素质专项养成

7. 培养分析与决策的能力。

## 二、探寻藏经阁

| | | | |
|---|---|---|---|
| 看头条秘籍 | 研经典案例 | 赏思维导图 | 析会计准则 |

## 三、剑来！——萌新战士养成计划

| 通关策略： | 先探阁熟悉后填写□　填写后再理解掌握□　其他方式：________ |
|---|---|
| 通关掌握程度自设______% 通关拟用时______分钟 | |

庄重签名：________ 翘起嘴角 计划开始

### (一) 利润分配

1. 利润分配说明

(1) 可供分配利润计算

可供分配的利润＝______________＋______________（或－______________）

(2) 利润分配的顺序

①提取法定盈余公积；②提取任意盈余公积；③向投资者分配利润。

2. "利润分配"账户的设置

(1)提取法定盈余公积；(2)提取任意盈余公积；(3)应付现金股利或利润；(4)盈余公积补亏；(5)未分配利润。

3. 利润分配的账务处理

| | |
|---|---|
| (1) 年末结转净利润时(净亏损则做相反的分录) | 借：________<br>贷：________ |
| (2) 提取盈余公积 | 借：利润分配——________<br>——________<br>贷：________ |
| (3) 分配利润 | 借：利润分配——________<br>贷：________ |

续表

| (4) 结转至"未分配利润" | 借：____________<br>　贷：____________<br>　　——提取任意盈余公积<br>　　——____________ |
|---|---|

**(二) 盈余公积**

1. 说明

(1) 法定盈余公积

提取基数＝____________－____________(不加____________)

提取比例：公司制(10%)、非公司制(可超过10%)。

不再提取条件：累计达注册资本__________。

(2) 任意盈余公积

根据股东会或股东大会决议进行计提。

2. "盈余公积"账户的明细设置

(1)法定盈余公积;(2)任意盈余公积。

3. 盈余公积的账务处理

| (1) 提取盈余公积 | 见"利润分配"部分 |
|---|---|
| (2) 盈余公积补亏 | 借：________<br>　贷：____________ |
| (3) 盈余公积转增资本 | 借：________<br>　贷：实收资本/股本 |
| (4) 盈余公积发放现金股利或利润 | 借：________<br>　贷：________ |

**通关分析：**

通关掌握程度________%　通关用时________分钟　最大专注时长________分钟

微笑比率________%

## 且试我剑——进化先锋锻造营

| 我的团队：____________ | | 团队成员 | ___人 | 实到人数 | ___人 |
|---|---|---|---|---|---|
| 团队通关策略： | 本关领队：________。"萌新战士"领先成员：____________<br>结对共进：______&______　______&______　______&______ | | | | |
| 商定团队通关掌握程度自设______%　商定团队通关拟用时______分钟 | | | | | |

庄重签名：________　翘起嘴角　锻造开始

1. 提取盈余公积时

2. 盈余公积补亏时

3. 盈余公积转增资本时

4. A股份有限公司相关业务

(1) 股东大会批准发放现金股利时

(2) 支付股利时

**团队通关分析：**

| 团队人均掌握程度_______% 团队人均用时_______分钟 | |
|---|---|
| 通关策略有效性评价： | |

队长签名：________

## 敢于亮剑——巅峰掌控者乐园

巅峰时刻，你应已尽在掌握。
冲关历年初级会计师试题吧，昂扬你的自信！

## 华山论剑——笑谈天下，煮酒论英雄

**核心战力状态测评表**

| 序号 | 成长维度 | 序号 | 成长因子 | 测评内容 | 优 5 | 良 4 | 中 3 | 差 2 |
|---|---|---|---|---|---|---|---|---|
| Ⅰ 自评（认真根据任务完成过程及课堂表现，逐项评价） | | | | | | | | |
| 1 | 知识技能维度 | 1 | 知识层面 | 熟悉留存收益、未分配利润核算的内容 | | | | |
| | | | | 熟悉盈余公积的分类与作用 | | | | |
| | | | | 熟悉利润分配的过程 | | | | |
| | | 2 | 技能层面 | 掌握可分配利润的计算 | | | | |
| | | | | 掌握盈余公积提取、补亏、转增资本、发放现金股利和利润等的账务处理 | | | | |
| | | | | 掌握本年利润结转及利润分配各明细科目余额转入“未分配利润”的账务处理 | | | | |

续表

| 序号 | 成长维度 | 序号 | 成长因子 | 测评内容 | 优 5 | 良 4 | 中 3 | 差 2 |
|---|---|---|---|---|---|---|---|---|
| 2 | 职业素质专项 | | | 培养分析与决策的能力 | | | | |
| Ⅱ 互评(团队其他成员根据自评人实际表现,综合评议以上自评符合度) | | | | | | | | |
| 完全符合□ | 基本符合□ | | 不符合□ | 组长签名:__________ | | | | |

## 深省自勉　助力荣耀之路

**多维成长增值测评表——成就你的“六边形战士”**

| 序号 | 成长维度 | 序号 | 成长因子 | 测评内容 | M01 10 | M02 10 | M03 10 |
|---|---|---|---|---|---|---|---|
| 1 | 态度品质维度 | 1 | 诚实守信 | 不抄袭、不作弊,学习不弄虚作假 | | | |
| | | 2 | 尊重他人 | 认真听课,倾听和尊重同学的观点 | | | |
| | | 3 | 勇担责任 | 对自己的学习负责,成为团队正能量 | | | |
| | | 4 | 公正公平 | 在课堂互评等活动中不偏袒、不歧视 | | | |
| | | 5 | 遵守规则 | 遵守课堂纪律,无旷课、迟到、早退 | | | |
| 2 | 创造创新维度 | 1 | 创新思维 | 提出新颖的观点或解决问题的方法 | | | |
| | | 2 | 独立思考 | 运用所学,静心思考,提出解决方案 | | | |
| | | 3 | 探索精神 | 愿意主动预习,对新任务有求知欲 | | | |
| | | 4 | 批判思维 | 对教师或同学的方案不盲从,合理质疑 | | | |
| 3 | 情感认知维度 | 1 | 自我认知 | 能够对课堂表现自我反思并加以改进 | | | |
| | | 2 | 情绪管理 | 能够享受学习过程,快乐学习 | | | |
| | | 3 | 自爱自信 | 接受自己,敢于表达,敢于尝试 | | | |
| | | 4 | 换位思考 | 能感受他人,倾心同学的观点和感受 | | | |
| 4 | 社交合作维度 | 1 | 互动交流 | 积极参与讨论,主动发起讨论 | | | |
| | | 2 | 团队合作 | 合作完成任务,有领导力与团队精神 | | | |
| | | 3 | 解决冲突 | 理性解决分歧,尊重他人,寻求共识 | | | |
| | | 4 | 社交礼仪 | 尊重教师和同学,注重课堂仪表 | | | |
| 5 | 知识技能维度 | 1 | 知识层面 | 该任务“核心战力需求”中“知识需求”的达成情况 | | | |
| | | 2 | 技能层面 | 该任务“核心战力需求”中“技能需求”的达成情况 | | | |

续表

| 序号 | 成长维度 | 序号 | 成长因子 | 测评内容 | M01 | M02 | M03 |
|---|---|---|---|---|---|---|---|
| | | | | | 10 | 10 | 10 |
| 6 | 职业素质养成专项 | | | 该任务“核心战力需求”中“素质专项需求”的达成情况 | | | |

测评说明：(1)测评类型：学生自评；(2)测评时间：每个任务完成后；(3)测评方式：教师引导学生逐项判断，逐项打分；(4)分值确定：M01－M03表示项目1的3个任务，每个任务的每个成长因子都按实际表现给予分值(1≤分值≤10)。希望同学对每个任务按同样的标准进行评分，以此感受和激励个人不断成长。

# 项目7
# 核算收入、费用和利润

收入、费用和利润要素主要用于反映企业一定时期的经营成果。收入是指企业在日常活动中形成的、会导致所有者权益增加的、与所有者投入资本无关的经济利益的总流入；费用是指企业在日常活动中发生的、会导致所有者权益减少的、与向所有者分配利润无关的经济利益的总流出；利润是指企业在一定会计期间的经营成果。利润包括收入减去费用后的净额、直接计入当期利润的利得和损失等。

本项目主要训练掌握收入、费用和利润要素中各部分的核算技能。

## 项目全图

- 7. 核算收入、费用和利润
  - 7.1 核算收入
    - 7.1.1 核算在某一时点完成的商品销售收入
    - 7.1.2 核算可变对价相关业务
    - 7.1.3 核算在某一时段内履行履约义务确认收入
  - 7.2 核算费用相关业务
  - 7.3 核算利润形成和营业外收支
  - 7.4 核算净利润和分配结转利润

## 善阅静思　悟道修心

### 万星公司与宏峰公司合同纠纷案

2014 年，万星公司与宏峰公司签订了一份建设合同。随后万星公司的陈金文与宏峰公司的万星项目部又签订了一份《钢管脚手架施工合同》，意图承包相关工程。然而，在这份合同上加盖的却是注明“签订经济合同无效”的内业资料章。这一细节问题最终导致严重的合同纠纷。

陈金文在依据这份合同进行施工后，向宏峰公司追讨工程款。然而，宏峰公司以合同不成立为由拒绝支付。双方因此陷入法律纠纷。

在法院审查过程中，尽管合同上加盖了宏峰公司的章，但该章明确表明不能用于签订经济合同。同时，陈金文也未能提供充分的证据证明签字的“李金坤”得到了宏峰公司的授权。因此，法院最终认定这份合同不成立。

这个案例深刻地揭示了精益求精的工匠精神在合同审查环节的重要性。工匠精神的核心是追求卓越、注重细节、精益求精。在合同审查过程中，这种精神体现为对合同条款的仔细推敲、对合同文本的严格把关、对合同双方资质的认真核实等。

然而，陈金文显然没有充分发扬精益求精的工匠精神。他在签订合同时没有仔细审查合同文本的细节，没有注意到合同章上的重要提示，也没有核实签字人的授权情况。这些疏忽最终导致合同的不成立和工程款的无法追回。

这个案例给我们带来了深刻的教训。首先，我们要养成严谨的合同审查习惯，不放过任何一个可能引发纠纷的细节。其次，我们要提高法律意识和风险防范能力，了解合同法的相关规定和风险防范措施。最后，我们要将精益求精的工匠精神贯穿到学习和未来的工作中，注重细节、追求卓越，不断提升自己的专业素养和综合能力。

## 畅谈倾听　论道明理

阅读思考案例以后，和同学们讨论交流以下问题：

1. 你认为陈金文在合同签订过程中存在哪些问题？如何避免类似问题的发生？

2. 如何提高自己的法律意识和风险防范能力？请谈谈你的看法和建议。

3. 作为会计人员，应如何在工作中体现执着专注、精益求精、一丝不苟、追求卓越的工匠精神？

4. 作为学生，如何在学习中发挥工匠精神？

最后，请你将对第 4 个问题的思考写在下面。

## 任务7-1 核算在某一时点完成的商品销售收入

### 一切准备——由心开始

| 态度准备 | | | | | 自律准备 | | | | | 专注准备 | | | | | 快乐准备 | | | | |
|---|---|---|---|---|---|---|---|---|---|---|---|---|---|---|---|---|---|---|---|
| E | D | C | B | A | E | D | C | B | A | E | D | C | B | A | E | D | C | B | A |

### 任务来了

首先了解任务，以现有能力尝试完成，并在此页面上进行标注，据以分析任务难度和能力缺口，为战力储备阶段指明方向。

（一）轩辕公司为增值税一般纳税人，适用的增值税税率为13%，销售商品业务均属于某一时点履行的履约义务，确认收入的同时结转成本，M商品的实际成本为每件800元。根据以下业务进行账务处理。

1. 4月1日，向乙公司销售M商品200件，每件商品的价格为1 000元，开具的增值税专用发票注明的售价为200 000元，增值税税额为26 000元，轩辕公司代垫运费2 000元，取得增值税专用发票上注明增值税税额为180元。款项尚未收到。

2. 4月6日，委托丙公司销售M商品500件，并于当日发出。按照双方协议约定，丙公司应按照每件1 000元对外销售商品，并按照售价（不含税）的10%收取手续费，该批商品的实际成本为400 000元。丙公司不承担包销责任，没有售出的商品须退回给甲公司。4月25日，轩辕公司收到丙公司开出的代销清单，实际销售M商品250件（符合收入确认条件），同时收到丙公司收取手续费的增值税专用发票，其中，代销手续费25 000元，增值税税额1 500元。

3. 4月30日，因商品质量出现问题，收到乙公司退回4月1日购买的M商品30件，甲公司同意退货并于当日支付了退货款，向乙公司开具的增值税专用发票（红字）注明的价款为30 000元，增值税税额为3 900元。

（二）伏羲公司为增值税一般纳税人，适用的增值税税率为13%。根据7月份发生的销售业务进行账务处理。

1. 1日，向乙公司销售M商品，开具增值税专用发票上注明的价款为50万元，增值税税额为6.5万元。收到乙公司开出的不带息银行承兑汇票一张，面值为56.5万元，期限为3个月，该批商品的成本为39万元。

2. 10日，向丙公司销售N商品5 000件，每件N商品的标价为400元（不含增值税），每件N商品的成本为300元；由于是成批销售，甲公司给予丙公司10%的商业折扣，当日发出N商品，丙公司收到商品并验收入库。甲公司开具增值税专用发票上注明的价款为180万元，增值税税额为23.4万元，当日收到丙公司支付的货款。

3. 15日，收到丁公司支付的当月租用本公司专利技术使用权的使用费并存入银行，开具的增值税专用发票上注明的价款为30万元，增值税税额为1.8万元，全部款项已存入银行。该专利技术的每月摊销额为15万元。

（三）神农公司为增值税一般纳税人，适用的增值税税率为13%。

1. 按照合同向乙企业发出某商品，其成本为40万元，开具的增值税专用发票上注明的售价为60万元，增值税税额为7.8万元。神农公司向乙企业发出商品后应继续提供商品安装服务才具有无条件收取合同对价的权利。

2. 与丙公司签订合同，向丙公司销售E、F两种产品，成本分别为1.6万元和0.8万元。不含增值税的合同总价款为3万元。E、F产品不含增值税的单独售价分别为2.2万元和1.1万元。两种商品全部交付以后，才能收取合同总价款。该公司首先交付了E商品，在下个月交付了F商品。不考虑其他因素。

## 战力储备——无非是尽全力做好准备

### 一、核心战力需求

**（一）初阶·知识需求**

1. 熟悉收入的概念与分类；
2. 熟悉收入确认与计量的五个步骤；
3. 熟悉收入确认的原则与前提；

**（二）中阶·技能需求**

4. 掌握现销、委托收款、收到商业汇票、赊销等方式的账务处理；
5. 掌握合同资产相关业务的账务处理；
6. 掌握支付手续费方式委托代销商品（客户公司不承担包销）的账务处理；
7. 掌握材料销售业务的账务处理；

**（三）高阶·素质专项养成**

8. 培养理性解决分歧、寻求共识的意识。

### 二、探寻藏经阁

| | | | |
|---|---|---|---|
| 看头条秘籍 | 研经典案例 | 赏思维导图 | 析会计准则 |

## 三、剑来！——萌新战士养成计划

<table>
<tr><td>通关策略：</td><td>先探阁熟悉后填写□ 填写后再理解掌握□ 其他方式：________________</td></tr>
<tr><td colspan="2">通关掌握程度自设________% 通关拟用时________分钟</td></tr>
</table>

庄重签名：__________ ☛ 翘起嘴角 ☺ 计划开始

企业在确认和计量收入时应遵循的基本原则是：确认收入的方式应当反映其向客户转让商品或提供服务的模式，收入的金额应当反映企业因转让商品或提供服务而______________________________。

**(一) 收入确认的原则**

企业应当在履行了合同中的履约义务，即在______________________________确认收入。

取得商品控制权包括三个要素：

(1) 客户必须拥有______权利，能够主导该商品的使用并从中获得几乎全部经济利益。

(2) 客户________主导该商品的使用，即客户在其活动中有权使用该商品，或者能够允许或阻止其他方使用该商品。

(3) 客户能够获得商品____________________。商品的经济利益是指商品的潜在现金流量。

**(二) 收入确认的前提**

企业与客户之间的合同同时满足下列五项条件的，企业应当在客户取得相关商品控制权时确认收入：

(1) 合同各方已__________该合同并__________将履行各自的义务；

(2) 该合同__________了合同各方与所转让商品__________________；

(3) 该合同有__________的与所转让商品______________；

(4) 该合同______________，即履行该合同将改变企业未来现金流量的风险、时间分布或金额；

(5) 企业因向客户转让商品而有权取得的______________。

**(三) 收入确认和计量的步骤**

1. 识别与客户订立的合同

合同有书面形式、口头形式以及其他形式。________________是企业确认客户合同收入的前提。

2. 识别合同中的单项履约义务

企业应当将向客户转让______________(或者商品的组合)的承诺以及向客户转让一系列实质相同且转让模式相同的、可明确区分商品的承诺作为单项履约义务。

3. 确定交易价格

交易价格是指企业因向客户转让商品而预期有权收取的对价金额。合同条款所承诺的对价，可能是__________、__________或两者兼有。

4. 将交易价格分摊至各单项履约义务

在合同开始日，按照各单项履约义务所承诺商品的单独售价（企业向客户单独销售商品的价格）的__________，将交易价格分摊至各单项履约义务。

5. 履行各单项履约义务时确认收入

企业将商品控制权转移给客户，可能是在某一时段内（即履行履约义务的过程中）发生，也可能在某一时点（即履约义务完成时）发生。

企业应当根据实际情况，______________________________，若不满足，则该履约义务属于在某一时点履行的履约义务。

**（四）合同资产的核算**

1. "合同资产"账户的核算内容

资产类账户，核算企业已向客户转让商品而有权收取对价的权利，且该权利取决于时间流逝之外的其他因素（如履行合同中的其他履约义务）。

2. 合同资产相关的账务处理

| | |
|---|---|
| （1）企业已向客户转让商品而有权收取对价的权利，且该权利____________________的其他因素时 | 借：__________<br>贷：__________ |
| （2）当该收取对价的权利__________时间流逝这个因素时 | 借：__________<br>贷：__________ |

**（五）在某一时点履行履约义务确认收入的账务处理**

对于在某一时点履行的履约义务，企业应当在______________________________确认收入。

1. 一般销售商品业务收入

| | |
|---|---|
| （1）确认销售收入时 | 借：银行存款/应收票据等<br>贷：__________<br>应交税费——应交增值税（销项税额） |
| （2）结转已销商品成本时 | 借：__________<br>贷：__________ |

2. 已经发出商品但不能确认收入

| | |
|---|---|
| （1）发出商品时 | 借：__________<br>贷：__________ |

续表

| | |
|---|---|
| (2) 发出商品退回时 | 借：__________<br>贷：__________ |
| (3) 确认收入时 | 借：银行存款等<br>贷：______________<br>应交税费——应交增值税(销项税额) |
| (4) 结转已销商品成本时 | 借：______________<br>贷：__________ |

3. 销售退回(非资产负债表日后事项)

销售退回是指企业因售出商品在质量、规格等方面不符合销售合同规定条款的要求，客户要求企业予以退货。

| | |
|---|---|
| (1) 确认退回商品时 | 借：______________<br>应交税费——应交增值税(__________)<br>贷：银行存款等 |
| (2) 退回商品验收入库时 | 借：__________<br>贷：______________ |

4. 销售材料等存货

对外销售不需用的原材料、随同商品对外销售单独计价的包装物等业务。

| | |
|---|---|
| (1) 确认收入时 | 借：银行存款等<br>贷：______________<br>应交税费——应交增值税(销项税额) |
| (2) 结转成本时 | 借：______________<br>贷：原材料等 |

**通关分析：**

通关掌握程度________% 通关用时________分钟 最大专注时长________分钟 微笑比率________%

## 且试我剑——进化先锋锻造营

| 我的团队：________ | | 团队成员 | ___人 | 实到人数 | ___人 |
|---|---|---|---|---|---|
| 团队通关策略： | 本关领队：________。“萌新战士”领先成员：________<br>结对共进：________&________ ________&________ ________&________ | | | | |
| 商定团队通关掌握程度自设______% 商定团队通关拟用时______分钟 | | | | | |

庄重签名：________ 翘起嘴角 锻造开始

1. 轩辕公司业务

(1) 向乙公司销货

① 4 月 1 日销售时

② 结转已销商品成本时

③ 4 月 5 日收款时

(2) 丙公司代销

① 发出商品时

② 收到代销清单，确认收入时

③ 结转已销商品成本时

④ 确认手续费时

(3) 乙公司退货

① 冲销收入时

② 退货入库时

2. 伏羲公司业务

(1) 向乙公司销货

① 确认收入

② 结转成本

(2) 向丙公司销货

① 确认收入

② 结转成本

(3) 向丁公司出租专利技术使用权

① 收到使用费时

② 摊销时

3. 神农公司业务

(1) 向乙公司销售时

① 发出商品时

② 结转已销商品成本时

③ 完成商品服务

(2) 向丙公司销售时

① 交付 E 商品时

② 结转 E 商品成本时

③ 交付 F 商品时

④ 结转 F 商品成本时

**团队通关分析：**

<table>
<tr><td colspan="2">团队人均掌握程度________% 团队人均用时________分钟</td></tr>
<tr><td>通关策略<br>有效性评价：</td><td></td></tr>
</table>

队长签名：__________

## 敢于亮剑——巅峰掌控者乐园

巅峰时刻，你应已尽在掌握。
冲关历年初级会计师试题吧，昂扬你的自信！

## 华山论剑——笑谈天下，煮酒论英雄

**核心战力状态测评表**

| 序号 | 成长维度 | 序号 | 成长因子 | 测评内容 | 优<br>5 | 良<br>4 | 中<br>3 | 差<br>2 |
|---|---|---|---|---|---|---|---|---|
| Ⅰ 自评（认真根据任务完成过程及课堂表现，逐项评价） | | | | | | | | |
| 1 | 知识技能维度 | 1 | 知识层面 | 熟悉收入的概念与分类 | | | | |
| | | | | 熟悉收入确认与计量的五个步骤 | | | | |
| | | | | 熟悉收入确认的原则与前提 | | | | |
| | | 2 | 技能层面 | 掌握现销、委托收款、收到商业汇票、赊销等方式的账务处理 | | | | |
| | | | | 掌握合同资产相关业务的账务处理 | | | | |
| | | | | 掌握支付手续费方式委托代销商品（客户公司不承担包销）的账务处理 | | | | |
| | | | | 掌握材料销售业务的账务处理 | | | | |
| 2 | 职业素质专项 | | | 培养理性解决分歧、寻求共识的意识 | | | | |
| Ⅱ 互评（团队其他成员根据自评人实际表现，综合评议以上自评符合度） | | | | | | | | |
| 完全符合□ | | 基本符合□ | | 不符合□ | 组长签名：__________ | | | |

# 任务7-2　核算可变对价相关业务

## 一切准备——由心开始

| 态度准备 | | | | | 自律准备 | | | | | 专注准备 | | | | | 快乐准备 | | | | |
|---|---|---|---|---|---|---|---|---|---|---|---|---|---|---|---|---|---|---|---|
| E | D | C | B | A | E | D | C | B | A | E | D | C | B | A | E | D | C | B | A |

## 任务来了

首先了解任务，以现有能力尝试完成，并在此页面上进行标注，据以分析任务难度和能力缺口，为战力储备阶段指明方向。

任务要求：轩辕公司为增值税一般纳税人。请根据以下业务做相应的账务处理，如有计算，要写出计算过程。

1. 2024 年 3 月 1 日，销售商品给丁客户，不含税售价为 500 万元，商品适用的增值税税率为 13%，实际成本为 360 万元；由于是成批销售，公司给予客户 10% 的商业折扣，并在销售合同中规定现金折扣条件为 2/20，N/30，且计算现金折扣时不考虑增值税；当日商品发出，客户收到商品并验收入库。公司基于对客户的了解，预计客户 20 天内付款的概率为 90%，20 天后付款的概率为 10%。2024 年 3 月 18 日，收到客户支付的货款。该项销售业务属于在某一时点履行的履约义务。

2. 2024 年 3 月，公司向 A 公司销售电器 300 台，适用的增值税税率为 13%，合同价款每台 3 000 元（不含增值税），合计 900 000 元，成本为 600 000 元。A 公司收到电脑并验收入库。公司向 A 公司承诺价格保护，如果未来 3 个月内同款电脑售价下降，则按照合同价格与最低售价之间的差额向 A 公司支付差价。公司根据经验，预计未来 3 个月内各种结果发生的概率为：

| 未来 3 个月售价（元/台） | 概率（%） |
|---|---|
| 2 800 | 70 |
| 2 600 | 20 |
| 2 300 | 10 |

## 战力储备——无非是尽全力做好准备

### 一、核心战力需求

**（一）初阶・知识需求**

1. 理解可变对价的概念；
2. 熟悉可变对价最佳估计数的确认；

**（二）中阶・技能需求**

3. 掌握存在可变对价的销售业务的账务处理；

**（三）高阶・素质专项养成**

4. 基于可变对价的理解培养守正创新的意识。

### 二、探寻藏经阁

| | | | |
|---|---|---|---|
| | | | |
| 看头条秘籍 | 研经典案例 | 赏思维导图 | 析会计准则 |

## 三、剑来！——萌新战士养成计划

| 通关策略： | 先探阁熟悉后填写□　填写后再理解掌握□　其他方式：________ |
| --- | --- |
| 通关掌握程度自设______%　通关拟用时______分钟 | |

庄重签名：________　翘起嘴角　计划开始

### （一）可变对价概述

企业与客户的合同中约定的对价金额因______、______、______、______、______、______、______、______等一项或多项或有事项而变化时，称为可变对价。

合同中存在可变对价应当在交易发生时，按照______或______确定其最佳估计数。期望值是按照各种可能发生的对价金额及相关概率计算确定的金额；最可能发生金额是一系列可能发生的对价金额中最可能发生的单一金额，即合同最可能产生的单一结果。企业不能在两种方法之间随意进行选择。

企业确定可变对价金额之后，包含可变对价的交易价格，应当不超过在相关不确定性消除时，累计已确认的收入极可能不会发生重大转回的金额。

### （二）可变对价的账务处理

1．销售折让

| | |
| --- | --- |
| （1）确认收入时 | 借：应收账款<br>　贷：主营业务收入　【正常售价】<br>　　应交税费——应交增值税（销项税额） |
| （2）结转成本时 | 借：主营业务成本<br>　贷：库存商品 |
| （3）发生折让时 | 借：________　【折让金额（不含税）】<br>　________<br>　贷：________ |
| （4）收到货款时 | 借：银行存款<br>　贷：应收账款 |

2．现金折扣

| | |
| --- | --- |
| （1）确认收入时 | 借：应收账款　【总金额】<br>　贷：主营业务收入　【最可能发生金额】<br>　　应交税费——应交增值税（销项税额）　【按发票售价计算】<br>　　预计负债　【预估的现金折扣金额】 |

续表

| | |
|---|---|
| (2) 结转成本时 | 借：主营业务成本<br>　　贷：库存商品 |
| (3) 收到货款时 | ① 和预估情况一样<br>借：银行存款　【收到的款项】<br>　　预计负债　【实际=预估的现金折扣金额】<br>　　贷：应收账款<br>② 预估折扣比实际现金折扣多的情况<br>借：银行存款　【收到的款项】<br>　　预计负债　【预估的现金折扣金额】<br>　　贷：主营业务收入　【预估现金折扣－实际现金折扣】<br>　　　　应收账款　【总金额】<br>③ 预估折扣比实际现金折扣多的情况<br>借：银行存款　【收到的款项】<br>　　预计负债　【预估的现金折扣金额】<br>　　主营业务收入　【实际现金折扣－预估现金折扣】<br>　　贷：应收账款　【总金额】 |

3. 价格保护

| | |
|---|---|
| (1) 确认收入时 | 借：应收账款<br>　　贷：主营业务收入　【预测的销售金额】<br>　　　　应交税费——应交增值税(销项税额)　【按发票售价计算】 |
| (2) 结转成本时 | 借：主营业务成本<br>　　贷：库存商品 |

**通关分析：**

通关掌握程度________%　通关用时________分钟　最大专注时长________分钟　微笑比率________%

## 且试我剑——进化先锋锻造营

| 我的团队：____________ | 团队成员 | ____人 | 实到人数 | ____人 |
|---|---|---|---|---|
| 团队通关策略： | 本关领队：________。"萌新战士"领先成员：____________________<br>结对共进：________&________　________&________　________&________ | | | |
| 商定团队通关掌握程度自设________%　商定团队通关拟用时________分钟 | | | | |

庄重签名：________　翘起嘴角　锻造开始

1. 销售商品给丁客户

（1）确认收入时

同时结转成本：

（2）收到货款时

2. 向A公司销售电器

（1）确认收入时

（2）结转成本时

**团队通关分析：**

| 团队人均掌握程度________% 团队人均用时________分钟 | |
|---|---|
| 通关策略有效性评价： | |

队长签名：__________

## 敢于亮剑——巅峰掌控者乐园

巅峰时刻，你应已尽在掌握。

冲关历年初级会计师试题吧，昂扬你的自信！

## 华山论剑——笑谈天下，煮酒论英雄

**核心战力状态测评表**

| 序号 | 成长维度 | 序号 | 成长因子 | 测评内容 | 优 5 | 良 4 | 中 3 | 差 2 |
|---|---|---|---|---|---|---|---|---|
| Ⅰ 自评（认真根据任务完成过程及课堂表现，逐项评价） | | | | | | | | |
| 1 | 知识技能维度 | 1 | 知识层面 | 理解可变对价的概念 | | | | |
| | | | | 熟悉可变对价最佳估计数的确认 | | | | |
| | | 2 | 技能层面 | 掌握存在可变对价的销售业务的账务处理 | | | | |
| 2 | 职业素质专项 | | | 基于可变对价的理解培养守正创新的意识 | | | | |
| Ⅱ 互评（团队其他成员根据自评人实际表现，综合评议以上自评符合度） | | | | | | | | |
| 完全符合□ | 基本符合□ | | 不符合□ | 组长签名：__________ | | | | |

# 任务7-3 核算在某一时段内履行履约义务确认收入

## 一切准备——由心开始

| 态度准备 | | | | | 自律准备 | | | | | 专注准备 | | | | | 快乐准备 | | | | |
|---|---|---|---|---|---|---|---|---|---|---|---|---|---|---|---|---|---|---|---|
| E | D | C | B | A | E | D | C | B | A | E | D | C | B | A | E | D | C | B | A |

## 任务来了

首先了解任务，以现有能力尝试完成，并在此页面上进行标注，据以分析任务难度和能力缺口，为战力储备阶段指明方向。

（一）蚩尤公司是一家咨询公司，为增值税一般纳税人，对外提供咨询服务适用的增值税税率为6%。2024年发生下列销售相关经济业务，请根据以下业务进行账务处理。

2024年蚩尤公司通过竞标赢得一个服务期为5年的客户，该客户每年年末支付含税咨询费9 540 000元。为取得与该客户的合同，蚩尤公司聘请外部律师进行尽职调查，支付相关费用75 000元，为投标而发生的差旅费50 000元，支付销售人员佣金300 000元。蚩尤公司预期这些支出未来均能够收回。此外，蚩尤公司根据其年度销售目标、整体盈利情况及个人业绩等，向销售部门经理支付年度奖金100 000元。编制支付与取得合同相关的费用、每月确认服务收入、摊销合同取得成本以及确认与支付销售部门经理奖金等会计分录。

（二）伏羲公司为增值税一般纳税人，其非主营的装修服务适用增值税税率为9%。2023年发生下列销售相关经济业务，请根据以下业务进行账务处理。

1. 2023年9月1日，与乙公司签订一项为期3个月的装修合同，合同约定装修价款为900 000元，增值税税额为81 000元，装修费用每月末按完工进度支付。2023年9月31日，经专业测量师测量后，确定该项劳务的完工程度为35%；乙公司按完工进度支付价款及相应的增值税款。截至2023年9月31日，伏羲公司为完成该合同累计发生装修人员薪酬252 000元（该装修劳务成本均为装修人员薪酬），估计还将发生劳务成本468 000元。该装修服务构成单项履约义务，并属于在某一时段内履行的履约义务；公司按照实际测量的完工进度确定履约进度。

2. 2023年10月31日，经专业测量师测量后，确定该项劳务的完工程度为75%；乙公司按完工进度支付价款同时支付对应的增值税款。2023年10月，为完成该合同，发生装修人员薪酬288 000元，估计还将发生装修人员薪酬180 000元。

3. 2023年11月30日，装修完工；乙公司验收合格，按完工进度支付价款同时支付对应的增值税款。2023年2月，为完成该合同，发生装修人员薪酬180 000元。

（三）神农公司为增值税一般纳税人，经营一家休闲俱乐部。请根据以下业务编制收到会员费和每个月确认收入的会计分录。

2023年7月1日，某客户与公司签订合同，成为公司的会员，并向公司支付会员费

28 800 元(不含税价),可在未来的 12 个月内在该俱乐部休闲娱乐,且没有次数的限制。该业务适用的增值税税率为 6%。编制收到会员费和每个月确认收入的会计分录。

(四) 神农公司为增值税一般纳税人,经营一家酒店,为增值税一般纳税人,适用的增值税税率为 6%。该酒店是公司的自有资产。请根据以下业务进行账务处理。

2023 年 12 月,公司计提与酒店经营直接相关的酒店、客房以及客房内的设备家具等折旧 480 000 元、酒店土地使用权摊销费用 260 000 元。经计算,当月确认房费、餐饮等服务含税收入 1 600 000 元,全部存入银行。

## 战力储备——无非是尽全力做好准备

### 一、核心战力需求

**(一) 初阶 · 知识需求**

1. 熟悉在某一时段内履行履约义务的确认条件;
2. 熟悉履约进度的确定依据;
3. 理解合同取得成本、合同履约成本、合同负债核算的内容;

**(二) 中阶 · 技能需求**

4. 掌握在某一时段内履行履约义务取得收入的计算;
5. 掌握与合同取得成本相关销售业务的账务处理;
6. 掌握与合同履约成本相关销售业务的账务处理;
7. 掌握与合同负债相关销售业务的账务处理;

**(三) 高阶 · 素质专项养成**

8. 培养细致入微的阅读能力和逻辑推理能力。

### 二、探寻藏经阁

| | | | |
|---|---|---|---|
| 看头条秘籍 | 研经典案例 | 赏思维导图 | 析会计准则 |

### 三、剑来!——萌新战士养成计划

| 通关策略: | 先探阁熟悉后填写☐ 填写后再理解掌握☐ 其他方式:________ |
|---|---|
| 通关掌握程度自设______% 通关拟用时______分钟 | |

庄重签名:________ ☛ 翘起嘴角 ☺ 计划开始

满足下列条件之一的，属于在某一时段内履行的履约义务：(1)客户在企业__________即取得并消耗企业履约所带来的经济利益。(2)客户能够________企业履约过程中__________。(3)企业履约过程中所产出的商品具有__________，且该企业在整个合同期间内__________________。

企业应当考虑商品的性质，采用实际测量的完工进度、评估已实现的结果、时间进度、已完工或交付的产品等________，或采用投入的材料数量、花费的人工工时、机器工时、发生的成本和时间进度等________确定恰当的履约进度，并且在确定履约进度时应当扣除那些控制权尚未转移给客户的商品和服务。

对于在某一时段内履行的履约义务，企业应当在该段时间内按照________确认收入，履约进度不能________的除外。

当履约进度不能合理确定时，企业已经发生的成本预计能够________的，应当按照已经发生的________金额确认收入，直到履约进度能够合理确定为止。

资产负债表日，企业按照合同的交易价格总额乘以履约进度扣除以前会计期间累计已确认的收入后的金额，确认当期收入。

**(一) 在某一时段内履行履约义务确认收入的账务处理**

| | |
|---|---|
| 1. 预收款时 | 借：银行存款<br>　贷：________ |
| 2. 发生成本时 | 借：________<br>　贷：银行存款/应付职工薪酬等 |
| 3. 确认收入时 | 借：________/________等<br>　贷：主营业务收入<br>　　应交税费——应交增值税(销项税额) |

**(二) 合同取得成本的账务处理**

| | |
|---|---|
| 1. 发生合同取得成本时 | 借：________<br>　贷：银行存款等 |
| 2. 摊销合同取得成本时 | 借：________<br>　贷：________ |

**(三) 合同履约成本的账务处理**

| | |
|---|---|
| 1. 发生合同履约成本时 | 借：________<br>　贷：银行存款/应付职工薪酬/原材料等 |
| 2. 进行摊销时 | 借：________/其他业务成本<br>　贷：________ |

**通关分析：**

通关掌握程度________% 通关用时________分钟 最大专注时长________分钟 微笑比率________%

## 且试我剑——进化先锋锻造营

| 我的团队：______________ | | 团队成员 | ___人 | 实到人数 | ___人 |
|---|---|---|---|---|---|
| 团队通关策略： | 本关领队：________。"萌新战士"领先成员：________________<br>结对共进：________&________ ________&________ ________&________ | | | | |
| 商定团队通关掌握程度自设______% 商定团队通关拟用时______分钟 | | | | | |

庄重签名：________ 翘起嘴角 锻造开始

1. 蚩尤公司咨询服务

(1) 支付与取得合同相关的费用

(2) 每月确认服务收入，摊销合同取得成本

① 每月确认服务收入时

② 摊销合同取得成本

(3) 确认销售部门经理奖金时

(4) 发放销售部门经理奖金时（暂不考虑个人所得税）

2. 伏羲公司业务

(1) 9 月末

① 发生劳务成本时

② 确认收入时

同时结转成本

(2) 10 月末

① 发生劳务成本时

② 确认收入时

同时结转成本

(3) 11 月末

① 发生劳务成本时

② 确认收入时

同时结转成本

3. 神农公司休闲俱乐部业务

(1) 收到会员费

(2) 每月确认收入

4. 神农公司酒店业务

(1) 确认资产折旧、摊销费用

(2) 12 月确认酒店服务收入

同时摊销合同履约成本

**团队通关分析：**

| 团队人均掌握程度________% 团队人均用时________分钟 | |
|---|---|
| 通关策略有效性评价： | |

队长签名：________

## 敢于亮剑——巅峰掌控者乐园

巅峰时刻，你应已尽在掌握。
冲关历年初级会计师试题吧，昂扬你的自信！

## 华山论剑——笑谈天下，煮酒论英雄

核心战力状态测评表

<table>
<tr><th rowspan="2">序号</th><th rowspan="2">成长维度</th><th rowspan="2">序号</th><th rowspan="2">成长因子</th><th rowspan="2">测 评 内 容</th><th>优</th><th>良</th><th>中</th><th>差</th></tr>
<tr><th>5</th><th>4</th><th>3</th><th>2</th></tr>
<tr><td colspan="9">Ⅰ 自评（认真根据任务完成过程及课堂表现，逐项评价）</td></tr>
<tr><td rowspan="7">1</td><td rowspan="7">知识技能维度</td><td rowspan="3">1</td><td rowspan="3">知识层面</td><td>熟悉在某一时段内履行履约义务的确认条件</td><td></td><td></td><td></td><td></td></tr>
<tr><td>熟悉履约进度的确定依据</td><td></td><td></td><td></td><td></td></tr>
<tr><td>理解合同取得成本、合同履约成本、合同负债核算的内容</td><td></td><td></td><td></td><td></td></tr>
<tr><td rowspan="4">2</td><td rowspan="4">技能层面</td><td>掌握在某一时段内履行履约义务取得收入的计算</td><td></td><td></td><td></td><td></td></tr>
<tr><td>掌握与合同取得成本相关销售业务的账务处理</td><td></td><td></td><td></td><td></td></tr>
<tr><td>掌握与合同履约成本相关销售业务的账务处理</td><td></td><td></td><td></td><td></td></tr>
<tr><td>掌握与合同负债相关销售业务的账务处理</td><td></td><td></td><td></td><td></td></tr>
<tr><td>2</td><td colspan="3">职业素质专项</td><td>培养细致入微的阅读能力和逻辑推理能力</td><td></td><td></td><td></td><td></td></tr>
<tr><td colspan="9">Ⅱ 互评（团队其他成员根据自评人实际表现，综合评议以上自评符合度）</td></tr>
<tr><td colspan="3">完全符合□</td><td colspan="2">基本符合□</td><td>不符合□</td><td colspan="3">组长签名：__________</td></tr>
</table>

# 任务7-4 核算费用相关业务

## 一切准备——由心开始

| 态度准备 | | | | | 自律准备 | | | | | 专注准备 | | | | | 快乐准备 | | | | |
|---|---|---|---|---|---|---|---|---|---|---|---|---|---|---|---|---|---|---|---|
| E | D | C | B | A | E | D | C | B | A | E | D | C | B | A | E | D | C | B | A |

## 任务来了

首先了解任务，以现有能力尝试完成，并在此页面上进行标注，据以分析任务难度和能力缺口，为战力储备阶段指明方向。

任务要求：轩辕公司为增值税一般纳税人。请根据以下业务做相应的账务处理，如有计算，要写出计算过程。

1. 2024 年 6 月 1 日，取得应纳消费税的销售商品收入 800 000 元，该商品适用的消费税税率为 25%。

2. 2024 年 5 月，当月实际缴纳的增值税 350 000 元、消费税 250 000 元，城市维护建设税税率为 7%，教育费附加征收比率为 3%。

3. 以银行存款支付产品广告费 70 000 元和 6%的增值税。

4. 销售一批产品，销售过程中发生运输费 4 000 元，其增值税税率为 9%，当月通过认证，装卸费 2 000 元，均以银行存款支付，编制支付运输费和装卸费的分录。

5. 公司筹建期间发生办公费等开办费 30 000 元，均用银行存款支付，编制发生费用的分录。

6. 发生业务招待费 40 000 元，以银行存款支付。

7. 就一项产品设计方案向有关专家咨询，支付咨询费 20 000 元。

8. 当月生产车间发生设备大修理费用 42 000 元(以银行存款支付)，不满足固定资产确认条件。

9. 从开户银行购入现金支票、转账支票各一本，手续费和工本费合计 70 元，以现金支付。

10. 获得银行存款利息收入 300 元。

## 战力储备——无非是尽全力做好准备

### 一、核心战力需求

**(一) 初阶 · 知识需求**

1. 熟悉税金及附加以及各期间费用核算的内容；

**(二) 中阶 · 技能需求**

2. 掌握税金及附加以及期间费用的发生与结转；

**(三) 高阶 · 素质专项养成**

3. 培养敏锐的成本费用控制意识。

### 二、探寻藏经阁

| | | | |
|---|---|---|---|
| 看头条秘籍 | 研经典案例 | 赏思维导图 | 析会计准则 |

### 三、剑来！——萌新战士养成计划

| 通关策略： | 先探阁熟悉后填写□　填写后再理解掌握□　其他方式：________ |
|---|---|
| 通关掌握程度自设______%　通关拟用时______分钟 | |

庄重签名：________　☛ 翘起嘴角 ☺ 计划开始

### （一）主营业务成本

1. 主营业务成本的概念

主营业务成本是指企业销售商品、提供服务等经常性活动所发生的成本。

2. 会计分录

| | |
|---|---|
| (1) 结转已销售商品、已提供服务的成本 | 借：________<br>贷：______/________ |
| (2) 将主营业务成本转入本年利润 | 借：______<br>贷：________ |

### （二）其他业务成本

1. 其他业务成本的概念

其他业务成本是指企业确认的除主营业务活动以外的其他日常经营活动所发生的支出。

2. 其他业务成本核算的内容

(1)销售材料成本;(2)出租固定资产的折旧额;(3)出租无形资产的摊销额;(4)出租包装物的成本或摊销额;(5)采用成本计量模式的投资性房地产的折旧或摊销额。

3. 会计分录

| | |
|---|---|
| (1) 发生其他业务成本时 | 借：________<br>贷：原材料/累计折旧/累计摊销/周转材料/应付职工薪酬等 |
| (2) 期末结转时 | 借：本年利润<br>贷：________ |

### （三）税金及附加

不通过“应交税费”核算的税种：____________________。

不通过“税金及附加”核算的税种：______________________________等。

| | |
|---|---|
| 1. 发生时 | 借：________<br>贷：应交税费/银行存款 |
| 2. 期末结转时 | 借：本年利润<br>贷：税金及附加 |

**(四) 期间费用**

1. 销售费用

| | |
|---|---|
| (1) 发生销售费用时 | 借：销售费用<br>　　贷：银行存款/应付职工薪酬/累计折旧 |
| (2) 期末结转销售费用时 | 借：本年利润<br>　　贷：销售费用 |

2. 管理费用

| | |
|---|---|
| (1) 发生管理费用时 | 借：管理费用<br>　　贷：银行存款/应付职工薪酬/累计折旧等 |
| (2) 期末结转管理费用时 | 借：本年利润<br>　　贷：管理费用 |

3. 财务费用

| | |
|---|---|
| (1) 发生财务费用时 | 借：财务费用<br>　　贷：银行存款等 |
| (2) 期末结转财务费用时 | 借：本年利润<br>　　贷：财务费用 |

**通关分析：**

通关掌握程度________% 通关用时________分钟 最大专注时长________分钟 微笑比率________%

## 且试我剑——进化先锋锻造营

| 我的团队：______________ | | 团队成员 | ___人 | 实到人数 | ___人 |
|---|---|---|---|---|---|
| 团队通关策略： | 本关领队：________。“萌新战士”领先成员：__________________<br>结对共进：________&________ ________&________ ________&________ | | | | |
| 商定团队通关掌握程度自设_______% 商定团队通关拟用时_______分钟 | | | | | |

庄重签名：________ 翘起嘴角 锻造开始

1. 销售应税消费品

2. 计算城建税和教育费附加

3. 支付广告费

4. 销售商品，支付运输费和装卸费

5. 支付开办费

6. 支付拓展市场业务招待费

7. 支付咨询费

8. 生产车间发生设备大修

9. 从开户银行购入支票

10. 获得银行存款利息收入

**团队通关分析：**

| 团队人均掌握程度______% 团队人均用时______分钟 | |
|---|---|
| 通关策略有效性评价： | |

队长签名：__________

## 敢于亮剑——巅峰掌控者乐园

巅峰时刻，你应已尽在掌握。
冲关历年初级会计师试题吧，昂扬你的自信！

## 华山论剑——笑谈天下，煮酒论英雄

核心战力状态测评表

<table>
<tr><th rowspan="2">序号</th><th rowspan="2">成长维度</th><th rowspan="2">序号</th><th rowspan="2">成长因子</th><th rowspan="2">测评内容</th><th>优</th><th>良</th><th>中</th><th>差</th></tr>
<tr><th>5</th><th>4</th><th>3</th><th>2</th></tr>
<tr><td colspan="9">Ⅰ 自评(认真根据任务完成过程及课堂表现，逐项评价)</td></tr>
<tr><td rowspan="2">1</td><td rowspan="2">知识技能维度</td><td>1</td><td>知识层面</td><td>熟悉税金及附加以及各期间费用核算的内容</td><td></td><td></td><td></td><td></td></tr>
<tr><td>2</td><td>技能层面</td><td>掌握税金及附加以及期间费用的发生与结转</td><td></td><td></td><td></td><td></td></tr>
<tr><td>2</td><td colspan="3">职业素质专项</td><td>培养敏锐的成本费用控制意识</td><td></td><td></td><td></td><td></td></tr>
<tr><td colspan="9">Ⅱ 互评(团队其他成员根据自评人实际表现，综合评议以上自评符合度)</td></tr>
<tr><td colspan="3">完全符合□</td><td colspan="2">基本符合□</td><td colspan="2">不符合□</td><td colspan="2">组长签名：__________</td></tr>
</table>

# 任务7-5　核算利润形成和营业外收支

## 一切准备——由心开始

<table>
<tr><th colspan="5">态度准备</th><th colspan="5">自律准备</th><th colspan="5">专注准备</th><th colspan="5">快乐准备</th></tr>
<tr><td>E</td><td>D</td><td>C</td><td>B</td><td>A</td><td>E</td><td>D</td><td>C</td><td>B</td><td>A</td><td>E</td><td>D</td><td>C</td><td>B</td><td>A</td><td>E</td><td>D</td><td>C</td><td>B</td><td>A</td></tr>
</table>

## 任务来了

首先了解任务，以现有能力尝试完成，并在此页面上进行标注，据以分析任务难度和能力缺口，为战力储备阶段指明方向。

(一) 关于营业外收支的业务

1. 结转固定资产报废清理的净收益 18 800 元。

2. 在现金清查中盘盈 300 元，按管理权限报经批准后结转。

3. 本期营业外收入总额为 19 100 元，期末结转本年利润。

4. 2021 年 8 月 1 日，A 公司取得一项价值 2 000 000 元的非专利技术并确认为无形资产，采用直线法摊销，摊销期限为 10 年。2023 年 8 月 1 日，由于该技术已被其他新技术所替代，公司决定将其转入报废处理，报废时已摊销 400 000 元，未计提减值准备。

5. 发生原材料自然灾害损失 80 000 元，经批准全部转作营业外支出。企业对原材料采用实际成本进行日常核算。

6. 用银行存款支付税款滞纳金 10 000 元。

要求：编写相关会计分录。

（二）利润形成的计算

1. 9月份，某企业报经批准结转无法查明原因的现金溢余500元，转销由于债权单位撤销无法清偿的应付账款8 000元，出售管理用设备确认净收益6 000元。不考虑其他因素，该月该企业确认的营业外收入为多少元？

2. 10月份，某企业发生公益性捐赠支出8万元，出售非专利技术净损失20万元，违反税法规定，支付罚款3万元。不考虑其他因素，该企业10月份计入营业外支出的金额为多少？

3. 某企业2023年实现营业收入600万元，发生营业成本400万元、管理费用20万元、税金及附加5万元、营业外支出10万元。不考虑其他因素，该企业2023年的营业利润为多少万元？

4. 某企业9月份发生经济业务如下：确认销售费用1 000万元，公允价值变动损失60万元，确认信用减值损失4万元，支付税收滞纳金26万元。

要求：不考虑其他因素，上述业务导致该企业9月份营业利润减少的金额为多少？

## 战力储备——无非是尽全力做好准备

### 一、核心战力需求

**（一）初阶·知识需求**

1. 熟悉利润形成的计算；

**（二）中阶·技能需求**

2. 掌握营业外收支相关账务处理；

**（三）高阶·素质专项养成**

3. 依据利润形成过程，培养守正创新的意识和拼搏奋斗的精神。

### 二、探寻藏经阁

| | | | |
|---|---|---|---|
| 看头条秘籍 | 研经典案例 | 赏思维导图 | 析会计准则 |

### 三、剑来！——萌新战士养成计划

| 通关策略： | 先探阁熟悉后填写□　填写后再理解掌握□　其他方式：________ |
|---|---|
| 通关掌握程度自设______%　通关拟用时______分钟 | |

庄重签名：________　翘起嘴角　计划开始

**(一) 利润总额**

利润包括收入减去费用后的净额、直接计入当期利润的利得和损失等。

1. 计算公式

营业利润=营业收入-营业成本-税金及附加-销售费用-管理费用-研发费用-财务费用+其他收益+投资收益(-投资损失)+净敞口套期收益(-净敞口套期损失)+公允价值变动收益(-公允价值变动损失)-信用减值损失-资产减值损失+资产处置收益(-资产处置损失)

利润总额=营业利润+营业外收入-营业外支出

2. 涉及的项目

(1) 营业外收入是指企业发生的与其日常活动无直接关系的各项利得。

(2) 营业外支出是指企业发生的与其日常活动无直接关系的各项损失。

**(二) 净利润**

1. 计算公式

净利润=利润总额-所得税费用

2. 涉及的项目

所得税费用:企业确认的应从当期利润总额中扣除的所得税费用。

**(三) 营业外收支**

1. 营业外收入核算的内容

(1)非流动资产毁损报废收益;(2)与企业日常活动无关的政府补助;(3)盘盈利得;(4)捐赠利得;(5)债务重组利得等。

2. 营业外收入的账务处理

| | |
|---|---|
| (1) 企业确认处置非流动资产毁损报废收益时(注意不含盘盈) | 借:______________/______________<br>贷:______________ |
| (2) 企业确认盘盈利得、捐赠利得计入营业外收入时 | 借:______________/__________<br>贷:______________ |
| (3) 营业外收入期末转入本年利润时 | 借:______________<br>贷:__________ |

3. 营业外支出核算的内容

(1)非流动资产毁损报废损失;(2)捐赠支出;(3)盘亏损失;(4)非常损失;(5)罚款支出;(6)债务重组损失等。

4. 营业外支出的账务处理

| | |
|---|---|
| (1) 企业确认处置非流动资产毁损报废损失时 | 借:__________<br>贷:______________/__________/______________ |

续表

| (2) 确认盘亏、罚款支出计入营业外支出时 | 借：________<br>贷：________/库存现金/银行存款等 |
|---|---|
| (3) 营业外支出期末转入"本年利润"账户 | 借：________<br>贷：________ |

**通关分析：**

通关掌握程度________% 通关用时________分钟 最大专注时长________分钟 微笑比率________%

## 且试我剑——进化先锋锻造营

<table>
<tr><td colspan="2">我的团队：________</td><td>团队成员</td><td>____人</td><td>实到人数</td><td>____人</td></tr>
<tr><td>团队通关策略：</td><td colspan="5">本关领队：________。"萌新战士"领先成员：________<br>结对共进：________&________ ________&________ ________&________</td></tr>
<tr><td colspan="6">商定团队通关掌握程度自设________% 商定团队通关拟用时________分钟</td></tr>
</table>

庄重签名：________ 翘起嘴角 锻造开始

1. 关于营业外收支的业务

(1)

(2)

(3)

(4)

(5)

(6)

2. 利润形成的计算

(1) 营业外收入＝

(2) 营业外支出的金额＝

(3) 营业利润＝

(4) 营业利润减少的金额＝

**团队通关分析：**

| | 团队人均掌握程度______% 团队人均用时______分钟 |
|---|---|
| 通关策略有效性评价： | |

队长签名：______

### 敢于亮剑——巅峰掌控者乐园

巅峰时刻，你应已尽在掌握。
冲关历年初级会计师试题吧，昂扬你的自信！

### 华山论剑——笑谈天下，煮酒论英雄

**核心战力状态测评表**

| 序号 | 成长维度 | 序号 | 成长因子 | 测评内容 | 优 5 | 良 4 | 中 3 | 差 2 |
|---|---|---|---|---|---|---|---|---|
| Ⅰ 自评(认真根据任务完成过程及课堂表现，逐项评价) | | | | | | | | |
| 1 | 知识技能维度 | 1 | 知识层面 | 熟悉利润形成的计算 | | | | |
| | | 2 | 技能层面 | 掌握营业外收支相关账务处理 | | | | |
| 2 | 职业素质专项 | | | 依据利润形成过程，培养守正创新的意识和拼搏奋斗的精神 | | | | |
| Ⅱ 互评(团队其他成员根据自评人实际表现，综合评议以上自评符合度) | | | | | | | | |
| 完全符合□ | | 基本符合□ | | 不符合□ | 组长签名：______ | | | |

# 任务7-6 核算净利润和分配结转利润

### 一切准备——由心开始

| 态度准备 | | | | | 自律准备 | | | | | 专注准备 | | | | | 快乐准备 | | | | |
|---|---|---|---|---|---|---|---|---|---|---|---|---|---|---|---|---|---|---|---|
| E | D | C | B | A | E | D | C | B | A | E | D | C | B | A | E | D | C | B | A |

## 任务来了

首先了解任务，以现有能力尝试完成，并在此页面上进行标注，据以分析任务难度和能力缺口，为战力储备阶段指明方向。

（一）轩辕公司2023年度按《企业会计准则》计算的税前会计利润为49 500 000元，所得税税率为25%。当年按税法核定的全年计税工资为50 000 000元，而全年实发工资为5 500 000元；当年营业外支出中有250 000元的税款滞纳罚金；投资收益中有国库券利息收入450 000元。假如无其他纳税调整因素，计算应交所得税。

（二）轩辕公司递延所得税负债年初数为950 000元，年末数为1 050 000元；递延所得税资产年初数为625 000元，年末数为550 000元。假定递延所得税费用或收益全部计入当期损益。计算递延所得税费用和所得税费用，编制计提当期所得税和递延所得税的分录。

（三）伏羲公司2023年各损益类账户的年末余额（1—11月均未结转）见下表。伏羲公司年初未分配利润为650 000元，"本年利润"账户贷方余额为330 832.5元，按净利润的10%和5%分别提取法定盈余公积和任意盈余公积，宣告发放现金股利2 560 000元。不考虑其他因素。

**2023年各损益类账户年末结账前余额**

| 账户名称 | 方向 | 结账前余额 | 账户名称 | 方向 | 结账前余额 |
| --- | --- | --- | --- | --- | --- |
| 主营业务收入 | 贷 | 11 920 000 | 税金及附加 | 借 | 9 552 |
| 其他业务收入 | 贷 | 400 000 | 管理费用 | 借 | 1 110 400 |
| 公允价值变动损益 | 贷 | 320 000 | 销售费用 | 借 | 312 000 |
| 投资收益 | 贷 | 9 600 | 财务费用 | 借 | 584 000 |
| 营业外收入 | 贷 | 640 000 | 资产减值损失 | 借 | 256 000 |
| 主营业务成本 | 借 | 6 560 000 | 营业外支出 | 借 | 551 200 |
| 其他业务成本 | 借 | 244 248 | | | |

1. 编制伏羲公司损益类账户结转的分录；
2. 编制伏羲公司所得税费用的确认与结转的会计分录；
3. 编制伏羲公司净利润结转的分录；
4. 编制伏羲公司利润分配的分录。

##  战力储备——无非是尽全力做好准备

### 一、核心战力需求

**(一) 初阶·知识需求**

1. 理解本年利润结转的两种方法;

**(二) 中阶·技能需求**

2. 掌握应纳税所得额和当期应交所得税的计算;
3. 掌握当期所得税费用的计算;
4. 掌握所得税费用计算和结转的账务处理;
5. 掌握损益类账户转入本年利润的账务处理;
6. 掌握本年利润转入利润分配的账务处理;

**(三) 高阶·素质专项养成**

7. 培养遵守法律法规和会计准则的合规意识。

### 二、探寻藏经阁

| 看头条秘籍 | 研经典案例 | 赏思维导图 | 析会计准则 |
|---|---|---|---|

### 三、剑来!——萌新战士养成计划

| 通关策略: | 先探阁熟悉后填写□ 填写后再理解掌握□ 其他方式:________ |
|---|---|
| 通关掌握程度自设______% 通关拟用时______分钟 | |

庄重签名:________ 翘起嘴角 计划开始

**(一) 应交所得税的计算**

1. 应交所得税的概念

应交所得税是指企业按照____________规定计算确定的针对当期发生的交易和事项,应交纳给税务部门的所得税金额。

2. 应纳税所得额

(1) 计算方式

应纳税所得额是在企业________________的基础上调整确定的。

(2) 计算公式

应纳税所得额=______________________

（3）纳税调整增加额

① 企业所得税法规定允许扣除项目中企业已计入当期费用但超过税法规定扣除标准的金额，如超过企业所得税法规定标准的职工福利费、工会经费、职工教育经费、业务招待费、公益性捐赠支出、广告费和业务宣传费等。

② 企业已计入当期损失但企业所得税法规定不允许扣除项目的金额，如税收滞纳金、罚金、罚款等。

（4）纳税调整减少额

①______________；②______________等。

3．当期应交所得税的计算公式

应交所得税＝____________________

**（二）所得税费用的核算**

1．所得税费用计算公式

所得税费用＝____________________

2．递延所得税计算公式

递延所得税＝（递延所得税负债的期末余额－递延所得税负债的期初余额）－（递延所得税资产的期末余额－递延所得税资产的期初余额）

3．会计账户

“所得税费用”账户，核算企业所得税费用的确认及其结转情况，借方登记所得税费用增加额；贷方登记所得税费用结转“本年利润”账户的金额；期末结转后，无余额。

4．会计分录

| | |
|---|---|
| （1）计算所得税费用时 | 借：____________<br>　贷：_______________<br>　　递延所得税负债（或贷方）<br>　　递延所得税资产（或贷方） |
| （2）结转所得税费用时 | 借：本年利润<br>　贷：所得税费用 |

**（三）结转本年利润的方法**

1．表结法

表结法下，各损益类科目每月末只需结计出本月发生额和月末累计余额，__________到“本年利润”科目。

2．账结法

账结法下，____________________，将在账上结计出的各损益类科目的余额结转入“本年利润”账户。

### (四) 结转本年利润的账务处理

1. 结转收入、利得类账户

借：主营业务收入
　　其他业务收入
　　其他收益
　　营业外收入
　　投资收益　【净收益】
　　公允价值变动损益　【净收益】
　　资产处置损益　【净收益】
　　贷：本年利润

2. 结转费用、损失类账户

借：本年利润
　　贷：主营业务成本
　　　　其他业务成本
　　　　税金及附加
　　　　销售费用
　　　　管理费用
　　　　财务费用
　　　　信用减值损失
　　　　资产减值损失
　　　　营业外支出
　　　　所得税费用
　　　　投资收益　【净损失】
　　　　公允价值变动损益　【净损失】
　　　　资产处置损益　【净损失】

3. 年末，结转本年利润

(1) 如为净利润

借：本年利润
　　贷：利润分配——未分配利润

(2) 如果亏损

借：利润分配——未分配利润
　　贷：本年利润

**通关分析：**

通关掌握程度________% 通关用时________分钟 最大专注时长________分钟 微笑比率________%

## 且试我剑——进化先锋锻造营

| 我的团队：______________ | | 团队成员 | ___人 | 实到人数 | ___人 |
|---|---|---|---|---|---|
| 团队通关策略： | 本关领队：__________。"萌新战士"领先成员：______________________________<br>结对共进：__________&__________ __________&__________ __________&__________ | | | | |
| 商定团队通关掌握程度自设________% 商定团队通关拟用时________分钟 | | | | | |

庄重签名：__________ 翘起嘴角 锻造开始

1. 损益类账户余额的结转

(1) 结转各收入利得

(2) 结转各费用损失

2. 所得税费用的确认与结转

(1) 确认所得税费用

(2) 结转所得税费用

3. 结转净利润

4. 利润分配

(1) 提取盈余公积和宣告发放股利

(2) 结转利润分配所属明细账户

**团队通关分析：**

<table>
<tr><td colspan="2">团队人均掌握程度________% 团队人均用时________分钟</td></tr>
<tr><td>通关策略<br>有效性评价：</td><td></td></tr>
</table>

队长签名：________

## 敢于亮剑——巅峰掌控者乐园

巅峰时刻，你应已尽在掌握。
冲关历年初级会计师试题吧，昂扬你的自信！

## 华山论剑——笑谈天下，煮酒论英雄

**核心战力状态测评表**

<table>
<tr><td rowspan="2">序号</td><td rowspan="2">成长维度</td><td rowspan="2">序号</td><td rowspan="2">成长因子</td><td rowspan="2">测 评 内 容</td><td>优</td><td>良</td><td>中</td><td>差</td></tr>
<tr><td>5</td><td>4</td><td>3</td><td>2</td></tr>
<tr><td colspan="9">Ⅰ 自评（认真根据任务完成过程及课堂表现，逐项评价）</td></tr>
<tr><td rowspan="3">1</td><td rowspan="3">知识技能维度</td><td>1</td><td>知识层面</td><td>理解本年利润结转的两种方法</td><td></td><td></td><td></td><td></td></tr>
<tr><td rowspan="2">2</td><td rowspan="2">技能层面</td><td>掌握应纳税所得额和当期应交所得税的计算</td><td></td><td></td><td></td><td></td></tr>
<tr><td>掌握当期所得税费用的计算</td><td></td><td></td><td></td><td></td></tr>
</table>

续表

| 序号 | 成长维度 | 序号 | 成长因子 | 测　评　内　容 | 优 | 良 | 中 | 差 |
|---|---|---|---|---|---|---|---|---|
| | | | | | 5 | 4 | 3 | 2 |
| 1 | 知识技能维度 | 2 | 技能层面 | 掌握所得税费用计算和结转的账务处理 | | | | |
| | | | | 掌握损益类账户转入本年利润的账务处理 | | | | |
| | | | | 掌握本年利润转入利润分配的账务处理 | | | | |
| 2 | 职业素质专项 | | | 培养遵守法律法规和会计准则的合规意识 | | | | |
| Ⅱ 互评(团队其他成员根据自评人实际表现,综合评议以上自评符合度) | | | | | | | | |
| 完全符合□ | | 基本符合□ | | 不符合□ | 组长签名:＿＿＿＿＿ | | | |

## 深省自勉　助力荣耀之路

**多维成长增值测评表——成就你的"六边形战士"**

| 序号 | 成长维度 | 序号 | 成长因子 | 测评内容 | M01 | M02 | M03 | M04 | M05 | M06 |
|---|---|---|---|---|---|---|---|---|---|---|
| | | | | | 10 | 10 | 10 | 10 | 10 | 10 |
| 1 | 态度品质维度 | 1 | 诚实守信 | 不抄袭、不作弊,学习不弄虚作假 | | | | | | |
| | | 2 | 尊重他人 | 认真听课,倾听和尊重同学的观点 | | | | | | |
| | | 3 | 勇担责任 | 对自己的学习负责,成为团队正能量 | | | | | | |
| | | 4 | 公正公平 | 在课堂互评等活动中不偏袒、不歧视 | | | | | | |
| | | 5 | 遵守规则 | 遵守课堂纪律,无旷课、迟到、早退 | | | | | | |
| 2 | 创造创新维度 | 1 | 创新思维 | 提出新颖的观点或解决问题的方法 | | | | | | |
| | | 2 | 独立思考 | 运用所学,静心思考,提出解决方案 | | | | | | |
| | | 3 | 探索精神 | 愿意主动预习,对新任务有求知欲 | | | | | | |
| | | 4 | 批判思维 | 对教师或同学的方案不盲从,合理质疑 | | | | | | |
| 3 | 情感认知维度 | 1 | 自我认知 | 能够对课堂表现自我反思并加以改进 | | | | | | |
| | | 2 | 情绪管理 | 能够享受学习过程,快乐学习 | | | | | | |
| | | 3 | 自爱自信 | 接受自己,敢于表达,敢于尝试 | | | | | | |
| | | 4 | 换位思考 | 能感受他人,倾心同学的观点和感受 | | | | | | |

续表

| 序号 | 成长维度 | 序号 | 成长因子 | 测评内容 | M01 | M02 | M03 | M04 | M05 | M06 |
|---|---|---|---|---|---|---|---|---|---|---|
| | | | | | 10 | 10 | 10 | 10 | 10 | 10 |
| 4 | 社交合作维度 | 1 | 互动交流 | 积极参与讨论，主动发起讨论 | | | | | | |
| | | 2 | 团队合作 | 合作完成任务，有领导力与团队精神 | | | | | | |
| | | 3 | 解决冲突 | 理性解决分歧，尊重他人，寻求共识 | | | | | | |
| | | 4 | 社交礼仪 | 尊重教师和同学，注重课堂仪表 | | | | | | |
| 5 | 知识技能维度 | 1 | 知识层面 | 该任务“核心战力需求”中“知识需求”的达成情况 | | | | | | |
| | | 2 | 技能层面 | 该任务“核心战力需求”中“技能需求”的达成情况 | | | | | | |
| 6 | 职业素质养成专项 | | | 该任务“核心战力需求”中“素质专项需求”的达成情况 | | | | | | |

测评说明：(1)测评类型：学生自评；(2)测评时间：每个任务完成后；(3)测评方式：教师引导学生逐项判断，逐项打分；(4)分值确定：M01－M06 表示项目七的 6 个任务，每个任务的每个成长因子都按实际表现给予分值(1≤分值≤10)。希望同学对每个任务按同样的标准进行评分，以此感受和激励个人不断成长。

# 项目 8
# 编制财务报告

财务报告是指企业对外提供的反映企业某一特定日期的财务状况和某一会计期间的经营成果、现金流量等会计信息的文件。财务报表是财务报告的主体和核心内容，其他应当在财务报告中披露的相关信息和资料是对财务报表的补充和说明，共同构成财务报告体系。

财务报表是对企业财务状况、经营成果和现金流量的结构性表述。一套完整的财务报表至少应当包括资产负债表、利润表、现金流量表、所有者权益（或股东权益）变动表以及附注。

本项目主要训练掌握企业资产负债表、利润表的编制技能。

## 项目全图

8. 编制财务报告
- 8.1 编制资产负债表
- 8.2 编制利润表
- 8.3 编制现金流量表
- 8.4 编制所有者权益变动表

## 善阅静思　悟道修心

### 德勤有限公司的数字化转型

自21世纪初以来，科技的快速发展已经深刻影响各行各业。特别是进入21世纪头10年后，智能化、自动化等技术更是呈现爆炸式增长，会计行业也迎来了前所未有的变革。德勤有限公司，作为全球领先的会计公司，自2015年起便敏锐地捕捉到这一时代趋势，积极投入资源，走在技术革新的前列，为整个行业树立了榜样。

一、德勤的智能化会计解决方案

自2018年起，德勤有限公司便加大了对智能化技术的研发力度。公司成立了专门的技术研发团队，致力于将人工智能、大数据等前沿技术应用于会计领域。经过数年的不懈努力，德勤成功开发出一系列智能化的会计软件和工具，如智能审计系统、财务数据分析平台等。

这些智能化解决方案不仅能够自动化处理大量数据，提高会计工作的准确性和效率，还能够为企业提供深度的财务分析和预测，帮助企业做出更加明智的决策。通过应用这些解决方案，德勤的客户在节省时间和人力成本的同时也大大提高了企业的竞争力和风险管理能力。

二、德勤的员工技能培训与实践

德勤深知，技术的革新与应用离不开人才的培养。因此，自2020年起，公司便启动了全面的员工技能培训计划。

该计划包括定期举办内部培训课程、邀请行业专家进行讲座、组织员工参与实践项目等多种形式。通过这些活动，员工能够深入了解最新的会计技术和工具，掌握数据分析、数据挖掘等相关技能，提升自己的专业素养和实践能力。

此外，德勤还与多家科技公司建立了紧密的合作关系，共同探索新的技术应用场景。通过与科技公司的合作，德勤不仅获取了最新的技术资源，还为员工提供了更多实践机会，帮助他们更好地掌握和应用新技术。

三、应对市场变化，持续创新

进入21世纪20年代，市场需求和技术趋势发生了更为快速的变化。面对这一挑战，德勤始终保持着敏锐的洞察力和前瞻性的思考。公司密切关注行业动态和技术发展趋势，不断调整和优化自身的服务策略和技术应用。

通过一系列创新举措，德勤不仅提升了自身的服务质量和竞争力，还为推动整个会计行业的创新发展做出了积极贡献。越来越多的企业开始关注并学习德勤的创新经验，整个行业的技术水平得到了显著提升。

## 畅谈倾听　论道明理

阅读思考案例以后，和同学们讨论交流以下问题：

1. 你了解哪些关于人工智能发展的重要事件?
2. 你认为人工智能的发展将对会计工作产生怎样的影响?
3. 作为会计人员,你将如何迎接数字化浪潮?

最后,请你将对第3个问题的思考写在下面。

## 任务8-1 编制资产负债表

### 一切准备——由心开始

| 态度准备 | | | | | 自律准备 | | | | | 专注准备 | | | | | 快乐准备 | | | | |
|---|---|---|---|---|---|---|---|---|---|---|---|---|---|---|---|---|---|---|---|
| E | D | C | B | A | E | D | C | B | A | E | D | C | B | A | E | D | C | B | A |

### 任务来了

首先了解任务,以现有能力尝试完成,并在此页面上进行标注,据以分析任务难度和能力缺口,为战力储备阶段指明方向。

任务要求:轩辕公司12月末的各账户余额如下,请根据资料编制该公司的资产负债表。

单位:人民币,元

| 科目名称 | 明细账户 | 借方余额 | 贷方余额 |
|---|---|---|---|
| 库存现金 | | 12 500 | |
| 银行存款 | | 1 261 250 | |
| 其他货币资金 | | 1 237 500 | |
| 交易性金融资产 | | 15 000 000 | |
| 应收票据 | | 3 750 000 | |
| 应收账款 | H公司 | 15 625 000 | |
| 应收账款 | K公司 | | 6 250 000 |

续表

| 科目名称 | 明细账户 | 借方余额 | 贷方余额 |
| --- | --- | --- | --- |
| 预付账款 | A公司 | 625 000 | |
| 预付账款 | B公司 | | 1 875 000 |
| 应收利息 | | 312 500 | |
| 其他应收款 | | 187 500 | |
| 坏账准备 | 应收票据相关 | | 137 500 |
| 坏账准备 | 应收账款相关 | | 425 000 |
| 原材料 | | 1 250 000 | |
| 材料成本差异 | | 12 500 | |
| 库存商品 | | 14 687 500 | |
| 商品进销差价 | | | 3 137 500 |
| 委托加工物资 | | 2 500 000 | |
| 周转材料 | | 1 875 000 | |
| 生产成本 | | 2 500 000 | |
| 受托代销商品 | | 5 000 000 | |
| 存货跌价准备 | | | 1 250 000 |
| 持有待售资产 | | 3 937 500 | |
| 债权投资 | | 6 250 000 | |
| 长期股权投资 | | 45 000 000 | |
| 投资性房地产 | | 25 000 000 | |
| 投资性房地产累计折旧 | | | 10 000 000 |
| 固定资产 | | 30 000 000 | |
| 累计折旧 | | | 4 625 000 |
| 固定资产减值准备 | | | 1 850 000 |
| 在建工程 | | 1 475 000 | |
| 工程物资 | | 1 875 000 | |
| 无形资产 | | 10 000 000 | |
| 累计摊销 | | | 2 500 000 |
| 无形资产减值准备 | | | 675 000 |
| 使用权资产 | | 2 875 000 | |
| 开发支出 | 资本化支出 | 3 750 000 | |
| 长期待摊费用 | | 270 000 | |

续表

| 科目名称 | 明细账户 | 借方余额 | 贷方余额 |
|---|---|---|---|
| 递延所得税资产 | | 703 125 | |
| 短期借款 | | | 4 375 000 |
| 应付票据 | | | 2 937 500 |
| 应付账款 | C 公司 | 3 750 000 | |
| 应付账款 | D 公司 | | 11 773 125 |
| 预收账款 | L 公司 | 3 125 000 | |
| 预收账款 | M 公司 | | 2 886 250 |
| 合同负债 | | | 5 000 000 |
| 应付职工薪酬 | | | 1 000 000 |
| 应交税费 | | | 5 625 000 |
| 应付利息 | | | 62 500 |
| 应付股利 | | | 3 125 000 |
| 其他应付款 | | | 687 500 |
| 长期借款 | | | 6 750 000 |
| 长期借款 | 一年内到期 | | 1 250 000 |
| 租赁负债 | | | 2 875 000 |
| 递延所得税负债 | | | 375 000 |
| 实收资本 | | | 62 500 000 |
| 资本公积 | | | 45 000 000 |
| 盈余公积 | | | 3 287 500 |
| 利润分配 | 未分配利润 | | 10 362 500 |

## 战力储备——无非是尽全力做好准备

### 一、核心战力需求

**（一）初阶·知识需求**

1. 了解财务报告及财务报告体系的构成；
2. 熟悉财务报告按编制时间、编制主体的分类；
3. 熟悉资产负债表上年年末余额的填列方法；
4. 理解资产负债表的概念及其结构原理；

**（二）中阶·技能需求**

5. 掌握资产负债表期末余额各栏目的填列方法；

### （三）高阶·素质专项养成

6. 培养奉献精神和社会责任感。

## 二、探寻藏经阁

| 看头条秘籍 | 研经典案例 | 赏思维导图 | 析会计准则 |
| --- | --- | --- | --- |

## 三、剑来！——萌新战士养成计划

| 通关策略： | 先探阁熟悉后填写□　填写后再理解掌握□　其他方式：________________ |
| --- | --- |
| 通关掌握程度自设_______%　通关拟用时_______分钟 | |

庄重签名：_________　翘起嘴角　计划开始

### （一）资产负债表概述

资产负债表是反映企业在某一特定日期的__________的报表，是企业经营活动的静态反映。资产负债表是根据“__________________________”这一平衡公式，依照一定的分类标准和一定的次序，将某一特定日期的资产、负债、所有者权益的具体项目予以适当的排列编制而成。

### （二）资产负债表的结构

资产负债表的表体格式一般有两种：报告式资产负债表和账户式资产负债表。不管采取什么格式，资产各项目的合计一定等于负债和所有者权益各项目的合计。

我国企业的资产负债表采用账户式结构，分为左、右两方，左方为资产项目，大体按资产的流动性大小排列；右方为负债及所有者权益项目，一般按要求清偿时间的先后顺序排列。

账户式资产负债表中的资产各项目的合计等于负债和所有者权益各项目的合计，即资产负债表左方和右方平衡。通过账户式资产负债表，可以反映资产、负债、所有者权益之间的内在关系，即“资产＝负债＋所有者权益”。

### （三）资产负债表的填列方法

资产负债表各项目均需填列“期末余额”和“上年年末余额”两栏。

资产负债表的“上年年末余额”栏内各项数字，应根据上年年末资产负债表的“期末余额”栏内所列数字填列。如果上年度资产负债表规定的各个项目的名称和内容与本年度不相一致，则应按照本年度的规定对上年年末资产负债表各项目的名称和数字进行调整，填入本表“上年年末余额”栏内。

资产负债表的“期末余额”栏主要有以下几种填列方法：

（1）根据总账科目余额填列。如“短期借款”“资本公积”等项目，根据“短期借款”“资本公积”各总账科目的余额直接填列；有些项目则需根据几个总账科目的期末余额计算填列，如“货币资金”项目，需根据“库存现金”“银行存款”“其他货币资金”三个总账科目的期末余额的合计数填列。

（2）根据明细账科目余额计算填列。如“应付账款”项目，需要根据“应付账款”和“预付账款”两个科目所属的相关明细科目的期末贷方余额计算填列；“预付款项”项目，需要根据“应付账款”科目和“预付账款”科目所属的相关明细科目的期末借方余额减去与“预付账款”有关的坏账准备贷方余额计算填列；“预收款项”项目，需要根据“应收账款”科目和“预收账款”科目所属相关明细科目的期末贷方金额合计填列；“开发支出”项目，需要根据“研发支出”科目中所属的“资本化支出”明细科目期末余额计算填列；“应付职工薪酬”项目，需要根据“应付职工薪酬”科目的明细科目期末贷方余额计算填列；“一年内到期的非流动资产”“一年内到期的非流动负债”项目，需要根据相关非流动资产和非流动负债项目的明细科目余额计算填列。

（3）根据总账科目和明细账科目余额分析计算填列。如“长期借款”项目，需要根据“长期借款”总账科目余额扣除“长期借款”科目所属的明细科目中将在一年内到期且企业不能自主地将清偿义务展期的长期借款后的金额计算填列；“其他非流动资产”项目，应根据有关科目的期末余额减去将于一年内（含一年）收回数后的金额计算填列；“其他非流动负债”项目，应根据有关科目的期末余额减去将于一年内（含一年）到期偿还数后的金额计算填列。

（4）根据有关科目余额减去其备抵科目余额后的净额填列。如资产负债表中“应收票据”“应收账款”“长期股权投资”“在建工程”等项目，应当根据“应收票据”“应收账款”“长期股权投资”“在建工程”等科目的期末余额减去“坏账准备”“长期股权投资减值准备”“在建工程减值准备”等备抵科目余额后的净额填列。“投资性房地产”（采用成本模式计量）、“固定资产”项目，应当根据“投资性房地产”“固定资产”科目的期末余额，减去“投资性房地产累计折旧”“投资性房地产减值准备”“累计折旧”“固定资产减值准备”等备抵科目的期末余额，以及“固定资产清理”科目期末余额后的净额填列；“无形资产”项目，应当根据“无形资产”科目的期末余额，减去“累计摊销”“无形资产减值准备”等备抵科目余额后的净额填列。

（5）综合运用上述填列方法分析填列。如资产负债表中的“存货”项目，需要根据“原材料”“库存商品”“委托加工物资”“周转材料”“材料采购”“在途物资”“发出商品”“材料成本差异”等总账科目期末余额的分析汇总数，再减去“存货跌价准备”科目余额后的净额填列。

**（四）资产负债表项目的填列说明**

| 项目 | 填列方式 |
|---|---|
| 货币资金 | 根据“库存现金”“银行存款”“其他货币资金”科目的期末余额合计填列。 |
| 交易性金融资产 | 根据“交易性金融资产”科目的相关明细科目期末余额分析填列。 |

续表

| 项目 | 填列方式 |
| --- | --- |
| 应收票据 | “应收票据”科目的期末余额，减去“坏账准备”科目中相关坏账准备期末余额。 |
| 应收账款 | 应根据“应收账款”科目的期末余额，减去“坏账准备”科目中相关坏账准备期末余额。 |
| 应收款项融资 | 以公允价值计量且其变动计入其他综合收益的应收票据和应收账款。 |
| 预付款项 | 根据“预付账款”和“应付账款”科目所属各明细科目的期末借方余额合计数，减去“坏账准备”科目中有关预付账款计提的坏账准备期末余额。 |
| 其他应收款 | 根据“应收利息”“应收股利”“其他应收款”科目的期末余额合计数，减去“坏账准备”科目中相关坏账准备期末余额。 |
| 存货 | 各存货账户期末余额合计数，减去“受托代销商品款”“存货跌价准备”科目期末余额后的净额减商品进销差价，加减材料成本差异后的金额填列。 |
| 合同资产 | 根据“合同资产”科目的相关明细科目期末余额减去合同资产减值准备的期末余额分析填列。(1)同一合同列净额；(2)还要判断“流动性”。 |
| 持有待售资产 | 根据“持有待售资产”科目的期末余额，减去“持有待售资产减值准备”科目的期末余额后的金额。 |
| 一年内到期的非流动资产 | 根据有关科目的期末余额分析填列，包括：(1)资产负债表日起一年内到期的“债权投资”的期末账面价值；(2)“其他债权投资”中一年内到期的账面价值等。 |
| 其他流动资产 | (1)企业购入的以摊余成本计量的一年内到期的债权投资的期末账面价值；(2)企业购入的以公允价值计量且其变动计入其他综合收益的一年内到期的债权投资的期末账面价值；(3)合同取得成本流动部分；(4)合同履约成本流动部分；(5)应收退货成本流动部分；(6)其他。 |
| 债权投资 | 根据“债权投资”科目的相关明细科目期末余额，减去“债权投资减值准备”科目中相关减值准备的期末余额后的金额分析填列(判断其流动性)。 |
| 其他债权投资 | 根据“其他债权投资”科目的相关明细科目期末余额分析填列(判断其流动性)。 |
| 长期应收款 | “长期应收款”科目的期末余额，减去相应的“未实现融资收益”科目和“坏账准备”科目所属相关明细科目期末余额。 |
| 长期股权投资 | “长期股权投资”科目的期末余额，减去“ 长期股权投资减值准备”科目的期末余额。 |

续表

| 项目 | 填列方式 |
|---|---|
| 其他权益工具投资 | “其他权益工具投资”科目的期末余额。 |
| 其他非流动金融资产 | (1)资产负债表日起超过一年到期且预期持有超过一年的以公允价值计量且其变动计入当期损益的非流动金融资产的期末账面价值；(2)其他。 |
| 投资性房地产 | 成本模式下，根据“投资性房地产”科目的期末余额减去“投资性房地产累计折旧”“投资性房地产减值准备”等备抵科目的期末余额后的净额填列。公允价值模式下，根据“投资性房地产”科目的期末余额填列。 |
| 固定资产 | “固定资产”科目的期末余额，减去“累计折旧”和“固定资产减值准备”科目的期末余额后的金额，加上“固定资产清理”科目的期末余额。 |
| 在建工程 | “在建工程”科目的期末余额，减去“在建工程减值准备”科目的期末余额；“工程物资”科目的期末余额，减去“工程物资减值准备”科目的期末余额。 |
| 使用权资产 | “使用权资产”科目的期末余额，减去“使用权资产累计折旧”和“使用权资产减值准备”科目的期末余额。 |
| 无形资产 | 据“无形资产”科目的期末余额，减去“累计摊销”和“无形资产减值准备”科目期末余额。 |
| 开发支出 | “研发支出”科目所属的“资本化支出”明细科目期末余额。 |
| 商誉 | 根据“商誉”科目的期末余额减去相应的减值准备后的金额填列。 |
| 长期待摊费用 | “长期待摊费用”科目的期末余额，减去将于一年内(含一年)摊销的数额后的金额分析填列。长期待摊费用的摊销年限只剩一年或不足一年的，或预计在一年内(含一年)进行摊销的部分，不得归类为流动资产，仍在各该非流动资产项目中填列，不转入“一年内到期的非流动资产”项目。 |
| 递延所得税资产 | “递延所得税资产”科目的期末余额。 |
| 短期借款 | “短期借款”科目的期末余额。 |
| 交易性金融负债 | “交易性金融负债”科目的相关明细科目期末余额。 |
| 应付票据 | “应付票据”科目的期末余额。 |
| 应付账款 | “应付账款”和“预付账款”科目所属的相关明细科目的期末贷方余额合计数。 |
| 预收款项 | “预收账款”和“应收账款”科目所属各明细科目的期末贷方余额合计数。 |
| 合同负债 | 根据“合同负债”的相关明细科目期末余额分析填列，参考合同资产。 |
| 应付职工薪酬 | 根据“应付职工薪酬”科目所属各明细科目的期末贷方余额分析填列。 |

续表

| 项目 | 填列方式 |
| --- | --- |
| 应交税费 | 据“应交税费”科目的期末余额。 |
| 其他应付款 | “应付利息”“应付股利”“其他应付款”科目的期末余额合计数。 |
| 持有待售负债 | “持有待售负债”科目的期末余额。 |
| 一年内到期的非流动负债 | 据有关科目的期末余额分析填列。 |
| 长期借款 | “长期借款”科目的期末余额，扣除“长期借款”科目所属的明细科目中将在资产负债表日起一年内到期且企业不能自主地将清偿义务展期的长期借款后的金额计算填列。 |
| 应付债券 | 根据“应付债券”科目的期末余额分析填列，包括分类为金融负债的金融工具。 |
| 其中：优先股 | 分类为金融负债的“优先股”。 |
| 永续债 | 分类为金融负债的“永续债”。 |
| 租赁负债 | 根据“租赁负债”科目的期末余额填列，扣除资产负债表日起一年内到期应予以清偿的租赁负债的期末账面价值。 |
| 长期应付款 | “长期应付款”科目的期末余额，减去相关的“未确认融资费用”科目的期末余额后的金额，以及“专项应付款”科目的期末余额。 |
| 预计负债 | 根据“预计负债”科目的期末余额填列。 |
| 递延收益 | 根据“递延收益”科目的期末余额填列。注意：一年内的不归类为“流动负债”。 |
| 递延所得税负债 | “递延所得税负债”科目的期末余额。 |
| 其他非流动负债 | 有关科目期末余额，减去将于一年内（含一年）到期偿还数后的余额。 |
| 实收资本（或股本） | “实收资本（或股本）”科目的期末余额。 |
| 其他权益工具 | 分类为权益工具的优先股和永续债的账面价值。 |
| 其中：优先股 | 分类为权益工具的优先股的账面价值。 |
| 永续债 | 分类为权益工具的永续债的账面价值。 |
| 资本公积 | “资本公积”科目的期末余额。 |
| 其他综合收益 | “其他综合收益”科目的期末余额。 |
| 专项储备 | “专项储备”科目的期末余额。 |
| 盈余公积 | “盈余公积”的期末余额。 |
| 未分配利润 | 根据“本年利润”科目和“利润分配”科目的余额计算填列。 |

**通关分析：**

通关掌握程度________%　通关用时________分钟　最大专注时长________分钟

微笑比率________%

## 且试我剑——进化先锋锻造营

| 我的团队：__________ | | 团队成员 | ___人 | 实到人数 | ___人 |
|---|---|---|---|---|---|
| 团队通关策略： | 本关领队：__________。“萌新战士”领先成员：______________________________<br>结对共进：__________ & __________　__________ & __________　__________ & __________ | | | | |
| 商定团队通关掌握程度自设________%　商定团队通关拟用时________分钟 | | | | | |

庄重签名：__________　翘起嘴角　锻造开始

### 资产负债表

会企 01 表

编制单位：轩辕公司　　2023 年 ___月 __日　　单位：元

| 资产 | 期末余额 | 上年年末余额 | 负债和所有者权益（或股东权益） | 期末余额 | 上年年末余额 |
|---|---|---|---|---|---|
| 流动资产： | | | 流动负债： | | |
| 货币资金 | | | 短期借款 | | |
| 交易性金融资产 | | | 交易性金融负债 | | |
| 衍生金融资产 | | | 衍生金融负债 | | |
| 应收票据 | | | 应付票据 | | |
| 应收账款 | | | 应付账款 | | |
| 应收款项融资 | | | 预收款项 | | |
| 预付款项 | | | 合同负债 | | |
| 其他应收款 | | | 应付职工薪酬 | | |
| 存货 | | | 应交税费 | | |
| 合同资产 | | | 其他应付款 | | |
| 持有待售资产 | | | 持有待售负债 | | |
| 一年内到期的非流动资产 | | | 一年内到期的非流动负债 | | |
| 其他流动资产 | | | 其他流动负债 | | |

续表

| 资产 | 期末余额 | 上年年末余额 | 负债和所有者权益（或股东权益） | 期末余额 | 上年年末余额 |
|---|---|---|---|---|---|
| 流动资产合计 | | | 流动负债合计 | | |
| 非流动资产： | | | 非流动负债： | | |
| 债权投资 | | | 长期借款 | | |
| 其他债权投资 | | | 应付债券 | | |
| 长期应收款 | | | 其中：优先股 | | |
| 长期股权投资 | | | 永续债 | | |
| 其他权益工具投资 | | | 租赁负债 | | |
| 其他非流动金融资产 | | | 长期应付款 | | |
| 投资性房地产 | | | 预计负债 | | |
| 固定资产 | | | 递延收益 | | |
| 在建工程 | | | 递延所得税负债 | | |
| 生产性生物资产 | | | 其他非流动负债 | | |
| 油气资产 | | | 非流动负债合计 | | |
| 使用权资产 | | | 负债合计 | | |
| 无形资产 | | | 所有者权益（或股东权益）： | | |
| 开发支出 | | | 实收资本（或股本） | | |
| 商誉 | | | 其他权益工具 | | |
| 长期待摊费用 | | | 其中：优先股 | | |
| 递延所得税资产 | | | 永续债 | | |
| 其他非流动资产 | | | 资本公积 | | |
| 非流动资产合计 | | | 减：库存股 | | |
| | | | 其他综合收益 | | |
| | | | 专项储备 | | |
| | | | 盈余公积 | | |
| | | | 未分配利润 | | |

续表

| 资产 | 期末余额 | 上年年末余额 | 负债和所有者权益（或股东权益） | 期末余额 | 上年年末余额 |
|---|---|---|---|---|---|
| | | | 所有者权益（或股东权益）合计 | | |
| 资产总计 | | | 负债和所有者权益（或股东权益）总计 | | |

**团队通关分析：**

| 团队人均掌握程度________% 团队人均用时________分钟 | |
|---|---|
| 通关策略有效性评价： | |

队长签名：________

## 敢于亮剑——巅峰掌控者乐园

巅峰时刻，你应已尽在掌握。
冲关历年初级会计师试题吧，昂扬你的自信！

## 华山论剑——笑谈天下，煮酒论英雄

**核心战力状态测评表**

| 序号 | 成长维度 | 序号 | 成长因子 | 测 评 内 容 | 优 5 | 良 4 | 中 3 | 差 2 |
|---|---|---|---|---|---|---|---|---|
| Ⅰ 自评（认真根据任务完成过程及课堂表现，逐项评价） | | | | | | | | |
| 1 | 知识技能维度 | 1 | 知识层面 | 了解财务报告及财务报告体系的构成 | | | | |
| | | | | 熟悉财务报告按编制时间、编制主体的分类 | | | | |
| | | | | 熟悉资产负债表上年年末余额的填列方法 | | | | |
| | | | | 理解资产负债表的概念及其结构原理 | | | | |
| | | 2 | 技能层面 | 掌握资产负债表期末余额各栏目的填列方法 | | | | |
| 2 | 职业素质专项 | | | 培养奉献精神和社会责任感 | | | | |
| Ⅱ 互评（团队其他成员根据自评人实际表现，综合评议以上自评符合度） | | | | | | | | |
| 完全符合□ | 基本符合□ | 不符合□ | 组长签名：________ | | | | | |

# 任务 8-2 编制利润表

## 一切准备——由心开始

| 态度准备 | | | | | 自律准备 | | | | | 专注准备 | | | | | 快乐准备 | | | | |
|---|---|---|---|---|---|---|---|---|---|---|---|---|---|---|---|---|---|---|---|
| E | D | C | B | A | E | D | C | B | A | E | D | C | B | A | E | D | C | B | A |

## 任务来了

首先了解任务，以现有能力尝试完成，并在此页面上进行标注，据以分析任务难度和能力缺口，为战力储备阶段指明方向。

任务要求：轩辕公司 202×年全年损益类账户累计发生额如下表，请根据资料编制该公司利润表。

| 科目名称 | 明细账户 | 借方发生额 | 贷方发生额 |
|---|---|---|---|
| 主营业务收入 | | | 7 650 000 |
| 投资收益 | | | 150 000 |
| 营业外收入 | | | 66 250 |
| 主营业务成本 | | 4 600 000 | |
| 税金及附加 | | 62 500 | |
| 销售费用 | | 150 000 | |
| 管理费用 | | 975 000 | |
| 管理费用 | 研发费用 | 375 000 | |
| 管理费用 | 无形资产摊销 | | |
| 财务费用 | | 125 000 | 31 250 |
| 财务费用 | 利息费用 | 21 875 | |
| 财务费用 | 利息收入 | | 31 250 |
| 资产减值损失 | | 37 500 | |
| 信用减值损失 | | 35 000 | |
| 所得税费用 | | 437 500 | |

## 战力储备——无非是尽全力做好准备

### 一、核心战力需求

#### （一）初阶·知识需求

1. 熟悉利润表的结构；

**(二) 中阶 · 技能需求**

2. 掌握根据损益类账户发生额编制利润的方法；

**(三) 高阶 · 素质专项养成**

3. 培养信息及时性与时效性的意识。

## 二、探寻藏经阁

| | | | |
|---|---|---|---|
| 看头条秘籍 | 研经典案例 | 赏思维导图 | 析会计准则 |

## 三、剑来！——萌新战士养成计划

| 通关策略： | 先探阁熟悉后填写□　填写后再理解掌握□　其他方式：________________ |
|---|---|
| 通关掌握程度自设________% 　通关拟用时________分钟 | |

庄重签名：________　翘起嘴角　计划开始

**(一) 我国一般企业利润表的主要编制步骤和内容**

利润表，又称损益表，是反映企业在一定会计期间的经营成果的报表。利润表表体部分的基本结构主要根据“________________________”编制而成。

利润表的表体结构有________和________两种。我国企业的利润表采用________格式。多步式利润表根据以下步骤填列：

第一步，以营业收入为基础，减去营业成本、税金及附加、销售费用、管理费用、研发费用、财务费用，加上其他收益、投资收益(或减去投资损失)、净敞口套期收益(或减去净敞口套期损失)、公允价值变动收益(或减去公允价值变动损失)、资产减值损失、信用减值损失、资产处置收益(或减去资产处置损失)，计算出营业利润。

第二步，以营业利润为基础，加上营业外收入，减去营业外支出，计算出利润总额。

第三步，以利润总额为基础，减去所得税费用，计算出净利润(或净亏损)。

第四步，以净利润(或净亏损)为基础，计算出每股收益。

第五步，以净利润(或净亏损)和其他综合收益为基础，计算出综合收益总额。

利润表各项目均需填列“本期金额”和“上期金额”两栏。其中，“上期金额”栏内各项数字，应根据上年该期利润表的“本期金额”栏内所列数字填列。

“本期金额”栏内各期数字，除“基本每股收益”和“稀释每股收益”项目外，应当按照________________分析填列。

### (二) 企业利润表主要项目的填写

1. "上期金额"栏项目的填列

根据上年该期利润表的"本期金额"栏内所列数字填列。

2. "本期金额"栏项目的填列

| 项目 | 填列方法 |
|---|---|
| 营业收入 | 根据"主营业务收入"和"其他业务收入"科目的发生额分析填列。 |
| 营业成本 | 根据"主营业务成本"和"其他业务成本"科目的发生额分析填列。 |
| 税金及附加 | 根据"税金及附加"科目的发生额分析填列。 |
| 销售费用 | 根据"销售费用"科目的发生额分析填列。 |
| 管理费用 | 根据"管理费用"科目的发生额分析填列,减去其中的研发费用部分。 |
| 研发费用 | 根据"管理费用"科目下的"研发费用"明细科目的发生额以及"管理费用"科目下"无形资产摊销"明细科目的发生额分析填列。 |
| 财务费用 | 根据"财务费用"科目的相关明细科目发生额分析填列。 |
| 利息费用 | 根据"财务费用"科目的相关明细科目的发生额分析填列。 |
| 利息收入 | 根据"财务费用"科目的相关明细科目的发生额分析填列。 |
| 投资收益 | 根据"投资收益"科目的发生额分析填列,若为投资损失,则以"－"号填列。 |
| 资产减值损失 | 根据"资产减值损失"科目的发生额分析填列。 |
| 信用减值损失 | 根据"信用减值损失"科目的发生额分析填列。 |
| 资产处置损益 | 根据"资产处置损益"科目的发生额分析填列,若为处置损失,则以"－"号填列。 |
| 营业利润 | 以"营业收入"为基础,根据表中公式计算填列。 |
| 营业外收入 | 根据"营业外收入"科目的发生额分析填列。 |
| 营业外支出 | 根据"营业外支出"科目的发生额分析填列。 |
| 利润总额 | 营业利润＋营业外收入－营业外支出。 |
| 所得税费用 | 根据"所得税费用"科目的发生额分析填列。 |
| 净利润 | 以利润总额为基础,减去所得税费用,计算出净利润,若为亏损,则以"－"号填列。 |

**通关分析：**

通关掌握程度________% 通关用时________分钟 最大专注时长________分钟 微笑比率________%

## 且试我剑——进化先锋锻造营

| 我的团队：______________ | 团队成员 | ___人 | 实到人数 | ___人 |
|---|---|---|---|---|
| 团队通关策略： | 本关领队：__________。"萌新战士"领先成员：______________________________<br>结对共进：__________&__________ __________&__________ __________&__________ | | | |
| 商定团队通关掌握程度自设________% 商定团队通关拟用时________分钟 | | | | |

庄重签名：__________ 翘起嘴角 锻造开始

**利润表**

会企 02 表

编制单位：轩辕公司　　2023 年 12 月　　单位：元

| 项目 | 本期金额 | 上期金额 |
|---|---|---|
| 一、营业收入 | | |
| 减：营业成本 | | |
| 税金及附加 | | |
| 销售费用 | | |
| 管理费用 | | |
| 研发费用 | | |
| 财务费用 | | |
| 其中：利息费用 | | |
| 利息收入 | | |
| 加：其他收益 | | |
| 投资收益(损失以"－"号填列) | | |
| 其中：对联营企业和合营企业的投资收益 | | |
| 以摊余成本计量的金融资产终止确认收益(损失以"－"号填列) | | |
| 净敞口套期收益(损失以"－"号填列) | | |

续表

| 项目 | 本期金额 | 上期金额 |
| --- | --- | --- |
| 公允价值变动收益(损失以"－"号填列) | | |
| 资产减值损失(损失以"－"号填列) | | |
| 信用减值损失(损失以"－"号填列) | | |
| 资产处置收益(损失以"－"号填列) | | |
| 二、营业利润(亏损以"－"号填列) | | |
| 加：营业外收入 | | |
| 减：营业外支出 | | |
| 三、利润总额(亏损总额以"－"号填列) | | |
| 减：所得税费用 | | |
| 四、净利润(净亏损以"－"号填列) | | |
| (一) 持续经营净利润(净亏损以"－"号填列) | | |
| (二) 终止经营净利润(净亏损以"－"号填列) | | |
| 五、其他综合收益的税后净额 | | |
| (一) 不能重分类进损益的其他综合收益 | | |
| 1. 重新计量设定受益计划变动额 | | |
| 2. 权益法下不能转损益的其他综合收益 | | |
| 3. 其他权益工具投资公允价值变动 | | |
| 4. 企业自身信用风险公允价值变动 | | |
| …… | | |
| (二) 将重分类进损益的其他综合收益 | | |
| 1. 权益法下可转损益的其他综合收益 | | |
| 2. 其他债权投资公允价值变动 | | |
| 3. 金融资产重分类计入其他综合收益的金额 | | |
| 4. 其他债权投资信用减值准备 | | |
| 5. 现金流量套期储备 | | |
| 6. 外币财务报表折算差额 | | |
| …… | | |

续表

| 项目 | 本期金额 | 上期金额 |
|---|---|---|
| 六、综合收益总额 | | |
| 七、每股收益 | | |
| （一）基本每股收益 | | |
| （二）稀释每股收益 | | |

**团队通关分析：**

| 团队人均掌握程度________% 团队人均用时________分钟 | |
|---|---|
| 通关策略有效性评价： | |

队长签名：________

## 敢于亮剑——巅峰掌控者乐园

巅峰时刻，你应已尽在掌握。
冲关历年初级会计师试题吧，昂扬你的自信！

## 华山论剑——笑谈天下，煮酒论英雄

**核心战力状态测评表**

| 序号 | 成长维度 | 序号 | 成长因子 | 测评内容 | 优 5 | 良 4 | 中 3 | 差 2 |
|---|---|---|---|---|---|---|---|---|
| Ⅰ 自评（认真根据任务完成过程及课堂表现，逐项评价） | | | | | | | | |
| 1 | 知识技能维度 | 1 | 知识层面 | 熟悉利润表的结构 | | | | |
| | | 2 | 技能层面 | 掌握根据损益类账户发生额编制利润的方法 | | | | |
| 2 | 职业素质专项 | | | 培养信息及时性与时效性的意识 | | | | |
| Ⅱ 互评（团队其他成员根据自评人实际表现，综合评议以上自评符合度） | | | | | | | | |
| 完全符合□ | | 基本符合□ | | 不符合□ | 组长签名：________ | | | |

# 任务 8-3　编制现金流量表

## 一切准备——由心开始

| 态度准备 | | | | | 自律准备 | | | | | 专注准备 | | | | | 快乐准备 | | | | |
|---|---|---|---|---|---|---|---|---|---|---|---|---|---|---|---|---|---|---|---|
| E | D | C | B | A | E | D | C | B | A | E | D | C | B | A | E | D | C | B | A |

## 任务来了

首先了解任务，以现有能力尝试完成，并在此页面上进行标注，据以分析任务难度和能力缺口，为战力储备阶段指明方向。

轩辕公司为增值税一般纳税人，增值税税率为13%，主要从事商品采购和销售业务，未发生涉及记账本位币之外的业务。甲公司2024年3月31日编制的利润表、资产负债表以及有关科目记录相关资料如下：

任务要求：确定(1)—(5)各项资料对现金流量表中的哪个项目产生的影响，并计算影响的金额。

(1) 利润表中列示“营业收入”项目金额为1 500万元，资产负债表中列示“应收账款”项目年末较年初增加金额100万元。

(2) 利润表中列示“营业成本”项目金额为1 000万元，资产负债表中列示“应付账款”项目年末较年初增加金额150万元，“存货”项目年末较年初增加金额480万元。

(3) 利润表中列示“信用减值损失”项目金额为110万元。

(4) 资产负债表附注列示年内计提固定资产折旧190万元，计入管理费用130万元，销售费用60万元。

(5) 年内计提无形资产摊销50万元，均计入管理费用。

## 战力储备——无非是尽全力做好准备

### 一、核心战力需求

**(一) 初阶 · 知识需求**

1. 熟悉现金流量表的概念与反映的内容；
2. 熟悉现金流量表的格式；
3. 了解现金流量表的作用；

**(二) 中阶 · 技能需求**

4. 掌握现金流量表各项目应填列的内容；

**(三) 高阶 · 素质专项养成**

5. 培养大数据时代不断学习和适应技术发展的意识。

## 二、探寻藏经阁

| 看头条秘籍 | 研经典案例 | 赏思维导图 | 析会计准则 |
|---|---|---|---|

## 三、剑来！——萌新战士养成计划

| 通关策略： | 先探阁熟悉后填写□ 填写后再理解掌握□ 其他方式：________ |
|---|---|
| 通关掌握程度自设______% 通关拟用时______分钟 | |

庄重签名：________ 翘起嘴角 计划开始

### (一) 现金流量表概述

1. 现金流量表的概念

现金流量表，是指反映企业在一定会计期间______和____________流入和流出的报表。

它是以资产负债表和利润表等会计核算资料为依据，按照__________要求对现金流量的结构性表述，揭示企业在一定会计期间获取现金及现金等价物的能力。

现金，是指企业库存现金以及可以随时用于支付的存款。不能随时__________的存款不属于现金。

现金等价物，是指企业持有的期限短、流动性强、易于转换为已知金额现金、价值变动风险很小的投资。现金等价物通常包括___个月内到期的________投资等。

2. 现金流量表的结构原理

(1) 现金流量表的结构内容

现金流量表的基本结构根据“______________________”公式设计。

现金流量根据企业业务活动的性质和现金流量的功能分为经营活动产生的现金流量、投资活动产生的现金流量和筹资活动产生的现金流量。此外，企业持有除记账本位币外的以外币为计量单位的资产负债及往来款项的，还应列示汇率变动对现金及现金等价物的影响。

① 经营活动产生的现金流量

经营活动产生的现金流量，是指与销售商品、提供劳务有关的活动产生的现金流量，包括企业投资活动和筹资活动以外的所有交易和事项产生的现金流量。

**贴心提示6：**

要确定某项现金流量是不是经营活动产生的现金流量，只需要判断不是投资活动和筹资活动产生的现金流量就可以确定。

② 投资活动产生的现金流量

投资活动产生的现金流量，是指与__________资产的取得或处置有关的活动产生的现金流量，包括企业__________资产的购建和不包括在现金等价物范围内的______________活动产生的现金流量。

③ 筹资活动产生的现金流量

筹资活动产生的现金流量，是指涉及企业财务规模的更改或财务结构组成变化的活动，也就是指导致企业________及______规模和构成发生变动的活动产生的现金流量。

（2）现金流量表的格式

现金流量表的格式的基本原理是将以____________为基础编制的资产负债表和利润表资料按照____________基础调整计算编制现金流量表。调整计算方法通常有________和________两种。

直接法，是以利润表中的__________为起算点调整计算______活动产生的现金流量净额的方法。间接法，是指将________为起算点调整计算______活动产生的现金流量净额的一种方法。

以直接法编制的现金流量表便于分析经营活动产生的现金流量的来源和用途，预测企业现金流量的未来前景：而以间接法编制的现金流量表则便于将净利润与经营活动产生的现金流量净额进行比较，了解净利润与经营活动产生的现金流量差异的原因，从现金流量的角度分析净利润的质量，二者可以相互验证和补充。

按照我国现行会计准则规定，企业应当采用______法列示经营活动产生的现金流量，并应当在附注中通过______法披露将净利润调整为经营活动现金流量的信息。

3. 现金流量表的作用

（1）揭示企业财务状况与经营成果之间的内在关系，反映企业净利润的质量；

（2）反映企业支付能力、偿债能力和周转能力，并为预测企业未来的现金流量情况提供依据；

（3）以收付实现制为基础，使企业之间会计信息更加可比；

（4）以收付实现制为基础，降低了企业盈余管理程度。

**（二）现金流量表的编制**

1. 直接法

运用直接法编制现金流量表可采用____________法或____________法，也可以根据有关______________分析填列。按直接法编制的现金流量表为现金流量表的________。

（1）工作底稿法

工作底稿法是以工作底稿为手段，以_______________和__________数据为基础，分别对每一项目进行分析并编制调整分录，进而编制现金流量表的一种方法。

第一步，将资产负债表的期初数和期末数分别过入工作底稿的期初数栏和期末数栏，将同期的利润表资料过入工作底稿；

第二步，对当期业务进行分析并编制调整分录；

第三步，将调整分录逐笔过入工作底稿；

第四步，对工作底稿中各项目的借方、贷方试算平衡；

第五步，根据工作底稿中的现金流量表项目编制正式的现金流量表。

(2) T型账户法

T型账户法是以T型账户为手段，以____________和________数据为基础，分别对每一项目进行分析并编制调整分录，进而编制现金流量表的一种方法。

第一步，为所有________项目(包括资产负债表项目和利润表项目)分别开设T型账户，并将各项目的期末期初变动数额过入各该账户。

第二步，开设一个大的“__________________”T型账户，分设“经营活动”“投资活动”“筹资活动”三个二级T型账户，左边为借方，登记现金流入，右边为贷方，登记现金流出，借方余额为现金流入净额，贷方余额为现金流出净额。

第三步，对当期业务进行分析并编制调整分录。

第四步，将调整分录过入各T型账户，并进行核对。

第五步，根据T型账户编制正式的现金流量表。

2. 间接法

企业采用间接法编制现金流量表的基本步骤如下：

第一步，将报告期利润表中净利润调节为经营活动产生的现金流量。

(1) 应加回的项目

本类项目属于净利润中没有实际支付现金的费用，需要在净利润的基础上分析调整的项目。

①“资产减值准备”项目；②“信用损失准备”项目；③“固定资产折旧、油气资产折耗、生产性生物资产折旧”项目；④“无形资产摊销”项目；⑤“长期待摊费用摊销”项目。

(2) 应加回或减去的项目

本类项目属于净利润中没有实际支付现金的费用或没有实际收到现金的收益，需要在净利润的基础上分析调整。

①“处置固定资产、无形资产和其他长期资产的损失(收益以‘－’号填列)”项目；②“固定资产报废损失(收益以‘－’号填列)”项目；③“公允价值变动损失(收益以‘－’号填列)”项目；④“财务费用(收益以‘－’号填列)”项目；⑤“投资损失(收益以‘－’号填列)”项目；⑥“递延所得税资产减少(增加以‘－’号填列)”项目；⑦“递延所得税负债增加(减少以‘－’号填列)”项目；⑧“存货的减少(增加以‘－’号填列)”项目。

(3) 经营性应收应付项目的增减变动

本类项目属于不直接影响净利润的经营活动产生的现金流入量或流出量，需要在净利润的基础上分析调整的项目。

①“经营性应收项目的减少(增加以‘－’号填列)”项目；②“经营性应付项目的增加(减少以‘－’号填列)”项目。

第二步，分析调整不涉及现金收支的重大投资和筹资活动项目。

此类需要列报的项目有：①债务转为资本；②一年内到期的可转换公司债券；③融资租入固定资产。

第三步，分析调整现金及现金等价物净变动情况。

第四步，编制正式的现金流量表补充资料。具体方法可采用前述工作底稿法或T型账户法，也可以根据有关会计科目记录分析填列。

**通关分析：**

通关掌握程度________% 通关用时________分钟 最大专注时长________分钟

微笑比率________%

## 且试我剑——进化先锋锻造营

| 我的团队：______________ | 团队成员 | ___人 | 实到人数 | ___人 |
|---|---|---|---|---|
| 团队通关策略： | 本关领队：________。"萌新战士"领先成员：____________________<br>结对共进：________&________ ________&________ ________&________ | | | |
| 商定团队通关掌握程度自设______% 商定团队通关拟用时______分钟 | | | | |

庄重签名：________ 翘起嘴角 锻造开始

(1) 影响项目：

影响金额：

(2) 影响项目：

影响金额：

(3) 影响项目：

影响金额：

(4) 影响项目：

影响金额：

(5) 影响项目：

影响金额：

**团队通关分析：**

| 团队人均掌握程度______% 团队人均用时______分钟 | |
|---|---|
| 通关策略有效性评价： | |

队长签名：________

## 敢于亮剑——巅峰掌控者乐园

巅峰时刻,你应已尽在掌握。
冲关历年初级会计师试题吧,昂扬你的自信!

## 华山论剑——笑谈天下,煮酒论英雄

**核心战力状态测评表**

<table>
<tr><th rowspan="2">序号</th><th rowspan="2">成长维度</th><th rowspan="2">序号</th><th rowspan="2">成长因子</th><th rowspan="2">测评内容</th><th>优</th><th>良</th><th>中</th><th>差</th></tr>
<tr><th>5</th><th>4</th><th>3</th><th>2</th></tr>
<tr><td colspan="9">Ⅰ 自评(认真根据任务完成过程及课堂表现,逐项评价)</td></tr>
<tr><td rowspan="4">1</td><td rowspan="4">知识技能维度</td><td rowspan="3">1</td><td rowspan="3">知识层面</td><td>熟悉现金流量表的概念与反映的内容</td><td></td><td></td><td></td><td></td></tr>
<tr><td>熟悉现金流量表的格式</td><td></td><td></td><td></td><td></td></tr>
<tr><td>了解现金流量表的作用</td><td></td><td></td><td></td><td></td></tr>
<tr><td>2</td><td>技能层面</td><td>掌握现金流量表各项目应填列的内容</td><td></td><td></td><td></td><td></td></tr>
<tr><td>2</td><td colspan="3">职业素质专项</td><td>培养大数据时代不断学习和适应技术发展的意识</td><td></td><td></td><td></td><td></td></tr>
<tr><td colspan="9">Ⅱ 互评(团队其他成员根据自评人实际表现,综合评议以上自评符合度)</td></tr>
<tr><td colspan="3">完全符合□</td><td colspan="1">基本符合□</td><td colspan="1">不符合□</td><td colspan="4">组长签名:__________</td></tr>
</table>

# 任务8-4 编制所有者权益变动表

## 一切准备——由心开始

| 态度准备 | | | | | 自律准备 | | | | | 专注准备 | | | | | 快乐准备 | | | | |
|---|---|---|---|---|---|---|---|---|---|---|---|---|---|---|---|---|---|---|---|
| E | D | C | B | A | E | D | C | B | A | E | D | C | B | A | E | D | C | B | A |

## 任务来了

首先了解任务,以现有能力尝试完成,并在此页面上进行标注,据以分析任务难度和能力缺口,为战力储备阶段指明方向。

任务要求:根据以下资料编制该公司2023年度所有者权益变动表。

甲股份有限公司2022年12月31日所有者权益各项目余额如下：股本6 805 000元，资本公积945 000元，盈余公积126 000元，未分配利润63 000元。2023年，该公司获得综合收益总额为325 800元(其中，净利润为252 000元)，提取盈余公积25 200元，分配现金股利126 000元。

## 战力储备——无非是尽全力做好准备

### 一、核心战力需求

**(一) 初阶·知识需求**

1. 熟悉所有者权益变动表的概念与反映的内容；
2. 熟悉所有者权益变动表的格式；

**(二) 中阶·技能需求**

3. 掌握所有者权益变动表各项目应填列的内容；

**(三) 高阶·素质专项养成**

4. 培养大数据时代提升数字素养的意识。

### 二、探寻藏经阁

| | | | |
|---|---|---|---|
| 看头条秘籍 | 研经典案例 | 赏思维导图 | 析会计准则 |

### 三、剑来！——萌新战士养成计划

| 通关策略： | 先探阁熟悉后填写□　填写后再理解掌握□　其他方式：________ |
|---|---|
| 通关掌握程度自设______% 通关拟用时______分钟 | |

庄重签名：________ 翘起嘴角 计划开始

**(一) 所有者权益变动表概述**

所有者权益变动表是指反映构成所有者权益各组成部分当期增减变动情况的报表，包括所有者权益__________增减变动的信息和所有者权益__________增减变动的信息。

**(二) 所有者权益变动表的内容**

1. 企业在所有者权益变动表上至少应当单独列示的项目

(1) 综合收益总额；

(2) 会计政策变更和差错更正的累积影响金额;

(3) 所有者投入资本和向所有者分配利润等;

(4) 提取的盈余公积;

(5) 实收资本、其他权益工具、资本公积、盈余公积、未分配利润的期初和期末余额及其调节情况。

2. 所有者权益变动表的结构

(1) 纵向结构的数据关系

上年年末余额+会计政策变更、前期差错更正及其他变动=本年年初余额

本年年初余额+本年增减变动金额=本年年末余额

本年增减变动金额=综合收益总额±所有者投入和减少资本±利润分配±所有者权益内部结转

(2) 横向结构的数据关系

实收资本(或股本)+其他权益工具+资本公积-库存股+其他综合收益+未分配利润=所有者权益合计

横向填列得到的年末所有者权益合计数=纵向计算得到的年末所有者权益合计数

**(三) 所有者权益变动表的编制**

所有者权益变动表需要根据上年度所有者权益变动表和本年已编制的________________、__________及相关会计政策、前期差错更正和会计科目记录资料分析计算填列。

"上年金额"栏内各项数字根据上年度所有者权益变动表"本年金额"栏内所列数字填列。

"本年金额"栏内各项数字按如下填列方法填列:

(1) "上年年末余额"项目,反映企业上年______________中实收资本(或股本)、其他权益工具、资本公积、库存股、其他综合收益、专项储备、盈余公积、未分配利润的年末余额。

(2) "会计政策变更""前期差错更正"项目,分别反映企业采用追溯调整法处理的会计政策变更的累积影响金额和采用追溯重述法处理的会计差错更正的累积影响金额。

(3) "本年增减变动金额"项目:

① "综合收益总额"项目,反映本年度__________中净利润和其他综合收益扣除所得税影响后的净额相加后的合计金额。

② "所有者投入和减少资本"项目,反映企业当年所有者投入的资本和减少的资本。

A. "所有者投入的普通股"项目,反映企业接受投资者投入形成的__________(或股本)和__________或股本溢价。

B. “其他权益工具持有者投入资本”项目，反映企业发行的除普通股以外分类为__________的金融工具的持有者投入资本的金额。

C. “股份支付计入所有者权益的金额”项目，反映企业处于等待期中的权益结算的股份支付当年计入__________的金额。

③ “利润分配”项目，反映企业当年的利润分配金额。

④ “所有者权益内部结转”项目，反映企业构成所有者权益的__________之间当年的增减变动情况。

A. “资本公积转增资本(或股本)”项目，反映企业当年以资本公积转增资本或股本的金额。

B. “盈余公积转增资本(或股本)”项目，反映企业当年以盈余公积转增资本或股本的金额。

C. “盈余公积弥补亏损”项目，反映企业当年以盈余公积弥补亏损的金额。

D. “设定受益计划变动额结转留存收益”项目，反映企业因重新计量设定受益计划净负债或净资产所产生的变动计入其他综合收益，结转至留存收益的金额。

E. “其他综合收益结转留存收益”项目，主要反映：第一，企业指定为以公允价值计量且其变动计入其他综合收益的非交易性权益工具投资__________时，之前计入其他综合收益的累计利得或损失从其他综合收益中转入留存收益的金额；第二，企业指定为以公允价值计量且其变动计入当期损益的__________终止确认时，之前由企业自身信用风险变动引起而计入其他综合收益的累计利得或损失从其他综合收益中转入留存收益的金额等。

**通关分析：**

通关掌握程度________% 通关用时________分钟 最大专注时长________分钟 微笑比率________%

## 且试我剑——进化先锋锻造营

<table>
<tr><td colspan="2">我的团队：____________</td><td>团队成员</td><td>___人</td><td>实到人数</td><td>___人</td></tr>
<tr><td>团队通关策略：</td><td colspan="5">本关领队：________。“萌新战士”领先成员：________________<br>结对共进：________&________ ________&________ ________&________</td></tr>
<tr><td colspan="6">商定团队通关掌握程度自设_______% 商定团队通关拟用时_______分钟</td></tr>
</table>

庄重签名：________ 翘起嘴角 锻造开始

# 所有者权益变动表

会企04表

编制单位：甲股份有限公司　　　　2023年　　　　单位：元

| 项目 | 本年金额 | | | | | | | | | | | 上年金额 | | | | | | | | | | |
|---|---|---|---|---|---|---|---|---|---|---|---|---|---|---|---|---|---|---|---|---|---|---|
| | 实收资本(或股本) | 其他权益工具 | | | 资本公积 | 减：库存股 | 其他综合收益 | 专项储备 | 盈余公积 | 未分配利润 | 所有者权益合计 | 实收资本(或股本) | 其他权益工具 | | | 资本公积 | 减：库存股 | 其他综合收益 | 专项储备 | 盈余公积 | 未分配利润 | 所有者权益合计 |
| | | 优先股 | 永续债 | 其他 | | | | | | | | | 优先股 | 永续债 | 其他 | | | | | | | |
| 一、上年年末余额 | | | | | | | | | | | | | | | | | | | | | | |
| 加：会计政策变更 | | | | | | | | | | | | | | | | | | | | | | |
| 前期差错更正 | | | | | | | | | | | | | | | | | | | | | | |
| 其他 | | | | | | | | | | | | | | | | | | | | | | |
| 二、本年年初余额 | | | | | | | | | | | | | | | | | | | | | | |
| 三、本年增减变动金额（减少以“—”号填列） | | | | | | | | | | | | | | | | | | | | | | |
| （一）综合收益总额 | | | | | | | | | | | | | | | | | | | | | | |
| （二）所有者投入和减少资本 | | | | | | | | | | | | | | | | | | | | | | |
| 1. 所有者投入的普通股 | | | | | | | | | | | | | | | | | | | | | | |
| 2. 其他权益工具持有者投入资本 | | | | | | | | | | | | | | | | | | | | | | |
| 3. 股份支付计入所有者权益的金额 | | | | | | | | | | | | | | | | | | | | | | |
| 4. 其他 | | | | | | | | | | | | | | | | | | | | | | |

续表

| 项目 | 本年金额 | | | | | | | | | | | 上年金额 | | | | | | | | | | |
|---|---|---|---|---|---|---|---|---|---|---|---|---|---|---|---|---|---|---|---|---|---|---|
| | 实收资本(或股本) | 其他权益工具 | | | 资本公积 | 减：库存股 | 其他综合收益 | 专项储备 | 盈余公积 | 未分配利润 | 所有者权益合计 | 实收资本(或股本) | 其他权益工具 | | | 资本公积 | 减：库存股 | 其他综合收益 | 专项储备 | 盈余公积 | 未分配利润 | 所有者权益合计 |
| | | 优先股 | 永续债 | 其他 | | | | | | | | | 优先股 | 永续债 | 其他 | | | | | | | |
| (三) 利润分配 | | | | | | | | | | | | | | | | | | | | | | |
| 1. 提取盈余公积 | | | | | | | | | | | | | | | | | | | | | | |
| 2. 对所有者(或股东)的分配 | | | | | | | | | | | | | | | | | | | | | | |
| 3. 其他 | | | | | | | | | | | | | | | | | | | | | | |
| (四) 所有者权益内部结转 | | | | | | | | | | | | | | | | | | | | | | |
| 1. 资本公积转增资本(或股本) | | | | | | | | | | | | | | | | | | | | | | |
| 2. 盈余公积转增资本(或股本) | | | | | | | | | | | | | | | | | | | | | | |
| 3. 盈余公积弥补亏损 | | | | | | | | | | | | | | | | | | | | | | |
| 4. 设定受益计划变动额结转留存收益 | | | | | | | | | | | | | | | | | | | | | | |
| 5. 其他综合收益结转留存收益 | | | | | | | | | | | | | | | | | | | | | | |
| 6. 其他 | | | | | | | | | | | | | | | | | | | | | | |
| 四、本年年末余额 | | | | | | | | | | | | | | | | | | | | | | |

团队通关分析：

| 团队人均掌握程度______% 团队人均用时______分钟 | |
|---|---|
| 通关策略有效性评价： | |

队长签名：________

## 敢于亮剑——巅峰掌控者乐园

巅峰时刻，你应已尽在掌握。
冲关历年初级会计师试题吧，昂扬你的自信！

## 华山论剑——笑谈天下，煮酒论英雄

核心战力状态测评表

| 序号 | 成长维度 | 序号 | 成长因子 | 测评内容 | 优 5 | 良 4 | 中 3 | 差 2 |
|---|---|---|---|---|---|---|---|---|
| Ⅰ 自评（认真根据任务完成过程及课堂表现，逐项评价） | | | | | | | | |
| 1 | 知识技能维度 | 1 | 知识层面 | 熟悉所有者权益变动表的概念与反映的内容 | | | | |
| | | | | 熟悉所有者权益变动表的格式 | | | | |
| | | 2 | 技能层面 | 掌握所有者权益变动表各项目应填列的内容 | | | | |
| 2 | 职业素质专项 | | | 培养大数据时代提升数字素养的意识 | | | | |
| Ⅱ 互评（团队其他成员根据自评人实际表现，综合评议以上自评符合度） | | | | | | | | |
| 完全符合□ | | 基本符合□ | | 不符合□ | 组长签名：________ | | | |

## 深省自勉　助力荣耀之路

多维成长增值测评表——成就你的“六边形战士”

| 序号 | 成长维度 | 序号 | 成长因子 | 测评内容 | M01 10 | M02 10 | M03 10 | M04 10 |
|---|---|---|---|---|---|---|---|---|
| 1 | 态度品质维度 | 1 | 诚实守信 | 不抄袭、不作弊，学习不弄虚作假 | | | | |
| | | 2 | 尊重他人 | 认真听课，倾听和尊重同学的观点 | | | | |

续表

| 序号 | 成长维度 | 序号 | 成长因子 | 测评内容 | M01 | M02 | M03 | M04 |
|---|---|---|---|---|---|---|---|---|
| | | | | | 10 | 10 | 10 | 10 |
| 1 | 态度品质维度 | 3 | 勇担责任 | 对自己的学习负责，成为团队正能量 | | | | |
| | | 4 | 公正公平 | 在课堂互评等活动中不偏袒、不歧视 | | | | |
| | | 5 | 遵守规则 | 遵守课堂纪律，无旷课、迟到、早退 | | | | |
| 2 | 创造创新维度 | 1 | 创新思维 | 提出新颖的观点或解决问题的方法 | | | | |
| | | 2 | 独立思考 | 运用所学，静心思考，提出解决方案 | | | | |
| | | 3 | 探索精神 | 愿意主动预习，对新任务有求知欲 | | | | |
| | | 4 | 批判思维 | 对教师或同学的方案不盲从，合理质疑 | | | | |
| 3 | 情感认知维度 | 1 | 自我认知 | 能够对课堂表现自我反思并加以改进 | | | | |
| | | 2 | 情绪管理 | 能够享受学习过程，快乐学习 | | | | |
| | | 3 | 自爱自信 | 接受自己，敢于表达，敢于尝试 | | | | |
| | | 4 | 换位思考 | 能感受他人，倾心同学的观点和感受 | | | | |
| 4 | 社交合作维度 | 1 | 互动交流 | 积极参与讨论，主动发起讨论 | | | | |
| | | 2 | 团队合作 | 合作完成任务，有领导力与团队精神 | | | | |
| | | 3 | 解决冲突 | 理性解决分歧，尊重他人，寻求共识 | | | | |
| | | 4 | 社交礼仪 | 尊重教师和同学，注重课堂仪表 | | | | |
| 5 | 知识技能维度 | 1 | 知识层面 | 该任务“核心战力需求”中“知识需求”的达成情况 | | | | |
| | | 2 | 技能层面 | 该任务“核心战力需求”中“技能需求”的达成情况 | | | | |
| 6 | 职业素质养成专项 | | | 该任务“核心战力需求”中“素质专项需求”的达成情况 | | | | |

测评说明：(1)测评类型：学生自评；(2)测评时间：每个任务完成后；(3)测评方式：教师引导学生逐项判断，逐项打分；(4)分值确定：M01－M04 表示项目八的 4 个任务，每个任务的每个成长因子都按实际表现给予分值(1≤分值≤10)。希望同学对每个任务按同样的标准进行评分，以此感受和激励个人不断成长。

# 参考文献


[1] 财政部会计资格评价中心.初级会计实务[M].北京：经济科学出版社，2023.

[2] 中华会计网校.初级会计实务经典题解[M].上海：上海交通大学出版社，2023.

[3] 全国职业院校技能大赛执委会办公室.GZ043 业财税融合大数据应用赛项规程(教师赛).pdf.2023.

[4] 全国职业院校技能大赛执委会办公室.GZ043 业财税融合大数据应用赛项规程(学生赛).pdf.2023.

[5] 李玉英，熊晴海.财务会计 1(第十版)[M].大连：大连理工大学出版社，2022.